Rainer Weber

Effektive Arbeitsvorbereitung –
Produktions- und Beschaffungslogistik

Effektive Arbeitsvorbereitung – Produktions- und Beschaffungslogistik

Werkzeuge zur Verbesserung der Termintreue –
Bestände – Durchlaufzeiten – Produktivität – Flexibilität – Liquiditiät –
und des Lieferservice

Rainer Weber REFA-Ing., EUR-Ing.

Kontakt & Studium
Band 328

Herausgeber:
Prof. Dr.-Ing. Dr. h.c. Wilfried J. Bartz
Dipl.-Ing. Hans-Joachim Mesenholl
Dipl.-Ing. Elmar Wippler

Bibliografische Information Der Deutschen Bibliothek

Die Deutsche Bibliothek verzeichnet diese Publikation
in der Deutschen Nationalbibliografie;
detaillierte bibliografische Daten sind im Internet über
http://dnb.d-nb.de abrufbar.

Bibliographic Information published by Die Deutsche Bibliothek

Die Deutsche Bibliothek lists this publication
in the Deutsche Nationalbibliografie;
detailed bibliographic data are available on the Internet at
http://dnb.d-nb.de .

ISBN 978-3-8169-3004-4

Bei der Erstellung des Buches wurde mit großer Sorgfalt vorgegangen; trotzdem lassen sich Fehler nie vollständig ausschließen. Verlag und Autoren können für fehlerhafte Angaben und deren Folgen weder eine juristische Verantwortung noch irgendeine Haftung übernehmen.
Für Verbesserungsvorschläge und Hinweise auf Fehler sind Verlag und Autoren dankbar.

© 2010 by expert verlag, Wankelstr. 13, D-71272 Renningen
Tel.: +49 (0) 71 59-92 65-0, Fax: +49 (0) 71 59-92 65-20
E-Mail: expert@expertverlag.de, Internet: www.expertverlag.de
Alle Rechte vorbehalten
Printed in Germany

Das Werk einschließlich aller seiner Teile ist urheberrechtlich geschützt. Jede Verwertung außerhalb der engen Grenzen des Urheberrechtsgesetzes ist ohne Zustimmung des Verlags unzulässig und strafbar. Dies gilt insbesondere für Vervielfältigungen, Übersetzungen, Mikroverfilmungen und die Einspeicherung und Verarbeitung in elektronischen Systemen.

Herausgeber-Vorwort

Bei der Bewältigung der Zukunftsaufgaben kommt der beruflichen Weiterbildung eine Schlüsselstellung zu. Im Zuge des technischen Fortschritts und angesichts der zunehmenden Konkurrenz müssen wir nicht nur ständig neue Erkenntnisse aufnehmen, sondern auch Anregungen schneller als die Wettbewerber zu marktfähigen Produkten entwickeln.

Erstausbildung oder Studium genügen nicht mehr – lebenslanges Lernen ist gefordert! Berufliche und persönliche Weiterbildung ist eine Investition in die Zukunft:
- Sie dient dazu, Fachkenntnisse zu erweitern
  und auf den neuesten Stand zu bringen
- sie entwickelt die Fähigkeit, wissenschaftliche Ergebnisse
  in praktische Problemlösungen umzusetzen
- sie fördert die Persönlichkeitsentwicklung und die Teamfähigkeit.

Diese Ziele lassen sich am besten durch die Teilnahme an Seminaren und durch das Studium geeigneter Fachbücher erreichen.

Die Fachbuchreihe *Kontakt & Studium* wird in Zusammenarbeit zwischen der Technischen Akademie Esslingen und dem expert verlag herausgegeben.

Mit über 700 Themenbänden, verfasst von über 2.800 Experten, erfüllt sie nicht nur eine seminarbegleitende Funktion. Ihre eigenständige Bedeutung als eines der kompetentesten und umfangreichsten deutschsprachigen technischen Nachschlagewerke für Studium und Praxis wird von der Fachpresse und der großen Leserschaft gleichermaßen bestätigt. Herausgeber und Verlag freuen sich über weitere kritisch-konstruktive Anregungen aus dem Leserkreis.

Möge dieser Themenband vielen Interessenten helfen und nützen.

Dipl.-Ing. Hans-Joachim Mesenholl Dipl.-Ing. Elmar Wippler

Autoren-Vorwort

Absolute Termintreue, kurze Lieferzeiten und konkurrenzfähige Preise sind heute die entscheidenden Voraussetzungen für den wirtschaftlichen Erfolg. Dies gelingt nur mit einer effizienten Arbeitsvorbereitung, Produktions- und Beschaffungslogistik, die schnell und flexibelst auf Kundenwünsche reagieren kann. Untersuchungen zeigen, dass von ihrer Funktionsweise bis zu 25% der Unternehmensrentabilität und bis zu 40% des Umsatzwachstums abhängen.

Dies alleine durch den Einsatz von Technik / modernsten PPS- / ERP-Systemen erreichen zu wollen, ist irrig.

Ein zentrales Produktionsplanungs- und Steuerungssystem soll in der Lage sein, alle Prozesse von Auftragseingang, Konstruktion, Produktion, Kapazität, Materialbedarfe, deren Nachschubautomatik, einschließlich Versand, so terminlich aufeinander abzustimmen, dass mit minimalem Working-Capital die richtigen Produkte in Menge und Qualität zum gewünschten Termin beim Kunden eintreffen. So die Werbung.

**Das Problem ist nur, man hat den Kunden,
den Endabnehmer, vergessen!**

Durch Termindiktat, plötzliche und immer häufiger kurzfristige Änderungen in Menge und Termin, Lieferverzug im Vormaterial etc. werden die im System geplanten Einteilungen / Prozesse unrealistisch und erfordern schnelle, teilweise manuelle Eingriffe. Permanente Umplanungen sind notwendig, Termine können nicht oder nur unter erheblichen Mehrkosten eingehalten werden. Die Bestände und Rückstände steigen. Nicht gepflegte Stammdaten tun ein Übriges. Das System hinkt hinterher.

Auch wurde focussiert, dass Maschinen ständig laufen müssen und in „wirtschaftlichen Losgrößen" produziert werden soll. Wenig umrüsten war das Ziel. Dies führt u.a. dazu, dass in der Zeit, wo etwas produziert wird, was im Moment nicht gebraucht wird, etwas nicht produziert werden kann, was dringend gebraucht wird. In Verbindung mit der steigenden Variantenvielfalt führt dies zu künstlichen Engpässen, Flexibilitätsverlust und unter Umständen zu Problemen bei Kreditgesprächen mit den Banken (Liquiditätsverlust wegen hoher Bestände).

Bisher erfolgreiche Regelwerke, PPS- / ERP-Abläufe funktionieren nicht mehr zufrieden stellend und müssen in Frage gestellt werden.

In diesem Buch erfahren Sie, wie die Kernkompetenzen AV - Disposition - Planung und Steuerung / Produktions- und Beschaffungslogistik mit aktuellen Methoden kundenorientiert, PPS- / ERP-gestützt zu einem äußerst effektiven Instrument der Liquiditäts- und Lieferverbesserung umstrukturiert werden können, auf was Sie besonders achten müssen, damit die möglichen Verbesserungen qualitativ, quantitativ auch tatsächlich erreicht und die Erfolge messbar gemacht werden.

Rainer Weber

INHALT

Effektive Arbeitsvorbereitung - Produktions- und Beschaffungslogistik

		Seite
Block 1	Organisation der Arbeitsvorbereitung innerhalb der Produktions- und Beschaffungslogistik als Order-Control-Center	1
Block 2	Materialwirtschaft / Logistik / Nachschubautomatik	30
Block 3	KANBAN / selbst auffüllende Läger / Supply - Chain - Methoden in der Nachschubautomatik	86
Block 4	Stammdaten zielorientiert einrichten und pflegen / Datenqualität verbessern	118
Block 5	Beschaffungslogistik / Einkauf	136
Block 6	Bestandsmanagement und Lageroptimierung	157
Block 7	Auftrags- und Terminplanung / Fertigungssteuerung	174
Block 8	Schlanke und flexible Produktionsprozesse / vom Push- zum Pull-System	246
Block 9	Reduzierung von Rüstzeiten	270
Block 10	Definieren Sie den Begriff „Leistung" neu	274
Block 11	Kennzahlen / Prozesskostenrechnung	292
Block 12	Unternehmensentwicklung seit Einführung der neuen Denk-, Organisations-, Steuerungs- und Fertigungsgrundsätze	305
Zum Autor		308
Literaturverzeichnis		309

Inhaltsverzeichnis

1	Organisation der Arbeitsvorbereitung innerhalb der Produktions- und Beschaffungslogistik als Order-Control-Center	1
1.1	Zielerreichung durch den Einsatz eines modernen PPS- / ERP-Systems	5
1.2	Die Arbeitsvorbereitung, Produktions- / Beschaffungslogistik innerhalb der Unternehmensorganisation	8
1.3	Gestaltungsgrundsätze für das neue Auftrags- / Logistikzentrum als Order-Control-Center	12
1.3.1	Mittels Wertstromdessin Doppelarbeit und Verschwendung erkennen und beseitigen	13
1.3.2	Verschwendung in Zeit / Geld / Fehlleistungen erkennen und beseitigen	22
1.4	Organisation der Arbeitsvorbereitung / des Auftrags- / Logistikzentrums als Order-Control-Center	24
2	**Materialwirtschaft / Logistik / Nachschubautomatik**	**30**
2.1	Disposition / Bedarfs-, Bestell, Bestandsrechnung / Nachschubautomatik	32
2.1.1	Der Disponent wird Beschaffer / Pate für seine Teile und Produkte	35
2.1.2	Die Stücklisten- / Rezepturauflösung - Basis der Material- / Teile- und Baugruppendisposition	40
2.1.3	Mehrstufigkeit abbauen / Reduzierung der Dispositionsebenen / Lagerstufen	41
2.1.4	Nach welchem Arbeitsgang soll gelagert werden?	46
2.1.5	Nummernsystem / Produktnorm / Teile- / Rüstfamilien	49
2.2	Dispositionsregeln für eine bestandsminimierte Material- und Lagerwirtschaft mit hohem Liefer- und Servicegrad	51
2.2.1	Die ABC-Analyse als Bestandswertstatistik und als Dispositionsgrundlage	52
2.2.2	Abrufaufträge für A-Teile und „atmen"	54
2.2.2.1	Kann der Lieferant für uns disponieren?	56
2.2.3	Standard-Dispositionseinstellungen für B-Teile Basis Bestellvorschläge vom System erzeugt	58
2.2.3.1	Disponieren nach Reichweiten, minimiert Bestände und Fehlleistungen	59
2.2.4	C-Teile-Management - Das Supermarktprinzip für Industrie und Handel	64
2.2.5	Bestellpunkt / Sicherheitsbestand / Wiederbeschaffungszeiten	66
2.2.5.1	Bestellpunktverfahren	66
2.2.5.2	Restemengenmeldung (I-Punkt)	68
2.2.5.3	Ermittlung des Sicherheitsbestandes	68
2.2.6	Ersatzteilmanagement / Disposition von Ersatzteilen	71
2.2.7	Problem Minusbestände im verfügbaren Bestand bei Vorratswirtschaft	72

2.2.8	Zusätzliche Dispo-Kennzeichen als Dispositionshilfen	73
2.2.9	Bestellmengenrechnung und Trendentwicklung	76
2.2.10	Gefahren durch die Anwendung von Losgrößenformeln	79
2.2.10.1	Ermittlung der optimalen Bestellmenge nach Losgrößenformeln, ist dies immer richtig?	79
2.2.11	Die hausgemachte Konjunktur	83
2.2.12	Andere Losgrößenformeln / -festlegungen	85
3	**KANBAN / selbst auffüllende Läger / Supply - Chain - Methoden in der Nachschubautomatik**	**86**
3.1	Logistik verbessern, vom Push- zum Pull-System	87
3.1.1	Problematik der bedarfsorientierten Disposition bei Vorratswirtschaft	87
3.2	Einfach und rückstandsfrei produzieren / Bestände senken durch Einführung von KANBAN	89
3.2.1	Was ist KANBAN? / Vorteile von KANBAN in der Just in time - Gesellschaft	89
3.2.2	Prozesskettenvergleich: KANBAN zu PPS- / ERP-Abläufe	98
3.2.3	Welche Teile / Artikel können über KANBAN gesteuert werden?	100
3.2.4	Analyse der Produktstruktur auf KANBAN - Fähigkeit für mehrstufige Produkte	102
3.2.5	Darstellung von KANBAN - Karten	103
3.2.6	Bestimmung von KANBAN - Mengen und Festlegen der Anzahl Behälter / KANBAN - Karten	105
3.2.7	Pflege der KANBAN - Einstellungen	108
3.2.8	Führung von Steuerungs- / Auslastungsübersichten bei KANBAN - Organisation als Basis für eine effektive Feinsteuerung nach dem PULL - Prinzip	109
3.2.9	EDV - gestütztes KANBAN	111
3.2.10	Vertragliche Regelungen Lieferanten - KANBAN	114
3.2.11	Ausbau des KANBAN - Systems zu einem Supply - Chain - System / selbst auffüllendes Lagersystem nach dem Min.- / Max. - Prinzip (E-Business)	116
3.2.12	Vorteile von KANBAN - / SCM-Systemen in der Just in time - Gesellschaft	117
4	**Stammdaten zielorientiert einrichten und pflegen / Datenqualität verbessern**	**118**
4.1	Notwendige ERP-Stammdaten-Einstellungen, Voraussetzungen für Dispositionsverbesserung und Fertigungssteuerung mit kurzen Durchlaufzeiten	119
4.2	Beispielhafte Darstellung von Stammdateneinstellungen für die Nachschubautomatik (Produktions- und Beschaffungslogistik), Auftragsterminierung / Kapazitätswirtschaft und Fertigungssteuerung	121
4.3	Zusammenfassung der Teile-Stammdaten nach Teileart A / B / C - und X / Y / Z - Regelungen zu einer Dispo-Vorgabe / Richtlinie	129
4.4	Auswirkungen der Aktivitäten / Stammdateneinstellungen auf das Unternehmen / die Kunden	131
4.5	Möglichkeiten und Grenzen des EDV-Einsatzes	132
4.5.1	Marktspiegel PPS- / ERP-Systeme auf dem Prüfstand	134

5	**Beschaffungslogistik / Einkauf**	**136**
5.1	Aufgaben des Einkaufs	137
5.1.1	Aufgaben / Ziele des Einkaufs - konventionelle Betrachtungsweise	137
5.2	Aufgaben, Ziele des Einkaufs in einer bestandsminimierten Material- und Lagerwirtschaft heute	139
5.2.1	Operative / strategische Einkaufsarbeit	142
5.2.2	Lieferantenauswahl und -bewertung	144
5.3	Nutzen des E-Business	149
5.4	Lieferanten - Anforderungsprofil	150
5.5	Supply - Chain - Management in der Materialwirtschaft	152
5.6	Darstellung der verschiedenen Dispositions- und Beschaffungsmodelle, bezüglich Prozesse, Flexibilität und Lieferfähigkeit	155
6	**Bestandsmanagement und Lageroptimierung**	**157**
6.1	Die Bedeutung des Lagers in der Produktionslogistik, bezüglich Bestände - Abläufe - Datenqualität	158
6.2	Höhe Datenqualität im Lager reduziert Bestände	161
6.3	Optisch / elektronische Warenerfassungssysteme	163
6.3.1	Strichcode im Lager	163
6.3.2	RFID - die berührungslose Datenerfassung in der Logistik	164
6.4	Lagerorganisation / -steuerung - Bereitstellung - Beschicken - Entsorgen	165
6.5	Zugriffs- und Wegeoptimierung	167
6.5.1	Platz- und Wegezeitgewinn durch Behälter- und Lagerfachoptimierung	169
6.6	Verbesserung der Prozesse im Lager / Abbau nicht wertschöpfender Tätigkeiten / Vermeidbare Verschwendung	170
6.7	Bestandstreiber sichtbar machen und eliminieren	171
7	**Auftrags- und Terminplanung / Fertigungssteuerung**	**174**
7.1	Die Planungsebenen für einen schnellen Auftragsdurchlauf	175
7.2	Grobplanung	176
7.2.1	Grobplanung: Einzelfertiger	178
7.2.2	Schätzzeitkatalog als Basis für eine geordnete Projektausplanung	185
7.2.3	Grobkapazitätsplanung für Serien- / Variantenfertiger	189
7.3	Die Zeitwirtschaft als Grundlage für die Auftrags- und Terminplanung / Kapazitätswirtschaft / Feinplanung / Kalkulation	190
7.3.1	Automatische Zeitkalkulation und Arbeitsplanerstellung	192
7.4	Kapazitätsterminierung / Durchlaufzeiten / Flexibilität	195
7.4.1	Bilden von Kapazitätsgruppen	200
7.4.2	Ermittlung der verfügbaren Kapazität	202
7.4.3	Die Arbeitsplan-Organisation	203
7.4.4	Terminplanung mit reduzierten Durchlaufzeiten und flexiblen Kapazitäten	205
7.4.4.1	Kapazitätsplanung / -belegung	208
7.5	Feinplanung / Erstellen von Produktionsplänen	213
7.5.1	Zusammenhänge zwischen Losgröße, Anzahl Aufträge gleichzeitig in der Fertigung, bezüglich Durchlaufzeiten, Bestände und Flexibilität	214
7.5.2	Erstellen von Produktionsplänen	216
7.5.2.1	Methodik der Produktionsplanung	219

7.5.3	Kurzfristige Steuerung / Feinplanung	222
7.6	Durchsetzen der Aufträge in der Fertigung	229
7.6.1	Organisationsformen der Werkstattsteuerung	231
7.6.1.1	Die dezentrale Fertigungs- / Werkstattsteuerung	232
7.6.1.2	Zentrale Werkstattsteuerung, Leitstände / Elektronische Plantafeln	237
7.7	Kapazitätsvorhalt erhöht die Flexibilität und reduziert Bestände	245
8	**Schlanke und flexible Produktionsprozesse / vom Push- zum Pull-System**	**246**
8.1	Fließprinzip / Linienfertigung ein Erfolgsrezept zur Verkürzung der Durchlaufzeiten / Reduzierung des Working-Capital	249
8.1.1	Linienfertigung / Fließprinzip verkürzt die Durchlaufzeit und steigert die Produktivität	252
8.2	Vereinfachen der Arbeitspläne und auf Null setzen der fixen Liegezeiten im PPS- / ERP-System verkürzt die Durchlaufzeit wesentlich	257
8.3	Fertigungssegmente als Eigenbetriebe organisieren	258
8.4	Lean-, Werkstatt- und Arbeitsplatzorganisation	260
8.5	Sonstige Hinweise für eine rationale Fertigung mit kurzen Lieferzeiten nach Lopez	262
8.6	Engpassplanung / -Steuerungskonzepte leicht gemacht	264
9	**Reduzierung von Rüstzeiten**	**270**
9.1	Was ist Rüstzeit?	271
9.2	Schnell wirksame Rüstzeitminimierungsmaßnahmen	272
9.3	Die wichtigsten Ansatzpunkte zur Rüstzeitverringerung	273
10	**Definieren Sie den Begriff „Leistung" neu**	**274**
10.1	Von der individuellen Leistungsmessung zur ganzheitlichen Leistungsmessung	275
10.2	Steigerung der Produktivität / Reduzierung des Working-Capitals durch zeitnahes Produzieren und einer ganzheitlichen Leistungsbetrachtung	280
10.3	Installation eines ganzheitlichen Leistungs- und Führungsinstrumentes auf Basis verkaufter Stunden zu Anwesenheitszeiten aufwandsneutral	283
10.4	Nutzen der gewonnenen Erkenntnisse und Leistungskennzahlen zur Einführung von Bonus- / Wertelohnsystemen	285
10.5	Voraussetzungen für die Einführung eines zeitgemäßen, auf Dauer funktionierenden / einfach abrechenbaren, ziel- und ertragsorientiert ausgerichteten Bonus- / Wertelohnsystems	291
11	**Kennzahlen / Prozesskostenrechnung**	**292**
11.1	Wie können Prozesskosten ermittelt werden?	296
11.2	Prozesskosten und Managementenscheidungen	299
11.3	Führen nach Kennzahlen	300
12	**Unternehmensentwicklung seit Einführung der neuen Denk-, Organisations-, Steuerungs- und Fertigungsgrundsätze**	**305**
Zum Autor		**308**
Literaturverzeichnis		**309**

Block 1   Organisation der Arbeitsvorbereitung innerhalb der Produktions- und Beschaffungslogistik als Order-Control-Center

> **Die logistische Leistungsfähigkeit der AV- / Produktions- und Beschaffungslogistik beeinflusst bis zu 40% des Umsatzwachstums, bis zu 27% die Höhe der Umsatzrendite und in erheblichem Maße die Liquidität eines Unternehmens**

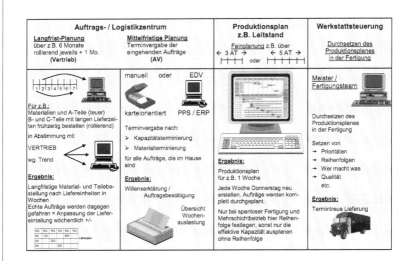

Effiziente Logistikstrukturen führen zu verbesserten Bestands- und Produktivitätswirkungen, zur Senkung von Fehlleistungs- und Gemeinkosten und durch verbesserten Lieferservice zu zusätzlichen Umsätzen / Deckungsbeiträgen

Einleitung

Der Zwang des Marktes stellt an die Produktionsbetriebe immer größere Herausforderungen. Insbesondere muss auf Kundenwünsche individueller, schneller und flexibler eingegangen werden, was bedeutet:

- ⇨ **Absolute Kundenorientierung**
- ⇨ **Schnellere Auftragsbearbeitung**
- ⇨ **Höhere Lieferbereitschaft und Termintreue**
- ⇨ **Kürzere Lieferzeiten und höhere Flexibilität**
- ⇨ **Häufigere Auftragszyklen und kleinere Lose**
- ⇨ **Steigende Variantenvielfalt und Reduzieren von Rüstzeiten.**

In Verbindung mit den heute weiter geforderten Notwendigkeiten

- ⇨ **Schlanke Produktion**
- ⇨ **Senkung der Bestände**
- ⇨ **Verkürzung der Durchlaufzeiten**
- ⇨ **Verbesserung der Liquidität**

führt dies zu steigenden Anforderungen an schlanke Unternehmensformen auf allen Ebenen der Organisation, und insbesondere an die Durchsetzungssysteme:

Arbeitsvorbereitung - Produktions- und Beschaffungslogistik

Um also schneller als die Konkurrenz reagieren zu können, muss die Organisation eines Unternehmens diesen Notwendigkeiten so angepasst werden, dass:

a) Ein effektiver IT- / ERP- / PPS-Einsatz erreicht wird,

und

b) durch Schaffen von Auftrags- / Logistikzentren Durchlaufzeiten und Kosten gespart, sowie eine höhere Effizienz erreicht wird,

und

c) unter Einbeziehung aller betrieblichen Führungskräfte eine zeitgemäße Fertigungsorganisation und Fertigungssteuerung nach dem Fließprinzip, also eine leistungsfähige Just in time - Auftragsabwicklung prozessorientiert, sowie eine wettbewerbsfähige Kostensituation geschaffen wird

Ein Umdenkungsprozess erreicht wird, bezüglich:

> *Es muss das gefertigt werden was der Kunde will,*
> *nicht was das System will.*

Betriebliche Leistung und damit verbundene Unternehmensziele, müssen also bezüglich heutiger Anforderungen

> **ERFOLG AM MARKT / KURZE LIEFERZEITEN / HOHE EIGENKAPITALQUOTE / LIQUIDITÄT**

neu definiert werden.

Leistung ist nur das, was hergestellt und auch umgehend termintreu verkauft werden kann. Nicht, was an Lager geht, oder als Arbeitspuffer zwischen den Maschinen liegt.

Aber durch die steigende Auftrags- und Variantenzahl werden wir immer langsamer / unflexibler, obwohl im PPS- / ERP-System mit hohem Aufwand Material- und Kapazitätsterminierungen durchgeführt werden - die häufig unrealistisch sind. Grund: Termindiktat!

Darstellung dieser Entwicklung:

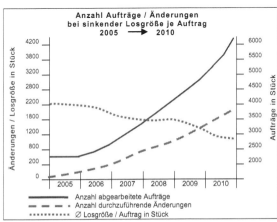

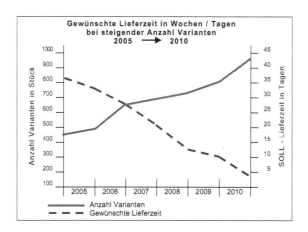

Darstellung dieser Problematik an einem Zahlenbeispiel, das die steigende Anzahl Geschäftsvorgänge in der Auftragsabwicklung und das Warteschlangenproblem in der Fertigung, vor den Arbeitsplätzen, sowie die Entwicklung des Lagerbestandes aufzeigt:

Jahr	Anzahl Artikel	Anzahl Mitarbeiter / Arbeitsplätze	Warteschlangenfaktor je Artikel	Wie häufig kann der Artikel gefertigt werden	Höhe des Lagerbestandes in € bei Preis / Stück = 2,-- € und gleich bleibende Bestandsmenge 100 Stück je Artikelnummer
1	2	3	4 = 2 : 3	5 (Ø)	6 = 2,-- € x 100 Stück x Pos. 2
1995	200	100	1 : 2	alle 2 Tage	= 40.000,00 €
2003	2.000	200	1 : 10	alle 10 Tage	= 400.000,00 €
heute	5.000	250	1 : 20	alle 20 Tage	= 1.000.000,00 €
Jahr xx	12.000	300	1 : 40	alle 40 Tage	= 2.400.000,00 €

Bei gleich bleibendem Dispositions- und Fertigungsverhalten kann es sein, dass der gesamte Gewinn eines Unternehmens in Form von Material und Teilen an Lager gelegt wird und davon Steuern bezahlt werden müssen. **Die Liquidität geht verloren und wir werden immer langsamer, sollen aber schneller und flexibler werden.**

Es muss also die Frage gestellt werden:

> **Machen wir heute, bei einer ständig steigenden Auftragseingangs- und Variantenzahl, mit immer kleiner werdenden Losen (bedeutet steigende Anzahl Geschäftsvorgänge) unsere Arbeit noch richtig, oder müssen wir uns effektivere Abläufe einfallen lassen, bei gleichzeitig optimaler Nutzung der IT-Systeme?**

1.1 Zielerreichung durch den Einsatz eines modernen PPS- / ERP-Systems

ERP → **E**nterprise **R**essource **P**laning - Software hilft, die dispositiven Ressourcen - Mensch - Maschine - Werkzeug - Material - Logistik eines Unternehmens, optimal aufeinander abzustimmen. Dies ist das Vertriebsschlagwort vieler Anbieter von PPS- / ERP-Systemen geworden.

Der potenzielle Anwender will allein mit Technik, durch Investitionen in Hard- und Software, seine Problemlösung kaufen, bzw. glaubt, sie kaufen zu können. So die Werbung.

Demnach soll ein zentrales Produktionsplanungs- und Steuerungs- / ERP- / PPS-System in der Lage sein, Auftragseingänge, Variantenkonstruktion, Produktionsprozesse und -kapazitäten, Lager- und Umlaufbestände, sowie Wareneingang / Warenverbrauch und Versand - Logistik so zu koordinieren und aufeinander abzustimmen, dass mit minimalen Beständen die richtigen Fertigprodukte zur richten Zeit, in der gewünschten Menge und Qualität, mit kürzesten Lieferzeiten zum Kunde gelangen.

Das Problem ist nur, man hat den Verbraucher, den Endabnehmer vergessen!

Plötzliche und immer häufiger kurzfristige Änderungen am Markt / im Verbraucherverhalten, Mengen- und Terminveränderungen / Lieferverzug bringen die im System geplanten Annahmen und Prozesse völlig durcheinander und machen schnelle, teilweise manuelle Eingriffe notwendig.

In der Folge entsteht eine mehr oder weniger große Diskrepanz zwischen PLAN- und IST-Situation, was tatsächlich beschafft / gefertigt werden muss. Permanente Umplanungen sind notwendig, Termine können nicht, oder nur unter erheblichen Mehrkosten eingehalten werden. Die Bestände und Rückstände steigen. Was morgens neu geplant / eingeteilt wurde, ist nachmittags bereits hinfällig / überholt. Auch der enorme Aufwand für Stammdatenpflege und laufende Anpassungen, machen den Anwendern das Leben schwer. Die Konsequenz kann sein: Am so mühsam aufgebauten und teuer bezahlten ERP- / PPS-System wird vorbeigeplant. Das System selbst hinkt hinterher.

Bisher erfolgreiche Regelwerke / Organisationswerkzeuge funktionieren somit nicht mehr zufrieden stellend und müssen in Frage gestellt werden, insbesondere dann, wenn das ERP-System sagt *„es geht nicht"*, der Auftrag aber bis zum Termin xx / yy doch gefertigt werden muss.

Nicht genügend bedacht wird bei Nutzung dieser Systeme, dass die oberste Aufgabe eines Unternehmens, und hier insbesondere die Produktion mit ihren Dienstleistungsbereichen Arbeitsvorbereitung, Einkauf etc., die Erfüllung des Kundenwunsches ist, bezüglich:

> ➤ **kurzer Lieferzeiten / hoher Termintreue**
> ➤ **geringer Kosten / marktkonformer Preis**

Auch sind viele PPS- / ERP-Anwendungen durch ein aufwendiges Controlling geprägt. Ohne darüber nachgedacht zu haben, ob die Daten tatsächlich stimmen, und ob der Informationsgewinn aus dieser Datenflut, bezüglich „Marktorientiert produzieren", dies wesentlich verbessert, oder ob dadurch das Verhältnis „wertschöpfende Arbeit" zu „nicht wertschöpfender Arbeit" immer mehr verkehrt wird. Hauptsache, das System funktioniert in sich.

Auch wurde den Mitarbeitern in Produktionsbetrieben beigebracht, dass es wichtig ist, dass die Maschinen ständig laufen müssen und in „wirtschaftlichen Losgrößen" produziert werden soll (kalkulatorische Stückkosten müssen stimmen). Die Überproduktion liegt dann im Lager, in der Hoffung auf späteren Verbrauch. Hohe Anlagennutzung, wenig umrüsten wird als Ziel vorgegeben. Dies führt zu künstlichen Engpässen in der Fertigung, geringer Flexibilität und hohen Lagerbeständen / geringer Liquidität und unter Umständen zu Problemen bei Kreditgesprächen mit der Bank (Basel II).

Bild 1.1: Zielerreichungsgrad durch verbesserten IT- / PPS- / ERP-Einsatz, in Anlehnung an Prof. Ellinger UNI Köln, Prof. Dr. Dr. Wildemann TU-München

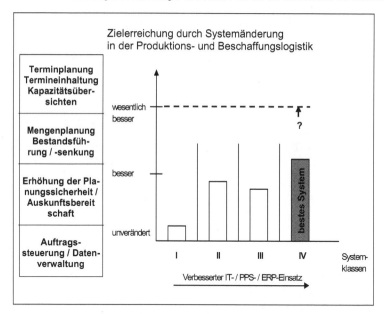

Wenn wir also wesentlich besser werden wollen, bedeutet dies, dass die modernsten und effizientesten Konzepte in der Nachschubautomatik eingesetzt werden müssen und alle unsere Mitarbeiter und die Lieferanten sich an die aufgestellten Regeln halten, wie z.B. zeitnahes Buchen, hohe Datenqualität im Lager, Einhalten von Lieferzeiten etc. Die Produktion sich an die Veränderungen / Zwänge des Marktes anpasst, wie z.B. Linienfertigung, Mehrfachqualifikation der Mitarbeiter, verbesserte Fertigungssteuerung, Engpassplanung etc.

Menschen, ihre Fähigkeiten, ihr Einsatz, ihre Werkzeuge machen somit den Erfolg.

Was zu folgender Grundsatzphilosophie führt:

- Der Kunde bestimmt was produziert wird
- Der Kunde bezahlt nur den wertschöpfenden Anteil am Produkt
- Ein Kunde kauft kein Produkt, sondern nur
  - ▶ Kapazität und
  - ▶ Know-how
    - ⇨ Know-how ist das Produkt
    - ⇨ Kapazität ist die Anzahl Maschinen / Mitarbeiter über die gesamte Herstellprozesskette
- Hohe Liquidität ist auch Leistung

Daran hat sich alles auszurichten

Mit folgender Zielsetzung für einen Produktionsbetrieb:

- Minimieren aller nicht wertschöpfenden Tätigkeiten. Abbau von Blindleistungen und versteckter Verschwendung, insbesondere in den fertigungsnahen Dienstleistungsbereichen
- Abbau überholter Wirtschaftlichkeitsbetrachtungen. Es zählt nur das Gesamtoptima, nicht das Einzeloptimum
- Ein abgespeckter ERP- / PPS-Einsatz erzeugt Freiräume und vermindert Blindleistungen und nicht wertschöpfende Tätigkeiten in der Fertigung und in den angegliederten Dienstleistungsbereichen
- Optimieren des Material- und Informationsflusses - Vom Kunden bis zum Lieferant - prozessorientiert durch Abkehr vom Push- zum Pull-System
- Einbinden der Lieferanten in die gesamte Logistik- und Produktionskette mittels ERP- / SCM- und KANBAN-Systemen etc. Kunden und Lieferanten haben gegenseitig Zugriff auf die Bestands- und Bedarfsdaten
- Reduzieren von Schnittstellen und Transportwegen. Die Produktion muss fließen, also Segmentieren der Fertigung prozessorientiert als Linienfertigung / Röhrensystem
- Kapazitäten schaffen und nicht verwalten / Hohe Mitarbeiterflexibilität
- Nur fertigen was gebraucht wird / Reduzierung der Werkstatt- und Lagerbestände durch Fertigen kleiner Lose
- Nicht so viele Aufträge in der Fertigung wie möglich, sondern so wenig, dass die Ware fließt, aber keine Abrisse entstehen
- Einfache Steuerungsinstrumente „Engpassplanung im Fertigungsrohr- / Segment" durch KANBAN und Linienfertigung
- Feinsteuerung vor Ort, durch mitarbeitende Produktmanager je Fertigungslinie / -segment
- Verbesserung der Transparenz durch den Einsatz von TOP - Kennzahlen, die die tatsächliche betriebliche Leistung widerspiegeln und an denen abgeleitet werden kann „Wie atmet die Fertigung?"

1.2 Die Arbeitsvorbereitung, Produktions- / Beschaffungslogistik innerhalb der Unternehmensorganisation

Die Kostengröße einer Arbeitsvorbereitung kann im Verhältnis zum Umsatz und Art der Fertigung (Serien- / Varianten- / Einzelfertiger) aufgrund statistischer Erhebungen wie folgt dargestellt werden:

Bild 1.2: Kosten einer AV - Näherungsformel [2]

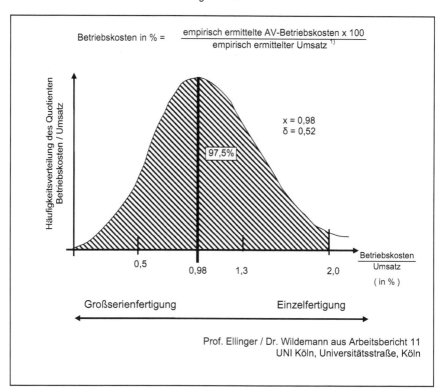

[1] ohne Umsatz Handelsware und ohne Vorkalkulation

[2] bei Umstellung auf ein Auftrags- / Logistikzentrum mit Kanban- / SCM-Abläufen verringert sich der Aufwand um ca. 25 % (Erfahrungswert aus der Praxis)

Funktionsmatrix - Anforderungsprofil für eine moderne AV / Produktions- / Beschaffungslogistik

Eine wesentliche Voraussetzung für eine funktionsfähige AV / Produktions- / Beschaffungslogistik, die im Sinne von kurzen Lieferzeiten und minimierten Beständen arbeitet, bei gleichzeitiger Verbesserung der Lieferfähigkeit, ist eine zweckmäßige Zuordnung der Aufgabenbereiche - nachfolgend dargestellt als Funktionsprofil mit Tätigkeitsmerkmalen der einzelnen Bereiche / Abteilungen, die sich zusammensetzen aus:

A)

Konventionelle Betrachtungsweise		
Eine Abteilung: Disposition und Arbeitsvorbereitung, (mit separatem Einkauf und Lager)	oder	Eine Abteilung Materialwirtschaft und Fertigungssteuerung (ohne Arbeitsplanung)

Ob die Zusammenfassung der Funktionsbereiche zu dem Oberbegriff

„**Logistik**"   oder   „**Arbeitsvorbereitung**"

mit Herauslösung des Einkaufs, dafür Einfügung des Bereiches Arbeitsplanung erfolgt, soll letztlich nicht das Wesentliche sein, (die Wahl hängt sicher von der Gesamtorganisation des Unternehmens ab)

Oder besser, bezüglich heutiger Just in time - Anforderungen:

B)

Prozessorientierte Betrachtungsweise		
Produktionslogistik = Auftrags- / Logistikcenter	+	Beschaffungslogistik = strategischer Einkauf

Die Funktionstüchtigkeit kann man an der Menge der sich nicht mehr, oder nur noch sehr selten bewegenden Lagerbestände erkennen (Lagerhüter), bzw. an der Kennzahl Materialumschlagshäufigkeit = Drehzahl.

Drehzahl: Verbrauch letzte 12 Monate : Bestand =	

und am Servicegrad der Liefer- / Termintreue

Anzahl termintreu gelieferte Aufträge [1] zu gesamt gelieferte Aufträge	**in %**
als Servicegrad [1]	

---

[1] Termintreue bezieht sich auf bestätigten Termin Servicegrad bezieht sich auf Kundenwunschtermin

Bild 1.3: Einbettung der Disposition in die Fertigungssteuerung / AV (konventionelle Organisation)

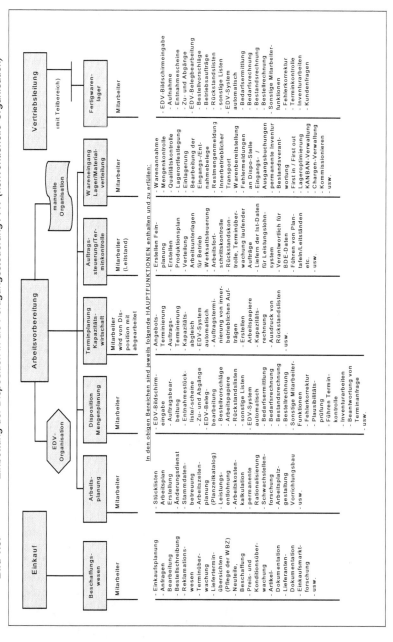

Beispiel: Regelkreis AV - Produktionslogistik (konventionelle Betrachtungsweise - viele Schnittstellen)

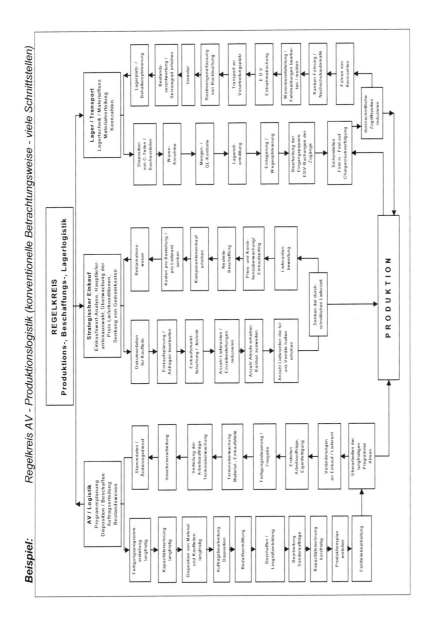

1.3 Gestaltungsgrundsätze für das neue Auftrags- / Logistikzentrum als Order-Control-Center

Optimierung von Geschäftsprozessen innerhalb der Systeme Lieferant → Kunde, bzw. Kunde → Lieferant

Als Geschäftsprozess wird eine Folge von Tätigkeiten verstanden, die in einer ablauforientierten Beziehung stehen. Die Tätigkeiten orientieren sich dabei an Produkt, Auftrag und Möglichkeiten, welche im Unternehmen dem Personal bekannt und in ISO-Unterlagen definierbar sind. Innerhalb dieser Abläufe herrscht ein so genanntes Kunden-Lieferantenverhältnis. Die Geschäftsprozesse erstrecken sich über Abteilungsgrenzen hinweg und beinhalten Schnittstellen. Für eine bestimmte Tätigkeit werden diese Aktivitäten immer in gleicher Reihenfolge abgearbeitet und durchlaufen viele Hände bis zur Lieferung. Daraus ergibt sich:

Unter Geschäftsprozessen wird eine Folge von Aktivitäten / Tätigkeiten verstanden, die auf ein bestimmtes Ergebnis ausgerichtet und die je Auftrag immer neu zu durchlaufen sind.

Die Tätigkeiten sind dabei in eine Ablauforganisation mit Schnittstellen eingebettet, mit messbarer Kostenerhöhung je Tätigkeit. Je mehr Schnittstellen, desto länger die Durchlaufzeit, je teurer der Vorgang.

Dies bedeutet, ein minimierter Auftragsdurchlauf in einer Lean Organisation zeichnet sich durch die Fähigkeit aus, dass nur abgeschlossene und vollständige Arbeitsinhalte in den nächsten Prozess übergeben werden. Dies senkt Kosten, durch Vermeiden von Schnittstellenproblemen / von nicht wertschöpfenden Tätigkeiten, wie z.B. Informationsübermittlung, Einlesen, Doppelarbeit o.ä., sowie durch vermeiden von Nacharbeit und Rückfragen, da nur so genannte i.O.- (in Ordnung)Vorgänge weitergegeben werden. Auch wird die Durchlaufzeit wesentlich verkürzt, da z.B. die komplette Auftragsbearbeitung, von Erfassen bis Liefern, durch weniger Hände mit minimierten Warteschlangenproblemen geht.

Außerdem verbessert eine Prozessorganisation die Kunden - Lieferantenbeziehung. Der Lieferant und der Kunde profitieren durch die transparente Gestaltung der Abläufe, da die direkten Ansprechpartner bekannt sind und diese auch kontinuierlich z.B. über den Stand / den Arbeitsfortschritt eines Auftrages informiert sind.

Außerdem kann mittels eines Wertstromdessins (= Arbeitsplan für Bürotätigkeiten) über die gesamte Prozesskette die Kosten / das Kosten - Nutzen - Verhältnis je Kunde / je Auftrag ermittelt werden. Dienstleistungen können so wie Arbeitsgänge in der Produktion kalkuliert und zu Einzelkosten gemacht werden.

1.3.1 Mittels Wertstromdessin Doppelarbeit und Verschwendung erkennen und beseitigen

Was ist ein Wertstromdessin?

Ein Wertstromdessin umfasst die Darstellung aller Tätigkeiten die notwendig sind, um einen Vorgang abzuarbeiten. Es ist quasi ein sehr detaillierter Arbeitsplan, aufgegliedert in die einzelnen Arbeitsprozesse / -schritte, wie dies aus der Arbeitswissenschaft bekannt ist und für die Produktion schon längst genutzt wird (Arbeitsplanorganisation).

Ergänzend kommt hinzu, dass in Form einer Matrixdarstellung alle Abteilungen / Personen die daran beteiligt sind, „*bildhaft*", in Form von Flussbildern, wie sie aus der Logistik bekannt sind (hier Informationsfluss genannt), aufgeführt werden, um daraus eine ganzheitliche Betrachtung des analysierten Bereiches, mit all seinen Schnittstellen, von z.B. „*Auftragseingang bis Start Produktion*", oder ab „*Erstellen Lieferschein / Rechnungserstellung bis Geldeingang*" zu erhalten.

Informations- fluss → Tätigkeiten	Abteilung / Name				Lauf- meter ca.	Durchlauf- zeit in Tagen		Zeitbedarf in Minuten	
						min.	max.	min.	max
↓				Hier muss eine Tätigkeit gemacht werden, neu Einlesen erforderlich	3 m	0,5	1,0	10'	20'
					20 m	1,0	2,0	20'	40'
					15 m	0,1	0,5	5'	10'
					per Mail	0,5	1,0	15'	25'
					12 m	0,5	1,0	20'	30'

Mittels dieser Methode wird schnell und einfach erkennbar, wo Doppelarbeit, permanentes neu einlesen in den Vorgang, o.ä., entsteht (nicht wertschöpfende Tätigkeit / Verschwendung), welcher Zeitaufwand dafür notwendig ist und welche Auswirkung dieser Ablauf auf die gesamte Durchlaufzeit, z.B. eines Auftrages, hat.

Daraus können gezielt Abstellmaßnahmen entwickelt werden, die sich grob in fünf verschiedene Aktivitäten gliedern lassen:

1. Was kann / muss getan werden, damit das viele „*NEU IN DIE HAND NEHMEN*" (zu verstehen wie Rüsten in der Fertigung) vermieden werden kann, z.B. durch prozessorientierte Arbeitsabläufe und welche Auswirkungen dies auf die Mitarbeiter und die Organisation insgesamt hat

2. Welche Tätigkeitsschritte können ganz entfallen, weil sie auf reinen Überlieferungen - „*wurde immer so gemacht*" - aufgebaut sind, bzw. entfallen automatisch, wenn mehr Tätigkeiten in einer Hand abgearbeitet werden, bzw.

Legende: • hier muss eine Tätigkeit gemacht werden

geht in eine andere Verantwortlichkeit, einlesen erforderlich

3. Welche Statistiken / Formulare können entfallen, bzw. vereinfacht werden

4. Wo können Engpässe entstehen, die beseitigt werden müssen?

5. Wo kann mit neuen Techniken / Werkzeugen Abhilfe geschaffen werden, z.B. mittels
    - Disposition, Beschaffung, Fertigungssteuerung eine Einheit
    - Ausbau EDI-System oder „my open factory" für weitere Kunden
    - Barcode- / RFID- / Transponder - Systeme
    - Automatische Zeit- und Arbeitsplanerstellung
    - SCM- / KANBAN - Systeme
    - Einrichten von Lager in der Produktion
    - E-Business-Abläufe etc.
    - Elektronische Leitstände / Plantafeln

Untersuchungen haben gezeigt, dass

> ca. 25 % der Arbeitszeit im Büro, durch Lesen und Rückfragen von Vorgängen entsteht

und

> bis zu 70 % der Durchlaufzeit im Büro, reine Liegezeiten darstellen.

Was bedeutet:

Abkehr von der horizontalen Organisationsform, hin zu vertikalen, in die Tiefe gegliederten Organisationsformen, die als überschaubare, flexible Einheiten, für bestimmte Produktgruppen, bzw. Kunden eigenverantwortlich tätig sind.

Also durch „**Nicht schneller, sondern anders, *intelligenter* arbeiten**"

⇨ viel Zeit im Durchlauf und unnötige Kosten

gespart werden können. Siehe nachfolgendes Wertestromdessin „Ist- und Soll-Zustand".

Tayloristisches Arbeiten erzeugt viel Doppelarbeit, nicht wertschöpfende Tätigkeiten. Prozessorientiertes Arbeiten vermeidet dies, erzeugt mehr Verantwortung, bringt die Tätigkeiten / die Arbeiten an die Stelle, wo sie logischerweise auch hingehören.

Ablaufuntersuchungen / Tätigkeitsanalysen mittels „**Wertstromdessin**" machen Liegezeiten, Doppelarbeit und Blindleistungen, sowie unnötige Kosten auf einfachste Weise sichtbar.

Bild 1.4: Arbeitsprozesse eines Auftragsablaufes für Standardartikel, also ohne neue Stückliste, neue Arbeitspläne erstellen etc.

Phase 1 - Vertrieb-Innendienst - AV - Dispo - FS IST-ZUSTAND **SOLL - ZUSTAND**

Pos	Arbeitsgänge									min	max
	Abteilung	Vertrieb/Innendienst		AV/PPS					Zeit Std:Min		
	Person / Name	HS	WS	MB	LM	MH					
1	Eingang der Bestellung									00:01	00:01
2	Bestellung notieren / lesen									00:01	00:03
3	Id. Nr. herausfinden									00:01	00:03
4	Id. Nr. anbringen									00:01	00:01
5	Kd.-Nr. anbringen										
6	Lieferbarkeit prüfen										
7	Preis prüfen										
8	bei Kampfpreisen Rückfr.										
9	Korrigieren, wenn nötig									00:02	00:15
10	Kurz lesen										
11	Fragen an Sachbearbeiter										
12	Prüfen der Frage										
13	Antwort										
14	In AS/400 eingeben:										
15	Kd.-Nr. eintragen										
16	Lieferadresse prüfen										
17	Kd.-Bestellnr. eintragen										
18	Auftragsnr. anbringen									00:05	00:10
19	Id. Nr., Menge eintragen										
20	Auftrag ablegen										
21	Bestätigung drucken										
22	Bestätigung kuvertieren									00:03	00:03
23	Bestätigung frankieren										
Durchlaufzeit im Ø (Tage):		1 – 2		Zeitaufwand in Std.						00:14	00:36

LOGISTIKZENTRUM

	HS	WS	MB	Zeit Std:Min	
Arbeitsgänge				min	max

Neue IT - Technik E-Mail etc.

Phase 2 – Dispo und Fertigungssteuerung

Pos	Arbeitsgänge						min	max
24	Artikel prüfen						automatisch	
25	Fehlerliste „Teile nicht da"						00:02	00:10
26	Termin ändern						00:01	00:03
27	Artikel freigeben						00:01	00:02
28	System macht weiter						automatisch	
29	Kapazität prüfen						00:01	00:02
30	Termin evtl. ändern						00:01	00:03
31	Arbeitspapiere erstellen						00:02	00:05
32	Produktionsplan erstellen (Anteil)						00:02	00:04
Durchlaufzeit im Ø (Tage)		0,5 - 1,0		Zeitaufwand in Std.			00:10	00:29
DLZ Gesamt Phase 1 + 2		1,5 - 3,0		Ges. Std. Aufwand			00:24	00:65
DLZ ges. Tage 0,5							00:10	00:28

15

Prozesskostenbetrachtung

Aus solchen Analysen kann auch berechnet werden: Was kostet die Abwicklung eines Auftrages, von Bestellungseingang bei Vertrieb - bis Versand der Ware, ohne Fertigungskosten, ohne Frachtkosten etc., also reine Arbeitszeit im Büro und Versand

Tätigkeiten	Abtlg.	Zeitbedarf in Min.		Bezugs- größen	Angen. Std.-Satz	Kosten pro Auftrag in €	
		Std.	Std.			Minimum	Maximum
1	2	3	4	5	6	7 =(3x5x6)	8 =(4x5x6)
Auftragserfassung Vertrieb (Zeit / Position)	VTI	0,24	0,65	2 Positionen	40,00	19,20	52,00
Zusätzlich: Versandarbeit (pro Auftrag)	LAG	0,47	1,10	1 Auftrag	35,00	16,45	38,50
GESAMT						35,65	90,50

Eine entsprechende Verbesserung des Informationsflusses, verbunden mit einem beschleunigten Material- und Wertefluss durch eine reduzierte Durchlaufzeit über alle Ebenen, hat auch positiven Einfluss auf die Liquidität eines Unternehmens.

Liquiditätsbetrachtung / Zeitstrecke Geld- und Wertefluss

Darstellung Zeitstrecke Geld- und Wertefluss

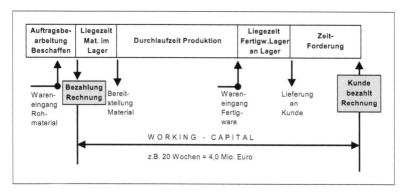

Wenn diese Zeitstrecke halbiert werden kann, auf z.B. 10 Wochen, können 2,0 Mio. Euro Liquidität gewonnen werden.

Oder noch besser „ALDI - Prinzip":

Über Konsignationsläger / entsprechende Zahlungsvereinbarungen mit Lieferanten - Kunden, erfolgt zuerst Zahlungseingang der verkauften Ware und dann Bezahlung Lieferant.

Auch der temporäre Einsatz von so genannten Tätigkeits- und Zeitanalyseerfassungsbögen hat sich für die Ermittlung von Geschäftsprozessen bzw. deren Kosten bewährt.

Beispiele:

Pos.	Tätigkeits- und Zeitanalyse Bereich Einkauf				Name: _____ Monat _____	
	Tätigkeit	Zeitaufwand in Std. (0,25 Std. genau)	Anzahl Vorgänge / Häufigkeit	%	Bemerkungen	
1	Beschaffen					
2	Terminverfolgung					
3	Neuteile-Beschaffung / -Anfragen					
4	Preis- / Lieferantengespräche (neue Lieferanten)					
5	Besprechungen					
6	QS - Reklamationen abarbeiten					
7	Selbstorganisation z.B. Ablage etc.					
	S U M M E			100%		

Pos.	Tätigkeits- und Zeitanalyse Bereich Disposition – Fertigungssteuerung										Name: _____ Monat _____
	Ausgeführt Tätigkeiten	Zeitaufwand in Stunden (0,25 Std.-genau)					Anzahl Vorgänge				
		tägl.	wöchentl.	monatl.	spor.	Vermerke	tägl.	wöchentl.	monatl.	spor.	Vermerke
1	Dispo-Überbest.-Liste / Fehlteileliste bearbeiten										
2	Terminanfragen / Terminreklamationen v. Vertrieb bearbeiten										
3	Bearbeiten von Bestellvorschlägen (Kauft.) und Betreuung Unterlieferanten										
4	Fertigungssteuerungsarbeit, Terminabstimmung mit Fertigung, Terminverfolgung, Erstellen Produktionspläne										
5	Stammdatenpflege und Korrektur von Lagerbeständen										
6	Erstellen Arbeitspapiere										
7	Selbstorganisation (in der Abteilung selbst)										
8	Neuanläufe / Produktionsumstellung / -änderungen										

Das Ergebnis könnte sein:

Zusammenführen der zuvor getrennten Abteilungen Vertrieb - Support, Arbeitsplanung, -steuerung, Disposition und Beschaffen zu einer Einheit. Idealerweise in der Fertigung, bei den Meistern, angesiedelt.

**Schemadarstellung eines Logistik- / Auftragszentrums
(nach Kunden oder Warengruppen gegliedert)**

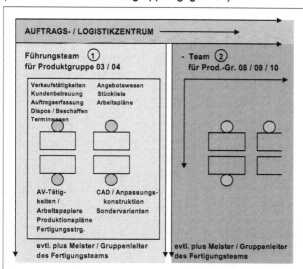

Durch eine so genannte Pärchenbildung und Jobrotation (im Rahmen des Möglichen) werden alle Teammitglieder schrittweise so ausgebildet, dass sie weitestgehend alle notwendigen Tätigkeiten für eine komplette Auftragsabwicklung beherrschen. Jeder kann jede Arbeit[1] machen, jeder kann jeden vertreten.

Ziel: Ein Kunde hat einen Ansprechpartner, muss erhalten bleiben, daher kann es sein, dass der Vertrieb-Support nicht mit in das Logistikzentrum integriert wird, sondern weiter, z.B. nach Ländergruppen, gegliedert bleibt.

Die Teammitglieder regeln den gesamten Urlaubs- / Krankenstand etc. in Eigenverantwortung. Sie setzen sich Ziele, wie z.B.:

→ wöchentlicher Umsatz mit Kunden / zu Fertigungsteams
→ Angebote müssen innerhalb von drei Tagen bei Kunde sein
→ Aufträge müssen innerhalb von zwei Tagen in Fertigung sein
→ Standardprodukte innerhalb von 24 Std. bei Kunden
etc.

Wobei es natürlich ideal wäre, wenn auch gleichzeitig die Fertigung in entsprechende Fertigungszellen / Fertigungslinien ausgerichtet werden könnte, zur Minimierung des Steuerungsaufwandes, von der Teilefertigung bis zur Montage.

---

[1] für bestimmte Arbeiten wird es immer einen Spezialisten geben

Wobei diese prozessorientierte Ausrichtung auch neue Denkansätze / Änderungen in den Fertigungsabläufen erzeugt / hebt das Abteilungsdenken auf

z.B. selbst steuernden Fertigungsinseln „Teilefertigung"

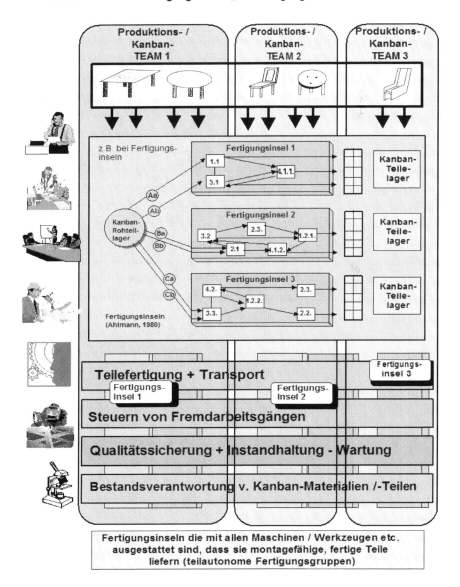

z.B. selbst steuernden „Montagelinien"

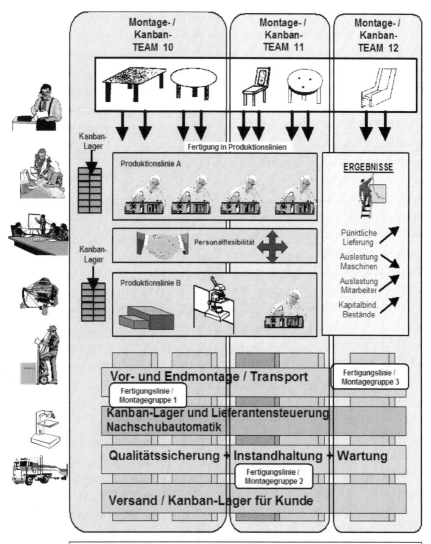

Montage- / Fertigungslinien die so ausgerichtet sind, dass sie jegliche Variante flexibelst fertigen können, incl. der logistischen und QS - Dienstleistungstätigkeiten, die zuvor ein Aussteuern in andere Abteilungen mit entsprechenden Liegezeiten und mehrfach in die Hand nehmen (transportieren / immer wieder lesen) mit sich gebracht haben.
Siehe Beispiel nächste Seite.

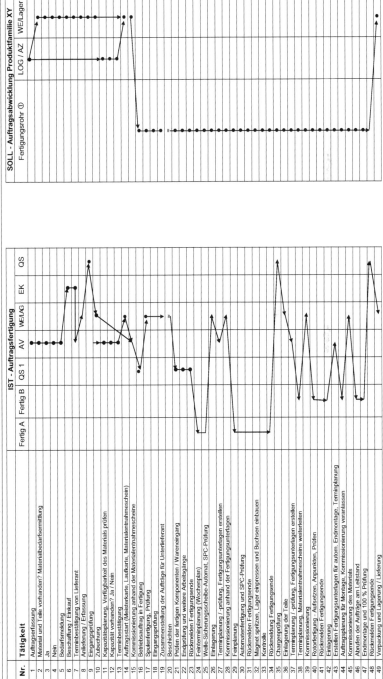

1.3.2 Verschwendung in Zeit / Geld / Fehlleistungen erkennen und beseitigen

Hilfsmittel / Analysewerkzeuge zur Einleitung von Verbesserungsprozessen sind:

Ziel \ Werkzeuge	Analysenwerkzeuge zur Prozessoptimierung / Verbesserungsprozesse - Abstellmaßnahmen entwickeln und durchsetzen						
	Wertstromdessin	Zeitstrahl- / Vorgangskettenanalyse über die gesamte Durchlaufzeit	Prozesskostenrechnung	Funktions-Analyse	Selbstaufschreibung / Multimomentstudie / Tätigkeitsanalyse	Selbstorganisation (6 S)	Arbeitsplatzanalyse
Gemeinkosten senken	Mehrfachbearbeitung abschaffen	IT- / Stammdateneinstellungen	Kenntnis: Kosten der Geschäftsvorgänge	Reklamations- / Fehler-Statistiken	Machs gleich richtig (Qualität)	Laufen minimieren, alles an seinem Platz	Patenschaften mit Audit einführen
Durchlaufzeit / Lieferzeiten, Bestände senken	Transparenz der Abläufe und Filter: Doppelarbeit/ Liegezeiten / X-mal in die Hand nehmen	Aufspüren von Zeit- / Planungs- / Umlaufkapitalreserven in der PPS- / ERP-Auftragsterminierung	Analyse auf KANBAN- / SCM-Fähigkeit, Abrufaufträge E-Business-Konzepte	Losgrößenanalysen / Reduzierung Kapitalkosten, Flächenkosten	Machs gleich fertig (komplett)	Nichts zweimal in die Hand nehmen	Engpässe und Schnittstellen abbauen, flexible Mitarbeiter, Qualifikationsmatrix
Produktionsplanung und -steuerung Beschaffungsabläufe optimieren	Wer macht wann, was Aufgabengliederung, Vollständigkeitskontrolle	Verbesserung des Informations- und Werteflusses	Engpassplanung, Trichtermodell	Verbesserte Steuerungs- / Beschaffungskonzepte, Pull-Steuerung	IT - Abläufe optimieren	Lieferanten in Problemlöser und Problemerzeuger einteilen	PPS- / ERP-Einstellungen überprüfen, vom Pull- zum Push-System
Zeitplanung / Prozessoptimierung	Nur i.O. - Arbeit weitergeben	Verkürzung der Beschaffungs- / Lieferzeiten	Kennzahlensystem	Disposition, Handling, Transport, Verpackung	Zeitfresser-Analyse	Ordnung, Aufräumen, Aussortieren, Standards zur Regel machen	Prozessorientierte Arbeitsplatzanordnung, Arbeitsplatzgestaltung (Zentrale und genügende Anordnung aller Hilfsmittel / Geräte / Werkzeuge / IT - Unterstützung
Filter sonstiger, nicht wertschöpfender Nebentätigkeiten	Z.B. suchen, Rückfragen oder Umpacken im Lager auf Null bringen	Neue Logistikkonzepte	Prozessorientierte Organisation	Überproduktion / Überlieferungen abbauen	Aufspüren nicht wertschöpfender Tätigkeiten / Wartezeiten, bzw. dieser Zeitanteile von der Gesamtzeit	A- / B- / C-Analysen im Lager / Behälter- / Lagerfachoptimierung	
Optimale Prozessgestaltung	⬅ Kontinuierlicher Verbesserungsprozess KVP installieren ➡						

Unterschiede - Traditionelle Arbeits- und Organisationsstrukturen = Taylorismus, zu zukunftsweisenden Arbeits- und Organisationsstrukturen prozessorientiert zum Kunden

Traditionelle Arbeits- und Organisationsstrukturen Taylorismus	Zukunftsweisende Arbeits- und Organisationsstrukturen produkt- und teamorientiert zum Kunden
Arbeitsteilung / -strukturen	
◆ Einfache Arbeit, daher ausgeprägte Arbeitsteilung / Taylorismus / Spezialistentum ◆ Geringe Arbeitsinhalte und Verantwortung der einzelnen Mitarbeiter ◆ Zentralisierte EDV-gestützte Planungs- und Steuerungssysteme mit wenig Eigeninitiative der Mitarbeiter, die EDV ist an allem schuld; geringer Handlungsspielraum	◆ Qualifizierte Arbeit mit hoch qualifizierten Mitarbeitern, dadurch geringe Arbeitsteilung / wenig Schnittstellen ◆ Große Arbeitsinhalte und in sich schlüssige Verantwortung ◆ selbst steuernde Regelkreise ◆ Abgespeckte EDV und Planungs- und Steuerungssysteme; viel Handlungs- und Entscheidungsspielraum
Kommunikations- und Informationsfluss	
◆ Kommunikationsprobleme, durch eine Vielzahl von Abteilungsgrenzen und Hierarchiestufen ◆ Abteilungsbezogene Betrachtung der Informationen / der Informationssysteme, daher Schnittstellenprobleme in der Informationsübertragung mit teilweise falschen Entscheidungen ◆ Gegenseitiges Abgrenzungs- / Konkurrenzverhalten, Misstrauen ◆ Bürokratische Kontakte, Vernachlässigung der Kundenorientierung ◆ Verzögerte Informationspolitik ◆ Entscheidungen in Form von Einzeloptimas	◆ Hohe Kommunikationsqualität durch z.B. produktgruppenorientiert arbeitende Teams mit wenig Schnittstellen und Hierarchien ◆ Integrierte / kundenorientierte Betrachtung der Informationen / der Informationssysteme und Abbau von Schnittstellen, verbesserter Informationsaustausch ◆ Kunden- / Lieferantenpflege und -entwicklung, Vertrauen, Partnerschaften aufbauen ◆ Transparente Spielregeln, Markt- und Kundennähe durch Entbürokratisierung ◆ Intensiver Informationsaustausch
Arbeitsausführung	

◆ Arbeitsgang- / abteilungsorientiert mit Abläufen die über viele Abteilungsgrenzen und Hierarchiestufen hin und her wechseln
◆ Starre sequenzielle Arbeitsabläufe nach dem Verrichtungsprinzip
◆ Wenig Transparenz und Flexibilität
◆ Bringschuld, Prozesse werden auslastungsorientiert abgearbeitet mit hoher Bearbeitungszeit durch
  a) immer neuer Einarbeitungszeit
  b) nicht rechtzeitig vorhandene oder falsche Informationen
◆ Lange Durchlaufzeit, viele Eingangs- / Ausgangskörbchen
◆ Hohe Einarbeitungszeiten (Rüstzeit) je Arbeitsgang
◆ Qualitätskontrollen nach Liefereingang
	◆ Kunden- und produktorientiert über viele Arbeitsstufen, durchgängig mit schlüssigen Verantwortungen mit hoher Flexibilität
	◆ Vermeidung wiederholender Tätigkeiten / Informationsbeschaffung durch die Transparenz des gesamten Ablaufprozesses
	◆ Holschuld, Prozesse sind ablauforientiert mit eindeutiger, schlüssiger Verantwortung
	◆ Wenig nicht wertschöpfende Tätigkeiten da alle notwendigen Informationen bekannt sind
	◆ Kurze Durchlaufzeiten, wenig Eingangs- / Ausgangskörbchen
	◆ Durchgehendes Qualitätsmanagement (TQM) über die gesamte Wertschöpfungskette

Arbeitsaufwand	
◆ Minimal je Arbeitsgang / Tätigkeitsart ◆ Schlechtes Verhältnis von Durchlaufzeit zur Arbeitszeit, da zu große Liegezeiten (z.B. durch Bringschuld) Eingangs- / Ausgangskörbchen ◆ Viele Entscheidungspunkte / -träger, daher hoher Zeitaufwand und große Fehlerwahrscheinlichkeit in Bezug auf Kundenerwartung	◆ Minimal je Auftrag da hohe wertschöpfende Tätigkeiten mit wenig Leerlauf ◆ Verringerung der Liegezeiten durch Holschuld und wenig Schnittstellen ◆ Aufbau von kleinen, schnell reagierenden Regelkreisen (= Arbeitsgruppen) mit hoher Eigenverantwortung und Entscheidungsfreiraum
Erzeugt in der Organisation / bei den Menschen	
BRINGSYSTEM = VERWALTER	**HOLSYSTEM = KÜMMERN**

1.4 Organisation der Arbeitsvorbereitung / des Auftrags- / Logistikzentrums als Order-Control-Center

Die Aufgabe des Auftrags- / Logistikzentrums besteht, ganz allgemein ausgedrückt, in der Abstimmung des Auftragsbestandes, bezüglich seiner mengenmäßigen und terminlichen Anforderung mit den Kunden, der Kapazität und der Fertigung.

Ziel der langfristigen Planung ist es dabei, die Bereitstellung von Material und Kapazität langfristig zu planen bzw. sicherzustellen.

In der mittelfristigen Planung soll die Terminierung der Aufträge und die Material- / Kapazitätsdisposition im Detail erfolgen und gegebenenfalls notwendige Korrekturmaßnahmen, bezogen auf Mengen und Termine, aufzeigen. Sie soll, sofern möglich, Belastungsschwankungen ausgleichen und Starttermine für das Einsteuern der Aufträge in die Fertigung für die kurzfristige Arbeitsverteilung festlegen. Voraussetzung für eine atmende Fabrik.

Die kurzfristige Planung (Feinplanung) soll mittels Produktionsplänen den Arbeitsvorrat für den nächsten Planungszyklus in den Fertigungsabteilungen schaffen, wobei der Ausgangspunkt aller Planungsarbeiten die Startterminierung ist. Außerdem benötigt die Feinplanung die aktuellsten Informationen über die Priorität für jeden einzelnen Auftrag, z.b. nach Kundenklassifikation, Reichweite sowie neuesten Termininformationen.

Die Fertigungs- / Werkstattsteuerung hat die Aufgabe, gemäß den Vorgaben aus dem Produktionsplan (Aufträge, Termine, Mengen und Prioritäten) die Durchführung optimal zu erfüllen.

Bild 1.5: *Die Planungsebenen in Anlehnung an A. Büchel, ETH Zürich für eine Just in time - Fertigung*

Planungszeitraum	Planungszyklus	Planungsbereich	Übliche Bezeichnung	Informationsfluss Planung	Ausführung
Langfristig, z.B. über 6 Monate	z.B. einmonatlich oder quartalsweise	Konstruktion, AV, Einkauf, Fabrikation	Grobplanung		
Mittelfristig, z.B. ein oder zwei Monate, je nach Auslastung	z.B. täglich	Kapazitätsgruppen	Mittelfristige Planung		
Kurzfristig, 2-3 Tage / eine Woche	Produktionsplan über alle Arbeitsgänge	Kapazitätsgruppen / einzelne Arbeitsplätze	Feinplanung		
Durchsetzung des Produktionsplanes		Fertigungsteams Arbeitsplätze	Fertigungs- / Werkstattsteuerung Arbeitsverteilung	Prioritäten / Reihenfolgen optimieren	

Bild 1.6: Die Planungsebenen in ERP- / PPS-Systemen

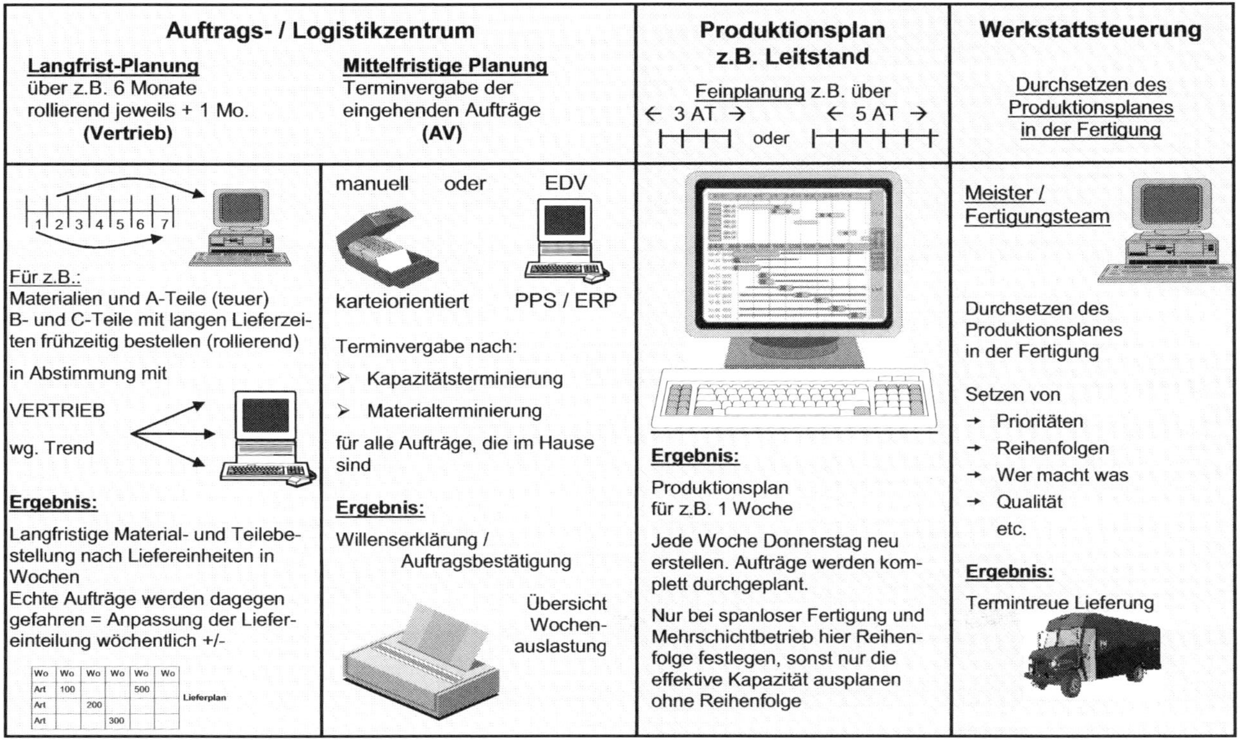

Auftrags- / Logistikzentrum

Langfrist-Planung
über z.B. 6 Monate
rollierend jeweils + 1 Mo.
(Vertrieb)

|1|2|3|4|5|6|7|

Für z.B.:
Materialien und A-Teile (teuer)
B- und C-Teile mit langen Lieferzeiten frühzeitig bestellen (rollierend)
in Abstimmung mit

VERTRIEB
wg. Trend

Ergebnis:
Langfristige Material- und Teilebestellung nach Liefereinheiten in Wochen
Echte Aufträge werden dagegen gefahren = Anpassung der Liefereinteilung wöchentlich +/-

Wo	Wo	Wo	Wo	Wo	Wo
Art	100				
Art		200	500		
Art				300	Lieferplan

Mittelfristige Planung
Terminvergabe der
eingehenden Aufträge
(AV)

manuell   oder   EDV

karteiorientiert   PPS / ERP

Terminvergabe nach:
➤ Kapazitätsterminierung
➤ Materialterminierung
für alle Aufträge, die im Hause sind

Ergebnis:
Willenserklärung /
Auftragsbestätigung

Übersicht Wochenauslastung

Produktionsplan z.B. Leitstand

Feinplanung z.B. über
← 3 AT →   ← 5 AT →
⊢┼┼┼⊣ oder ⊢┼┼┼┼⊣

Ergebnis:
Produktionsplan
für z.B. 1 Woche

Jede Woche Donnerstag neu erstellen. Aufträge werden komplett durchgeplant.

Nur bei spanloser Fertigung und Mehrschichtbetrieb hier Reihenfolge festlegen, sonst nur die effektive Kapazität ausplanen ohne Reihenfolge

Werkstattsteuerung

Durchsetzen des
Produktionsplanes
in der Fertigung

Meister /
Fertigungsteam

Durchsetzen des
Produktionsplanes
in der Fertigung

Setzen von
↑ Prioritäten
↑ Reihenfolgen
↑ Wer macht was
↑ Qualität
etc.

Ergebnis:
Termintreue Lieferung

Bei der gesamten Planung und Steuerung muss unterschieden werden zwischen **Einzel-** und **Serienfertigung**. Besonders in der Grobplanung ist die Vorgehensweise je nach Fertigungstyp vollständig unterschiedlich. Bei Serienproduktionen geht es um das Bilden von Produktionsprogrammen für einen bestimmten Planungszeitraum, z.B. einem Jahr. Diese Planung wird rollierend, z.b. monatlich, überarbeitet und den Gegebenheiten angepasst. Siehe auch Abschnitt „Abrufaufträge für A-Teile und *atmen*".

Bei der Einzelfertigung muss die Grobplanung möglichst frühzeitig durchgeführt werden, auch wenn Unsicherheiten in der Planung bestehen, weil die Aufträge noch nicht exakt spezifiziert werden können. Die Gründe können in den Konstruktionsarbeiten liegen oder in den Fertigungsplanungen, die eventuell noch nicht abgeschlossen sind. Diese Unsicherheiten müssen in Kauf genommen werden, da sonst kein Überblick über die Produktionsauslastungen vorliegt. Siehe Abschnitt „Grobplanung Einzelfertiger".

Insgesamt muss verdeutlicht werden:

Die Arbeitsvorbereitung / das Auftrags- / Logistikzentrum stellt die Schaltzentrale eines Produktionsbetriebes dar. Sie entscheidet nicht nur über die Produktivität des Betriebes, indem sie die betrieblichen Notwendigkeiten plant und überwacht, sondern sie entscheidet durch die Konzeption und Führung der Ablauforganisation auch über Flexibilität, Durchlaufzeit, Kosten und Kapitalbindung.

<u>**Merke:**</u> *Kurze Lieferzeiten sind heute genauso wichtig, wie ein optimaler Preis!*

Daher muss größten Wert auf den richtigen Aufbau der Ablauforganisation gelegt werden. Hinzu kommt, dass alle Einführungs- und Verbesserungsmaßnahmen Zeit in Anspruch nehmen. Daher müssen die Maßnahmen frühzeitig getroffen werden.

Darstellung der Gesamtkonzeption

Bei der Sollkonzeption der AV / des Auftrags- / Logistikzentrums als Order-Control-Center wird davon ausgegangen, dass im Regelfalle die Schwerpunkte in

- Verbesserung der Langfristplanung (Grobkapazitätsplanung),
- der Verbesserung der Nachschubautomatik (Materialwirtschaft)
- der Verbesserung der Auftrags- und Terminplanung / Kapazitätswirtschaft
- Aufbau eines entsprechenden Steuerungssystems zur termintreuen Durchsetzung der geplanten Aufträge,
- vom Push- zum Pull-System in der Fertigung

liegen.

Im Folgenden werden die notwendigen organisatorischen Maßnahmen dargestellt.

- Gestaltung der Aufbauorganisation
- Gestaltung der Ablauforganisation

VORGEHEN BEIM AUFBAU EINER ARBEITSVORBEREITUNG / EINES AUFTRAGS- / LOGISTIKZENTRUMS

1.) Gestalten der Aufbauorganisation

→ Durchführung des organisatorischen Grundaufbaues **AUFBAUORGANISATION** (wer macht was? / wer muss welche Kenntnisse besitzen?)

- Organisationsplan
- Ausbildungsplan
- Regelkreise
- Aufgabenplan

2.) Gestalten der Ablauforganisation

→ Durchführung des ablauftechnischen Grundaufbaues **ABLAUFORGANISATION** (wie wird's gemacht?) (PPS- / ERP-Werkzeuge)

- Ablaufpläne z.B. Stücklisten, Arbeitsplan
- Arbeitsmittel z.B. Excel-Dateien, PPS-/ERP-Software
- Datenträger/Vordrucke z.B. Arbeits-; Lohn-, Mat.-Belege
- PPS-/ERP-Grob-Mittel-Fein-Planungssoftware
- Fertigungssteuerung, Elektronische Leitstände
- Werkstattsteuerung manuell oder EDV-geführt (BDE)

GESAMTKONZEPTION ARBEITSVORBEREITUNG / AUFBAU- UND ABLAUFORGANISATION

FÜHREN DER ARBEITSVORBEREITUNG / AUFTRAGSABWICKLUNG / FERTIGUNGSSTEUERUNG

DURCHFÜHREN VON VERBESSERUNGEN (KVP)

Was zu folgendem Organisationsaufbau führt (Beispiel):

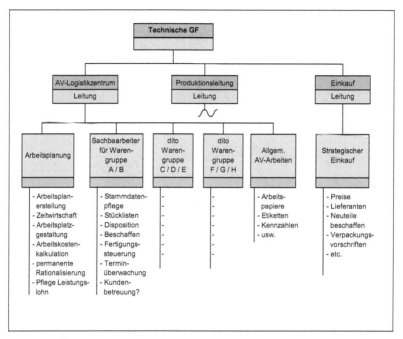

mit folgender Ca. - Kapazitätsbetrachtung je Sachbearbeiter, je nach Branche und Organisationsgrad. Basis 100%-ige Nutzung eines PPS- / ERP-Systems. AV / Fertigung ist prozessorientiert nach Warengruppen ausgerichtet.

Art der Tätigkeit	Mögliche Kapazität / MA ca. Werte	Bezugsgröße	Bemerkung
Disponieren und Beschaffen (Abarbeiten von Dispo - Positionen)	120 - 180	Positionen pro Tag	incl. Terminkontrolle der Bestellungen
Anzahl zu betreuende Artikel bei Disponieren über Wiederbestellpunkt	3000 - 5000	Zugeordnete Artikelnummern je Disponent	je nach Wiederholhäufigkeit
Anzahl zu betreuende Artikel bei Disponieren nach Reichweiten	1000 - 1500		
Einsteuern / terminliche Überwachung der Betriebsaufträge	30 - 50	Betriebsaufträge pro Tag	bei dezentraler Steuerung
	60 - 100		bei zentraler Steuerung, BDE - Leitstandsysteme
Anzahl neue Arbeitspläne zu erstellen, incl. vorhandene vor Einsteuerung auf Aktualität überprüfen, Zeitwirtschaft betreuen	20 - 30	neue Arbeitspläne pro Tag	je nach Anzahl Arbeitsgänge und Umfang

Wobei sich insbesondere bei Zulieferunternehmen, in Bezug auf das angesprochene Teamdenken nach in sich geschlossenen Verantwortungsbereichen, eine weitere Gliederung / Zuständigkeit nach Kunden und deren Artikeln, insbesondere im Bereich Fertigungsplanung, bewährt hat.

Bild 1.7: AV-Matrix-Organisation „Fertigungsplanung"

Zuständigkeit nach Kunde und dessen Artikel / Artikelgruppe Zuständigkeiten nach Tätigkeiten und Technologien	MITARBEITERNAMEN						Steuernde Tätigkeiten bis Werkzeug- / Teilefreigabe	Werkzeugtechnologie
	Angebotswesen / Kundenbetreuung			Planerische Tätigkeiten				Leitung Werkzeugtechnik
	Weber	Walter	Werner	Weber	Walter	Werner		
	Pate für Kunde, bzw. dessen Teile						Zentrale Steuerung	
	XY	RZ	LMN	XY	RZ	LMN		
Kundenbetreuung / Technische Klärung (techn. Betreuung)	X	X	X	X	X	X		
Vorkalkulation - Werkzeuge								X
Vorkalkulation - Neuteile	X	X	X					
Abgabe Angebot / Nachfassen	X	X	X					
Werkzeugtechnologie: Konstruktion und Werkzeugbau				(X)	(X)	(X)		X
Terminplanung / Terminüberwachung von Werkzeugen und 0-Serie							X	
Musterbetreuung, 0-Serien-Anlauf				X	X	X		
Pate für N.O.-Teile incl. terminlicher Durchsatz in Fertigung				X	X	X		
Stücklisten Arbeitsplan = Stammdaten Zeitwirtschaft				X	X	X		
Zeitwirtschaft und allgemeine Rationalisierung				X	X	X		
Nachkalkulation / Preis-Kosten-Kontrolle	X	X	X					
Technologie der Fertigung:	(ehemalige) Meister der Abteilung							
- Gießen					X			
- Entgraten / Scheuern					X			
- Bohren, Reiben						X		
- Fräsen, Schleifen						X		
- Stanzen					X			
- Kunststoffspritzen					X			
- Montage					X			
Pate für Kunde / Artikelgruppe	XY	RZ	LMN	XY	RZ	LMN	-	Spezialfragen

| Block 2 | Materialwirtschaft / Logistik / Nachschubautomatik

Leitsatz: Wenn die Materialwirtschaft / die Logistik funktioniert, funktioniert alles!

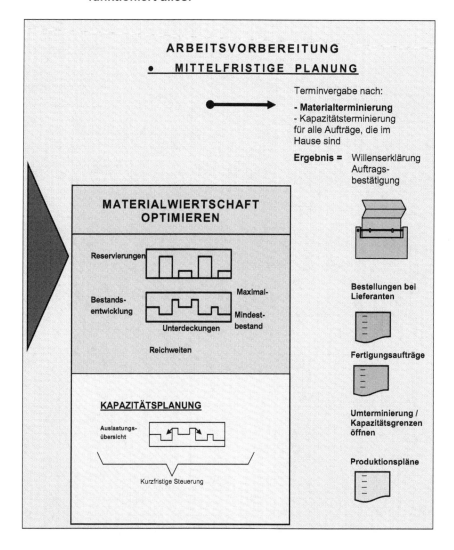

Aufbau der mittelfristigen Planung Materialwirtschaft / Nachschubautomatik

Wie schon angeführt, hat die mittelfristige Planung das Ziel, die termingerechte Ausführung vorzubereiten. Daher bezieht sie sich auf die Kapazitäts- und Materialplanung

Abbildung: *Vorgehen und Auswirkungen bei der mittelfristigen Planung*

Vorgehen	Maßnahmen	Auswirkungen
Schritt 1 **Durchführen von Materialbedarfsplanung**	Ermittlung des Nettobedarfes an Material in den einzelnen Perioden (Wochen / Tage) Auslösen der Beschaffung des Materials mit Terminüberwachung	Schaffen von Voraussetzungen, dass für die termingerechte Auftragsdurchführung das Material vorhanden ist, mit minimierten Beständen
Durchführen der Kapazitätsplanung	Belasten der Arbeitsplatzgruppen mit dem Kapazitätsbedarf lt. Fertigungsauftrag. Überprüfung der Kapazitätsbelegung. Evtl. Umdisposition der Aufträge zum Kapazitätsausgleich	Schaffung der Voraussetzungen, dass zur Abwicklung der Aufträge keine Kapazitätsengpässe entstehen (Kapazitäten schaffen, nicht verwalten). Frühzeitiges Erkennen von Auslastungsschwierigkeiten, bzw. Hereinholen von Fremdaufträgen oder zusätzliches annehmen von Aufträgen zu Deckungsbeiträgen, sofern möglich.

2.1 Disposition / Bedarfs-, Bestell-, Bestandsrechnung / Nachschubautomatik

Sicher ist, dass der Einsatz der EDV alleine, keine wesentlichen Ergebnisse im Hinblick auf eine Just in time - Materialwirtschaft mit niederen Beständen mit sich bringt. Ganz im Gegenteil; in manchen Firmen ist man durch den Einsatz von zu starren Programmen und Abläufen unbeweglich geworden, was sich längerfristig aber sicher bessert:

a) Die Warenwirtschaftsmodule in Verbindung mit LVS - Lagerverwaltungssysteme, Barcode - Transpondersysteme immer weiter verbessert werden und somit vermehrt Einzug in den Unternehmen halten

und

b) Der KANBAN- / Supply-Chain-Gedanke in der Materialwirtschaft (SCM genannt), mit selbst auffüllenden Längern nach dem Min.- / Max.-System immer mehr Einzug hält

Bild 2.1: Zusammenhänge der Produktions- und Beschaffungslogistik

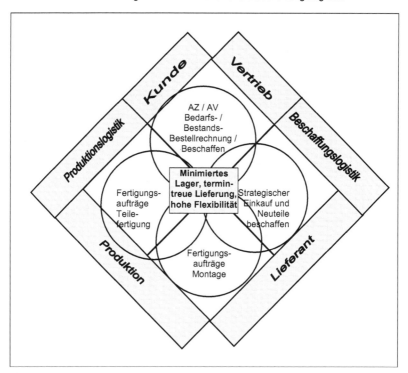

Was zu folgender Methodensammlung zur Prozess- und Bestandsoptimierung führt:

Die Hauptfaktoren für eine erfolgreiche Produktionslogistik

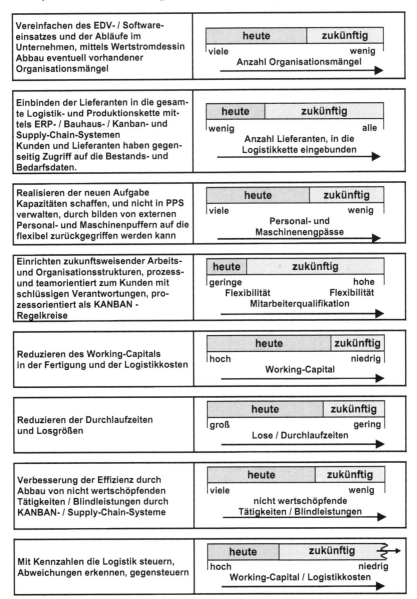

Die Haupterfolgsfaktoren für eine erfolgreiche Beschaffungslogistik

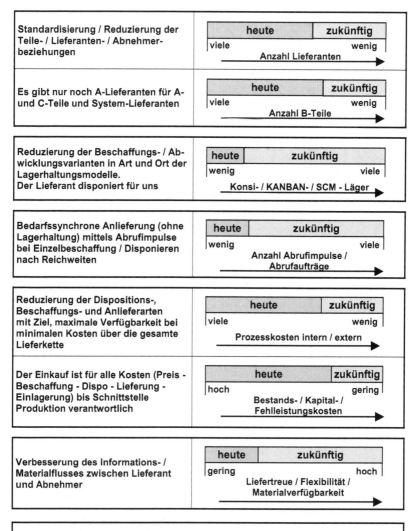

2.1.1 Der Disponent wird Beschaffer / Pate für seine Teile und Produkte

Der Systematisierung der Abläufe mit eindeutiger Verantwortungszuweisung, ist im Bereich Materialwirtschaft besondere Bedeutung beizumessen.

Nachfolgende Detailregelungen, *„wer macht was"*, haben sich in der Praxis, aufbauend auf der Aufbauorganisation „Der Disponent wird Beschaffer", bewährt.

Also Verbesserung der Dispositionsverfahren und der Dispositionsqualität mit minimierten Beständen durch Reduzierung der Entscheidungsebenen und Zuordnung von eindeutigen Verantwortlichkeiten aller an Disposition und Beschaffung Beteiligten, z.b. nach Waren- oder Kundengruppen. Dies wird durch eine zweckentsprechende Matrixorganisation erreicht. Also Aufteilung des Einkaufes in einen strategischen Teil (z.B. Preise und Lieferant bestimmen, bleibt bei Einkauf) und in einen operativen Teile (das Beschaffen wird in die Disposition integriert), für alle Teile, wo der Preis und der Lieferant festliegt.

Bild 2.2: *Verantwortungsmatrix für Disposition und Beschaffen*

Verantwortungs- bereich je Disponent / Beschaffer / Dispositions- ebene	Zugeordnete Dispositions- und Bestandsverantwortung nach Artikelgruppen				
	WEBER Artikel- Gruppe U / A / F	BERGER Artikel- Gruppe R / B / S	KURZ Artikel- Gruppe X / C	WERNER Artikel- Gruppe M + D	Lagerleiter
Disposition: Haupt-Baugruppe Unter-Baugruppe	↓	↓	↓	↓	↓
Einzelteile Eigenfertigung	Bedarfsrechnung - Bestandsrechnung - Bestellrechnung Terminkontrolle - Bestandsverantwortung				C- Teile - Disposition und je nach Organisations- grad KANBAN - Abwicklung Fehlteilemeldung
Einzelteile Fremdbezug Halbzeug Wiederholteile- Halbzeug mit Wiederholteil- charakter	Nur für Artikel- Gruppe U / A / F ↓	Nur für Artikel- Gruppe R / B / S ↓	Nur für Artikel- Gruppe X / C ↓	Für alle Wieder holteile aller Artikelgruppen die übergrei- fend vorkom- men und für Art.-Gr. D ↓	
Beschaffer: Sonstige zugeord- nete Tätigkeiten im Rahmen der Auf- trags- und Terminplanung	Auftragsterminierung aller innerbetrieblichen Aufträge, Auftragsbestätigungen an Vertrieb, Kapazitätsrechnung / -abgleich mit Betriebsleitung, Kontrolle der Rückstände - Einleiten von Maßnahmen				
Beschaffen Terminüberwa- chung	↓	↓	↓	↓	↓

Diese Zuordnung nach Dispositions-, Beschaffungs- und Verantwortungsbereichen nach Produktgruppen hat den Vorteil, dass jeder Disponent / Beschaffer im Detail bis hin zum Halbzeug über seine Bestände / Fehlteile / Lieferterminsituation etc. genauestens Bescheid weiß, er sofort auskunftsbereit ist und durch die Zuordnung der Verantwortungs- bereiche nach Artikelgruppen auch ein abgestimmtes Disponieren nach Bedarf und Be- standshöhe der Teile untereinander ermöglicht (Disponieren nach Reichweiten und das Beschaffen in Wellen eingerichtet werden kann).

Diese Zuordnung hat den weiteren Vorteil, dass die Arbeitsqualität jedes einzelnen Disponenten eindeutig kontrolliert werden kann, z.B.

- Bestandsveränderung in € je Mitarbeiter
- Fehlteile je Mitarbeiter
- Termineinhaltung je Mitarbeiter
- Bestandssicherheit, bezogen auf die Verfügbarkeit des körperlichen Bestandes je Mitarbeiter
- Bestellen von Bedarfen in gleichen Wellen und Mengen pro Produkt bzw. Produktgruppe
- Umschlagshäufigkeit der Teile je Mitarbeiter

und im Falle von erforderlichen Bestandssenkungsmaßnahmen eindeutige Vorgaben, sowie deren Kontrolle auf Einhaltung getroffen werden können.

Um diese Organisationsform verwirklichen zu können, ist es aber erforderlich, dass diese Detailorganisation in eine zweckentsprechende und insgesamt funktionsfähige Gesamtorganisation, wie zuvor beschrieben, eingebettet ist, und dass mittels eines so genannten Verantwortungsquadrates („Führen nach Kennzahlen"), die Funktionsfähigkeit im Rahmen eines Controllingsystems auch dargestellt werden kann.

Bild 2.3: *Eindeutige Aufgabenvergabe / entsprechende Aufgabenumschreibung gemäß Lean - Gedanke je Disponent / Beschaffer nach Warengruppen*

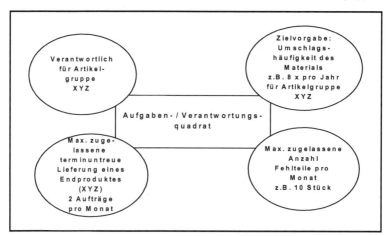

Wichtige Voraussetzung für eine zeitgerechte Material- / Teileanlieferung ist jedoch ein stimmendes Bestandswesen, d.h. dass sowohl die körperlichen als auch reservierten Bestände in der EDV mit den tatsächlichen Beständen übereinstimmen, wobei KANBAN durch seine automatische Nachschubregelung Bestandsfehler überschreibt, also in der Praxis vor Ort, erst gar nicht auftreten lässt.

Mehr Verantwortung und Arbeitsinhalte ins Lager verlegen / Fehlleistungen minimieren / die AV näher an den Kunden bringen

Die Softwaresysteme sind heute durchgängig angelegt (Datenbanksysteme), so dass prinzipiell nur Zugriffsberechtigungen freigegeben werden müssen.

Die Erfahrung hat gezeigt, je näher (örtlich) die Bestandsführung / Nachschubautomatik am Lagerfach ist, je besser stimmen die Bestände, je weniger Fehlleistungen gibt es.

Die steigende Anzahl Dispo-Vorgänge, durch steigende Anzahl Aufträge mit kleineren Stückzahlen, bei permanent steigender Variantenanzahl, sowie die Schnittstellenproblematik / Erkenntnisse aus dem Wertstromdessin, führen dazu, dass immer mehr Unternehmen die Bestandsführung (zumindest für bestimmte Artikel) in die Hände des Lagers/ des Lagerleiters legen.

Auch die Überlegung, wie kann die AV / Auftrags- und Terminplanung näher an den Kunden gebracht werden, führt dazu, die komplette Bestandsverantwortung bezüglich Wert und Datenqualität ins Lager zu geben, also die Arbeitsinhalte im Lager bezüglich Disposition / Nachschubautomatik immer weiter zu erhöhen.

Ziel: Da wo der Hauptlieferant und der Preis bekannt sind, ist es sinnig die Nachschubautomatik in die Verantwortung des Lagerleiters zu legen. Prozesse werden minimiert, die Datenqualität steigt.

Der Just in time - Gedanke, sowie die Umstellung von der bedarfsorientierten Disposition, in eine verbrauchsorientierte Disposition fördert dies weiter.

SCM-System = Selbst auffüllende Läger durch den Lieferant über Internet-Plattform mit Min.- / Max.- Beständen

KANBAN - System = Nachschubautomatik durch das Lager, 2-Behälter-System

C-Teile-Management = Das Supermarktsystem für Industriebetriebe
Lieferant füllt in eigener Verantwortung die Lager auf, 2-Kisten-System, Ware gehört noch dem Lieferant

E-Business / niedere Bestände werden die Bedeutung des Lagers, bezüglich einer funktionierenden Nachschubautomatik mit stimmenden Beständen, weiter erhöhen. Fehlleistungen / Fehlleistungskosten werden minimiert.

Niedere Bestände zeigen im Lager jegliche Art von Organisations- / sonstiger Mängel auf. Egal wo sie in der Logistik-Kette entstehen. Im Lager werden sie sichtbar.

Eine Vollständigkeitskontrolle der einzelnen Funktionen, „Wer macht was?", „Wer hat für was Verantwortung?", hier dargestellt als Funktions- / Tätigkeitsmatrix, ist sinnvoll. Lücken werden dadurch eindeutig festgestellt.

Grobablauf und Funktion / Tätigkeiten nach Hauptfunktionen	Konstruktion Techn. Büro	Arbeitsplanung	Disponent 1)	Einkauf	Fertigungssteuerung	Lagerist bzw. Wareneingang	Qualitätskontrolle
Vergabe von Artikelnummern	X						
Pflege aller Konstruktionsbasisdaten, Erstellen Konstruktionsstückliste	X						
Erstellen Fertigungsstückliste und Pflege der Stücklisten / dito. Arbeitspläne		X					
Pflege der Material- / Teile-Stammdaten, wie z.b. Materialbemessung, Bruttogewichte		X					
Pflege der Dispo-Stammdaten, wie z.b. Bestellpunkte, Ø-Verbräuche, Mindestbestände			X				
Bedarfsrechnung und Verbuchen der Reservierungen / Bestandsrechnung			X				
Bestellrechnung incl. Festlegung der Bestellmengen und Termine			X				
Beschaffen / Verarb. Auftragsbestätig.			X	(X)			
Terminüberwachung, Bearbeiten / Führen von Rückstandslisten			X				
Bestandshöhenverantwortung			X				
Führen Differenzkonto der Bestände						X	
Lagerbestandsführung incl. Buchen von Zu- und Abgängen						X	
Lagerortzuordnung incl. Lagerordnung insgesamt						X	
Mengenkontrolle / Bestandskontrolle						X	
Verfügbarkeitskontrolle vor Auftragsfreigabe					X		
Fehlermeldung bei Auftragsbereitstellung bzw. Restmengenmeldung						X	
Terminverantwortung Fremdteile			(X)	X			
Terminverantwortung Eigenteile			X		X		
Bestandsstatistiken / Kennzahlen			X			X	
Qualitätskontrolle / Reklamationsbearbeitung							X
Inventurbearbeitung			X			X	
Plausibilitätskontrollen / Restmengenmeldung		X	X	X		X	
Pflege Wiederbeschaffungszeiten Kaufteile				X			
dito Fertigungsteile					X		
Verantwortung für Lieferanten incl. Preise, Rabatte etc., Einkaufsstammdaten				X			
Neuteile - Beschaffung				X			
Lieferantenbewertung				X			
Erstellen Vorcash, bzw. Festlegen von Langfristplanzahlen für A-Teile bzw. Teile mit langen Lieferzeiten			Vertriebsleitung in Zusammenarbeit mit Disposition				

1) Für Fertigerzeugnisse: Disponent und Lagerist Fertigwarenbereich
Für Halbzeug / Einzelteile / Baugruppen: Disponent und Lagerist AV-Bereich
( ) Wenn Disponent und Beschaffer 1 Person, geht diese Tätigkeit in die Verantwortung des Disponenten / Beschaffers

Merke: Je niederer die Bestandsmengen,
umso höher muss die Genauigkeit der Bestandszahlen
und der Organisationsgrad des Unternehmens sein!

Bild 2.4: Darstellung von Bestandshöhe und Organisationsmängel

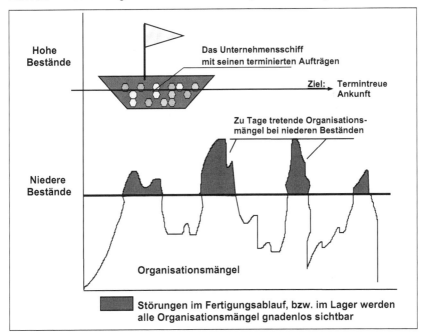

Aus den Darstellungen ergibt sich somit:

→ Wichtig ist der Einsatz der richtigen IT - Werkzeuge / Software

→ Noch wichtiger ist die stimmige Organisation / der Prozessabläufe im Unternehmen / zum Lieferanten und Kunden selbst

→ Bestände senken, ohne schnelle Verfügbarkeit auf Material und Teile zu haben, hat irgendwo ein Ende, oder

→ alle Materialien / Teile sind in genügender Menge vorrätig, gehören uns aber nicht (**Konsi- / KANBAN - Läger**), bzw.

→ die Lieferanten halten für uns Vorräte, z.B. über so genannte Logistiklösungen, wir erhalten alle Bedarfe innerhalb von maximal 5 Arbeitstagen

→ die Lieferanten haben über Internet-Plattform - *ONLINE* - permanent Zugriff auf unsere Bestände und liefern nach dem Min.- / Max.-Prinzip selbstständig nach (SCM-System)

2.1.2 Die Stücklisten- / Rezepturauflösung - Basis der Material- / Teile- und Baugruppendisposition

Für die Materialdisposition müssen die Stücklisten / Rezepturen aufgelöst, das heißt der Teile- / Rohstoffbedarf ermittelt werden. Dadurch erfahren wir, wie viel Material / Rohstoff beschafft und welche, bzw. wie viel Teile / Baugruppen neu angefertigt werden müssen, bzw. was lagerfähig vorrätig ist (Brutto- / Netto-Bedarfsrechnung).

Im ersten Durchlauf werden die auf der obersten Ebene benötigten Baugruppen und Einzelteile auf Verfügbarkeit geprüft. Wenn o.K. → Ende. Wenn nicht verfügbar, dann nächste, darunter liegende Ebene prüfen usw., bis zum Schluss Einzelteile, Rohmaterial abgeprüft wird. Das Ergebnis dieser Bedarfsermittlung gibt Aufschluss über die zu produzierenden oder einzukaufenden Einzelteile bzw. Rohmaterialien.

Nachfolgende Darstellung zeigt, wie häufig im Lager die Ware in die Hand genommen und gebucht werden muss.

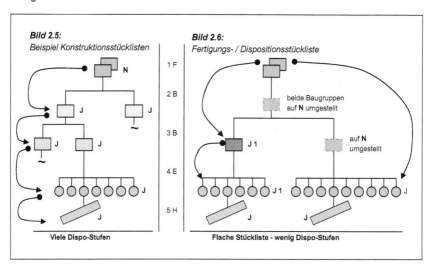

Bild 2.5: Beispiel Konstruktionsstücklisten — Viele Dispo-Stufen

Bild 2.6: Fertigungs- / Dispositionsstückliste — Flache Stückliste - wenig Dispo-Stufen

Legende:

1 F = Fertigprodukt	Ebene 1
2 B = Baugruppe	Ebene 2
3 B = Unterbaugruppe	Ebene 3
4 E = Einzelteile	Ebene 4
5 H = Halbzeug	Ebene 5

N = Nicht lagerfähig, also keine Dispo-Stufe, nur Strukturstufe für F + E Baugruppen-Nr. bleibt bestehen

J = Lagerfähig, wird dispositiv behandelt. Lagerfach vorhanden und gleichzeitig Strukturstufe für F + E

J 1 = wird über Kanban-System durch die Fertigung selbst gesteuert

Aus dieser Darstellung wird ersichtlich, je mehr Dispositionsstufen vorhanden sind:
- desto länger ist die Reaktionszeit,
- umso höher sind die Sicherheiten in Menge und Termin, die Bestände in den Dispo-Stufen addieren sich auf das X-fache des Notwendigen,
- umso mehr Dispositions- / Bereitstell- und Buchungsprozesse entstehen, die nach jeweils eigenen Regeln ablaufen,
- umso schwieriger wird es, die Einzeloptima, die einzelnen Entscheidungsprozesse aufeinander abzustimmen,

und der ursprüngliche Gedanke, kurze Lieferzeiten zum Kunde, ist durch die große Variantenvielfalt hinfällig geworden. Es fehlt doch immer etwas.

Die erforderlichen Maßnahmen für eine bestandsminimierte Materialwirtschaft sind:
- Abbau der Dispositionsstufen / Sicherheit auf die unterste Ebene verlagern
- Stücklistenauflösung mehrmals täglich / Online Bestands-Info
- Disponieren nach Reichweiten

2.1.3 Mehrstufigkeit abbauen / Reduzierung der Dispositionsebenen / Lagerstufen

Reduzierung der Dispositionsebenen, ein Schritt zur Senkung der Bestände - Erhöhung der Verfügbarkeit und Flexibilität / freie Lagerplätze

Die Regeln der Materialwirtschaft lehren, dass in den einzelnen Dispositionsebenen die jeweiligen Lagermengen einzeln optimiert werden. Dadurch kann das Gesamtoptimum aus den Augen verloren werden und es wird zuviel Kapital in Lagerbeständen und -ausstattung investiert, weil Lagern in den Mittelpunkt aller Überlegungen gestellt wurde.

Das Ergebnis dieser nicht mehr zeitgemäßen Denkweise ist:

Unnötige Lagerstufen, sowohl auf den Ebenen
- ➢ Fertigungserzeugnisse
- ➢ Baugruppen
- ➢ Einzelteile,

als auch in der Fertigung, in Form von abzuarbeitenden Aufträgen.

Flache Stücklisten und Einrichten von KANBAN - Lager in der Fertigung minimieren den Aufwand in Disposition und Lager und senken die Bestände bei höherer Verfügbarkeit. Stellplätze werden frei und die Fertigung / die Montage wird flexibler, weil nur das gefertigt wird, was gebraucht wird.

Die Durchlaufzeit wird insgesamt verkürzt. Die Warteschlangenproblematik geht gegen Null, da die Menge der zu fertigenden Baugruppen Pro Auftrag kleiner wird.

Praxisrat:

> Nur auf der untersten Stücklistenebene Materialsicherheit (hoher Servicegrad) herstellen.

Bild 2.7: Schema Wertezuwachs- und Lagerbestandsprofil

Dispositions-Stückliste mit L = Lagerebene		Lagerwert bei 5 Lagerebenen	Durchlaufzeit bei 5 Lagerebenen		Lagerwert bei 2 Lagerebenen	Durchlaufzeit bei 2 Lagerebenen	
Fertigerzeugnis		------	0,1	Monate Endmontage	------	0,2	Monate Endmontage
Baugruppe 1. Ordnung	[L]	€ 200.000,--	0,5	Monate Fertigungsdurchlaufzeit	------		entfällt
			1,0	Monate Liegezeit Lager			
Baugruppe 2. Ordnung	[L]	€ 150.000,--	0,5	Monate Fertigungsdurchlaufzeit	------		entfällt
			1,0	Monate Liegezeit Lager			
Baugruppe 3. Ordnung	[L]	€ 120.000,--	0,5	Monate Fertigungsdurchlaufzeit	------		
			1,0	Monate Liegezeit Lager			
Einzelteile F = Fremdbezug E = Eigenfertigung	(L)(L)(L) F F E	€ 100.000,--	0,5	Monate Fertigungsdurchlaufzeit	€ 200.000,--	0,5	Monate Fertigungsdurchlaufzeit
			1,0	Monate Liegezeit Lager		1,0	Monate Liegezeit Lager (als Konsi-Lager?)
Halbzeug		€ 50.000,--	1,5	Monate Liegezeit Lager	€ 50.000,--	1,5	Monate Liegezeit Lager
Summen: 5 Lagerebenen		€ 620.000,--	7,6	Monate Gesamt-Durchlaufzeit	€ 250.000,--	3,2	Monate Gesamt-Durchlaufzeit NEU

Wenn Dispositionsstufen und Arbeitsstationen im Produktionsprozess nicht abgebaut werden können, ist zumindest eine Synchronisation im Durchlauf (Grüne Welle) anzustreben, damit Warteschlangen vermieden werden können / Disponieren nach Wellen (gleiche Mengen).

Basis für eine bedarfsdispositions- und fertigungsgerechte Stücklistenauflösung sind so genannte **Fertigungs- / Dispositionsstücklisten**.

Die Konstruktions- / Fertigungs- oder Dispositionsstücklisten unterscheiden sich untereinander dadurch, dass die Fertigungsstücklisten nicht nach konstruktiven Gesichtspunkten, sondern nach Dispositions- und Lagerstufen aufgebaut sind, wie sie in der Fertigung zusammengeführt werden, reine Strukturstufen als fiktive Baugruppen außer Acht bleiben und möglichst nicht an Lager gelegt werden. Durch paralleles montieren, Vor- / Endmontage, werden Ihre Lieferzeiten zum Kunde nicht länger, eher kürzer.

In einer weiteren Stufe stellt sich dann die Frage nach der Lagerstufe, nach welchem Arbeitsgang soll gelagert werden. Neben organisatorischen Maßnahmen kann der Abbau von Fertigerzeugnissen im Vertrieb, bzw. von Baugruppen im Betrieb durch eine flexible Material- / Teileeindeckung erreicht werden. Per Saldo ergibt dies eine deutliche Bestandsreduzierung.

Bild 2.8: Beispiel einer Strukturstückliste

```
Strukturstückliste                      Datum:        22.04.xx

Stüli-Nr.    00814
Alte Art.-Nr.                Bezeichnung MEMBRANPUMPE 220/50 IP00 N06
Gruppe/Typ   MEPU / N06
Zeich.Nr.    8.0707          Abmessung   00064.00 / 00102.00 / 00106.00
Matchcode    MEPU-00814
```

Baustufen 0 1 2 3 4 5 6	Sachnummer	Bezeichnung	Zeichnungsnummer	Menge
X	00814	MEMBRANPUMPE 220/50 IP00 N 06	8.0707	1.00
X	06054	KOPF KN BGRN06	8.03290	1.00
X	06089	RIPPENDECKEL (HOSTALEN) N06	8.03290-010	1.00
X	06090	ZWISCHENPLATTE (HOSTALEN) N06	8.03290-020	1.00
X	06088	DRUCKSCHEIBE (AL) N06	8.03290-030	1.00
X	06087	KOPFDRUCKPLATTE (AL) N06	8.03290-040	1.00
X	06086	MEMBRANE (NEOPREN) N06	8.03290-050	1.00
X	06083	VENTILPLATTE (NEOPREN) N06	8.03290-060	1.00
X	05402	LINSENSCHRAUBE DIN 7985STGALZN	8.03290-070	4.00
X	04331	FEDERRING DIN7980 STGALZN	8.03290-080	4.00
X	05470	SENKSCHRAUBE DIN 963(KEL-F)1	8.03290-090	1.00
X	02433	O-RING PERBUNAN	8.03290-100	2.00
X	06048	KOMPRESSORGEHÄUSE BGRN06	8.03291	1.00
X	06092	KOMPRESSORGEHÄUSE N06 GDALSI12	8.03291-010	1.00
X	04499	EXZENTER (SPP-MOTOR) BGR N75	8.03218	1.00
X	01010	EXZENTER NK7.04.01A 9SMNPB28K	8.03218-010	1.00
X	01154	GEWINDESTIFT DIN913 STGALZN	8.03218-020	1.00
X	01009	GEGENGEWICHT NV79 9S20K D10x10	8.03291-030	1.00
X	06091	PLEUEL N06 GDALSI12	8.03291-040	1.00
X	01092	ZYLINDERSCHRAUBE DIN84 STGALZN	8.03291-050	1.00
X	07761	KUGELLAGER 6001-2Z	8.03291-060	1.00
X	01190	ZYLINDERSCHRAUBE DIN912STGALZN	8.03291-080	2.00
X	06603	SPALTMOTOR 220/50 BGRN05	8.03415	1.00
X	03576	SPALTMOTOR N05	8.03415-010	1.00
X	02958	FUSSPLATTE N05 ALCUMG1	8.03415-020	1.00
X	03571	SENKSCHRAUBE DUN965 4.8 GALZN MIT KREUZSCHLITZ	8.03415-030	2.00
X	01169	ERDUNGSZEICHEN SELBSTKLEBEND	8.03415-040	1.00
X	01096	ZYLINDERSCHRAUBE DIN84	8.03415-050	1.00

Schneller Auftragsdurchlauf bedeutet bei Variantenfertiger den Einsatz von

VARIANTEN-STÜCKLISTEN / VARIANTEN-GENERATOR

Die Übernahme der Varianten, also die Eintragung in die auftragsbezogene Stückliste aus den Auftragsdaten muss weitestgehend automatisch (maschinell), entweder nach Einflussgrößen (Formeln und Tabellen) oder anhand der Ausprägung der Auftragsparameter erfolgen.

Bild 2.9: *Schemadarstellung - Funktionsweise einer Variantenstückliste,*

Zusammenspiel Variantenstückliste - Auftragsdaten - Auftragsstückliste

Variantenstückliste für Grundtyp AA

Stufe	Teilefam.	Variantenleiste Farbe, Qualität		Struktur-menge	TNR
. 1	Schrank				1000
.. 2	Tür			1	1001
... 3	Türrahmen			1	1002
... 3	Scharnier			2	1003
.. 2	Korpus			1	2000
.. 2	Boden			2	3000
... 3	Seite	rot	eiche	2	4711
... 3		gelb	eiche	2	4712
		grün	fichte–	← 2 →	4713
		blau	fichte		4714
... 3	Rückwand	..	..	1	5000
....	......			.	...

Bestelldaten für Grundtyp AA

Artikel Nr. AA   Farbe grün <u>fichte 02</u>
Menge vv   Termin: Woche 12/xx

Auftragsbezogene (temporäre) Stückliste

Stufe	Teilefam.	Variantenleiste Farbe, Qualität	Struktur-menge
. 1	Schrank		
.. 2	Tür		1
... 3	Türrahmen		1
... 3	Scharnier		2
.. 2	Korpus		1
.. 2	Boden		2
... 3	Seite	XY 02 ←	2
... 3	Rückwand		1

44

Bild 2.10: Schemaablauf: Kundenaufträge - Stücklistenauflösung - Brutto- / Netto-Bedarfsrechnung - Disposition - Beschaffen - Lagern -Versenden

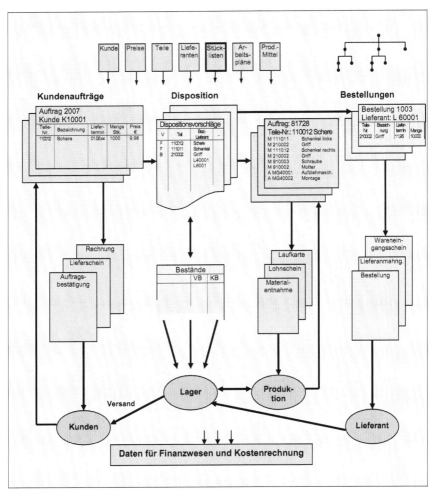

Quelle: Fa. ISB - Calw, INFRA-Software

2.1.4 Nach welchem Arbeitsgang soll gelagert werden?

Ein weiterer wichtiger Punkt zur Verkürzung der Durchlaufzeit und Erhöhung der Flexibilität und Reduzierung der Bestände ist die Überlegung

„Nach welchem Arbeitsgang wird an Lager gelegt?"

Im Regelfall wird davon ausgegangen, dass z.b. Einzelteile montagefähig, also direkt einbaufähig, gelagert werden, was aber zu folgenden Nachteilen führen kann:

- Trotz hoher Bestände im Teilelager, fehlt immer gerade das Teil / die Variante die gerade gebraucht wird, was insbesondere bei Teilen mit langen Durchlaufzeiten zu großen Problemen in der Termintreue führen kann, und

- dies gegen wesentliche Gesichtspunkte der Kapitalbindung spricht, aber nie auffällt

Bild 2.11: *Grundsätzliche Überlegung, nach welcher Wertigkeit soll gelagert werden? Erst kurz vor Auslieferung sollte die größte Wert- und Kostensteigerung eintreten*

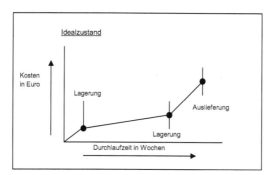

Bild 2.12: *In der Praxis häufig angetroffene Wertigkeit der Lagerung*

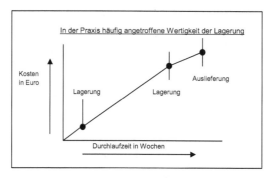

Am einfachsten kann dies an einem realen Beispiel im Detail verdeutlicht werden:

Bild 2.13: *Herkömmliche Betrachtung, Teil liegt einbaufertig / montagefähig an Lager*

Diesen Antriebs-Flansch gibt es in 20 verschiedenen Bohrungsvarianten, die alle am Lager liegen.

Bestand pro Teil: 100 Stück im ∅
∅ - Preis pro Teil: 40,-- €

<u>Woraus sich ergibt:</u>

Lagerbestand in € ca. 80.000,-- (20 x 100 x 40 €)
Anzahl belegte Lagerfächer 20
∅ verfügbare Teile in Stück: 0 - 180
(je nach Lagerbestand)

Bild 2.14: *Vorschlag zur Einlagerung, Teil liegt als Rohling, also nicht mehr einbaufertig an Lager, Bohrungen für Motoranschlüsse sind noch nicht gesetzt*

Montageteam erhält eine CNC - Bohrmaschine und produziert gewünschte Variante vor Einbau.

Es liegen 800 Teile am Lager, also das 8-fache
∅ - Preis pro Teil: 32,-- €

<u>Woraus sich ergibt:</u>

Lagerbestand in € 25.600,-- (1 x 800 x 32 €)
Anzahl belegte Lagerfächer 1
∅ verfügbare Teile in Stück: 100 - 800

<u>Aussage:</u> Einsparung in € = 54.400,-- (80.000,-- - 25.600,--)
Einsparung Lagerfächer = 19
Einsparung Artikelnummern = 19 (Stammdatenverwaltung)

- Teileverfügbarkeit = ist um 800 % höher
- die Wahrscheinlichkeit, dass eine bestimmte Variante nicht gefertigt werden kann, das Teil also fehlt, geht jetzt gegen Null
- Die gekaufte CNC-Maschine finanziert sich selbst, durch Abbau Lagerbestand und entfallene Eilaufträge in Teilefertigung (ungeplantes Rüsten) / mehrmals anfangen, weglegen in der Montage, also vermiedene Fehlleistungskosten / Versandkosten, die in der Kalkulation nicht sichtbar sind
- Rohlingteilenachschub kann mittels Kanban - Organisation einfachst gehandhabt werden – Montage → Lager → Vorfertigung

Hilfreich für die Visualisierung und Darstellung dieser Arbeitsweise, ist die so genannte Produktstrukturanalyse, in Form einer Sprengzeichnung.

Beispiel: 1-stufige Fertigung von Rohren / Drähten

Die Varianten liegen

> in der Legierung
> im Durchmesser
> in den Wandstärken
> in den Härtegraden

und Drähte / Rohre etc. mit kleinem Durchmesser werden ab einem bestimmten Durchmesser auf anderen Anlagen hergestellt, als solche mit großem Durchmesser.

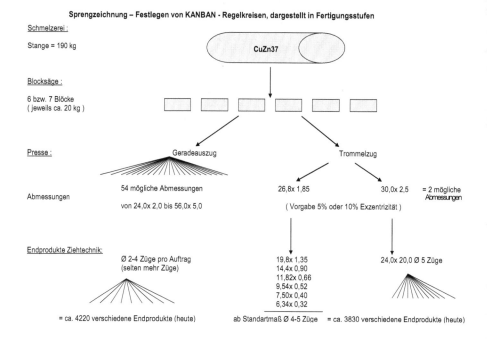

2.1.5 Nummernsystem / Produktnorm / Teile- / Rüstfamilien

Teile- / baugruppentypischer Nummernschlüssel

Die Einführung eines nach Teilen und Baugruppen typisierten Nummernschlüssels (Teilsprechend), Basis für Normung, Zeichnungs- und Arbeitsplanablage / Arbeitsplanerstellung nach Teilefamilien ist in Verbindung mit CAD-gestützten Suchbegriffen die rationelle Voraussetzung für eine systematische Teile- und Stücklistenorganisation.

Sie vereinfachen das Erstellen von auftragsneutralen Stücklisten, die sowohl nach Konstruktions- und Dispositions-, sowie fertigungsgerechten Gesichtspunkten ausgerichtet sind, und erreichen automatisch eine Typisierung (soweit technisch möglich) aller Teile / Baugruppen auf Wiederverwendbarkeit nach Teilefamilien und Anwendungsbereichen. Zusätzlich erleichtern sie der Fertigungssteuerung das Einsteuern der Aufträge nach Teilefamilien mit dem Ziel der Rüstzeitminimierung in der Fertigung.

Eine konsequente Anwendung der innerbetrieblichen Normung führt zu einer wesentlichen Verminderung der Teilevielfalt.

Oder, wenn dies aus betriebsinternen Gründen nicht möglich ist, sollte zumindest eine so genannte Verkettungsnummer für Teile- / Rüstfamilien eingeführt werden.

Was bedeutet, die Konstruktion muss zumindest versuchen Rüstfamilien nach gleichartigen Spannflächen, Werkzeugeinsatz etc. zu erzeugen.

Bild 2.15:   *Prinzipieller Aufbau von Nummernsystemen*

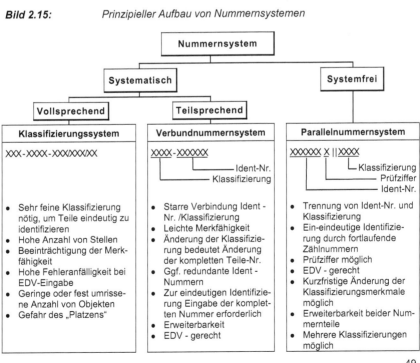

Bild 2.16: Schemadarstellung Produktnorm / Bilden von Rüstfamilien

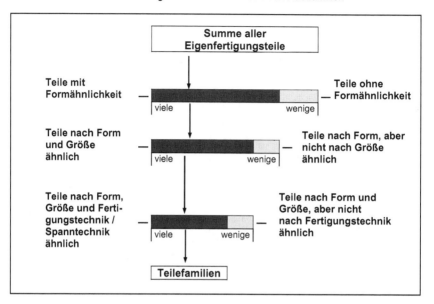

Vorteile der Produktnorm:

1. Weniger Projektierungs- und Angebotsarbeit, da Sonderlösungen von Standardlösungen verdrängt werden.
2. Kürzere Rüstzeiten / Bilden von Rüstfamilien in der Fertigung.
3. Weniger Konstruktionsarbeit, da nur Variantenkonstruktion.
4. Weniger AV-Arbeit, da Basis-Arbeitsunterlagen vorliegen.
5. Geringere Fertigungskosten (größere Lose / Rüstfamilien, Fertigungs- und Montageerfahrung liegt vor, bessere Fertigungssteuerung bei bekannten Teilen, Sondermaschinen, Vorrichtungen).
6. Geringere Lieferzeit, da in allen Abteilungen kürzere Durchlaufzeiten erreicht werden können und weniger Verwechslungen und Fehler vorkommen.
7. Geringere Reklamationsquote / Qualitätsprobleme
8. Geringere Ersatzteilkosten und Ersatzteillieferzeit
9. Geringere Herstellkosten
10. Niedere Bestände

2.2 Dispositionsregeln für eine bestandsminimierte Material- und Lagerwirtschaft mit hohem Liefer- und Servicegrad

Jeder geordnete Materialdurchlauf setzt voraus, dass geeignete Unterlagen hierfür vorliegen. Dies sind Stücklisten / Rezepturen und in begrenztem Umfang die Arbeitspläne. Denn ohne richtig aufgebaute Stücklisten können die Teile für die Fertigung und Montage nicht korrekt beschafft / bereitgestellt werden. Mangelt es aber an der terminlich richtigen Bereitstellung, fehlen Teile, so liegen andere Teile / Materialien in den Lägern, binden Kapital, führen zu Produktionsstockungen und erhöhen die Bestände, da nichts abfließt.

Da nicht alle Materialien / Teile etc. zu 100 % über KANBAN gesteuert werden können, weil z.b. der Lieferant nicht mitmacht, oder das Teil ein reines Sonderteil ist, etc., Details siehe Pkt. „*KANBAN - Organisation*", muss u.a. größter Wert auf den richtigen Aufbau der Materialwirtschaft insgesamt gelegt werden, denn in einer atmenden Fabrik muss Material rechtzeitig, in richtiger Menge vorhanden sein. **Wenn die Logistik funktioniert, funktioniert alles.**

Voraussetzungen für eine geordnete Materialwirtschaft sind:

a) Systematisierte Lagerbestandsführung, EDV-dialogorientiert für A- und B-Teile / die Bestände müssen stimmen, zeitnah buchen mittels Barcode / RFID-System.

b) Verbesserung der Zusammenarbeit mit unseren Lieferanten, mittels Leitbildern als Lieferantenanforderungen, systematische Auswahl von Hauptlieferanten.

c) Einrichten von Abrufaufträgen für die teueren A- und B-Teile mit punktgenauen Abrufen und Verlagerung der Bestände zu Lieferanten, bzw. in Zwischenlagern bei z.B. Spediteuren, wenn die Entfernungen zu groß sind.

d) Disponieren nach Reichweiten, für alle Artikel die nicht über Abrufaufträge disponiert werden können.

e) Ein Wiederbestellpunktverfahren nur für billige C-Teile, wie Schrauben, Splinte, etc.

f) Einführung von Regalservice-Verfahren, bzw. E-Business- / KANBAN - Lösungen (Verlagerung der Bestände zum Lieferanten)

g) Wir haben bei unserem Lieferant, bzw. unser Lieferant hat bei uns Zugriff auf die Bestands-, Bedarfsdaten.

h) Einrichten eines Restmengenmeldesystems zur frühzeitigen Aufdeckung von Bestandsfehlern, in Verbindung mit einer permanenten Inventur.

i) Integration der Lieferanten und Kunden in die neuen Strukturen, mittels Internet-Plattform / E-Business / SCM - Lösungen.

und

k) Kleine Lose sind gefordert. Dem stehen häufig hohe Rüstzeiten gegenüber. Hohe Rüstzeiten erhöhen die Fertigungslose und somit die Durchlaufzeiten. Daher müssen Maßnahmen getroffen werden, um Rüstzeiten zu verringern, bzw. wird der Rüstzeit (Einzeloptima) insgesamt zu viel Bedeutung beigemessen?

2.2.1 Die ABC-Analyse als Bestandswertstatistik und als Dispositionsgrundlage

Bei der Suche, wie bekomme ich die Materialwirtschaft noch besser in den Griff, bietet sich die ABC-Analyse an. Es wird ein Maßstab für die Wertigkeit der Lagerhaltung eines jeden Einzelteiles geschaffen. Verbrauch und Wertigkeit gehen in die Rechnung ein.

In früheren Jahren war die Klassifizierung ausschließlich durch Multiplikation der beiden Faktoren „Menge x Preis" und danach Einteilung in drei Gruppen üblich.

A-Positionen =	20 - 25 %	aller Teile entsprechen ca. 70 - 75 % des Gesamtwertes
B-Positionen =	25 - 30 %	aller Teile entsprechen ca. 20 - 25 % des Gesamtwertes
C-Positionen =	40 - 50 %	aller Teile entsprechen ca. 5 - 10 % des Gesamtwertes

Da in diese Berechnungen nur Mengen und Werte eingehen, was in Bezug auf Verwirklichung des Just in time - Gedankens nicht die richtigen Entscheidungskriterien sind, werden heute als Merkmale:

**der Preis pro Teil absolut, sowie
die Dauer der Wiederbeschaffungszeit in Wochen**

zur Bestimmung der A / B / C-Einteilung verwendet.

Das bedeutet, dass z.B. geringwertigere B- oder C-Teile mit langen Lieferzeiten, z.B. 18 Wochen, dadurch zu A-Teilen werden, die über Abrufaufträge mittels Liefereinteilungen nach Wochen, sowie Anpassungen (wöchentliche Erhöhung / Verminderung der Liefereinteilungen, auch ATMEN genannt) abgerufen werden.

Bild 2.17: *A- / B- / C-Bestimmung nach Wertigkeit / Kosten und Wiederbeschaffungszeit / Lieferzeit (Beispiel)*

Wert	Teile Art nach Wert	Wiederbeschaffungszeiten	Teile Art nach WBZ und Wert	Platzbedarf?
Größer 10,-- €	A	5 Wochen	A-Teil	Teile mit großem Ausmaß / Volumen können wegen hohem Platzbedarf auch zu A-Teilen werden
		17 Wochen	A-Teil	
Größer 1,-- €	B	4 Wochen	B-Teil	
		20 Wochen	A-Teil	
Kleiner 1,-- €	C	3 Wochen	C-Teil	
		18 Wochen	A-Teil	

C-Teile also nur Teile sein können, die preiswert sind und kurze Wiederbeschaffungszeiten haben und B-Teile von der Zielsetzung her, quasi aussterben, da sie entweder zu A-Teilen oder zu C-Teilen werden. Diese Einteilung entspricht mehr den heutigen Notwendigkeiten nach Erfüllung aller kurzfristigen Kundenwünsche mit den damit verbundenen Dispositions- und Beschaffungsregeln, als die frühere Praxis.

Mögliche Dispositions- und Beschaffungsmodelle für A/B/C - X/Y/Z-Teile

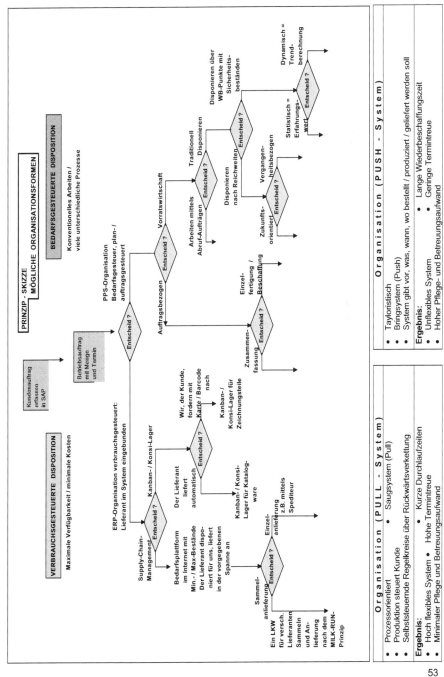

2.2.2 Abrufaufträge für A-Teile und „atmen"

Einbeziehung des Vertriebes in die Disposition und Bestandsverantwortung von A-Teilen / -Materialien

Bestände können reduziert werden durch die Einbeziehung des Vertriebes in die Dispositionsverantwortung von teuren A-Teilen, Materialien oder Vorprodukte mit langer Lieferzeit, denn die Wandlung vom Verkäufer- zum Käufermarkt verlangt mehr Marktorientierung. Sichere Prognosen über das Käuferverhalten sollten eine Grundlage für Fertigungsprogramm und -plan sein.

Bild 2.18: Schemadarstellung der rollierenden Planung:

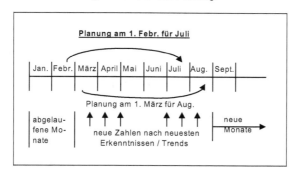

Untersuchungen zeigen jedoch, dass der Bestand eines Betriebes zu 10 % bis 30 % durch mangelnde Prognosequalität verursacht sein kann. Oft ist die Prognosequalität unzureichend, der Kunde bestellt doch anders als geplant.

Der Verzicht auf absolute Zahlen auf Endproduktebene für die Vorplanung der nächsten Zeiträume, erleichtert dem Vertrieb seine Entscheidungen, wenn sie durch eine Trendangabe für alle A-Teile / -Materialien auf der untersten Stücklistenebene ersetzt wird. Basis Vergangenheitswerte / Wiederholteilelisten / Trend für die Zukunft

Letztlich muss der Disponent für seine Lagerbestandszahlen doch gerade stehen, also kann er unter Angabe der Trends und seiner Erfahrung sicher sachgerecht seine Mengenfestlegungen und Abrufentscheidungen in Absprache mit Fertigung / Einkauf / Lieferant selbst treffen.

In regelmäßiger Abstimmung werden auf dieser Basis alle A-Teile / Materialien bzw. Vorprodukte mit längerer Lieferzeit als die eigene Lieferzusagemöglichkeit disponiert und Rahmenvereinbarungen mit den Lieferanten getroffen.

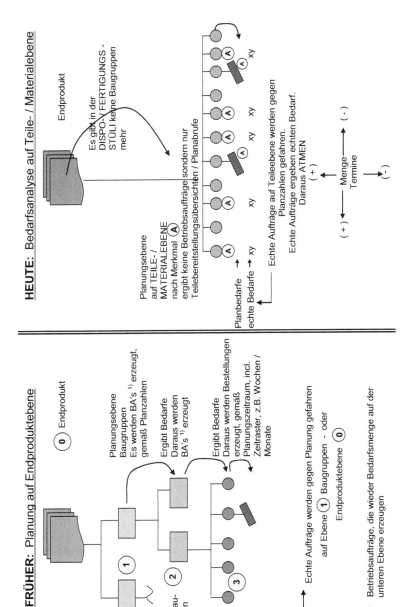

Diesen Liefereinteilungen wird wiederum der echte Bedarf, laut tatsächlichem Auftragseingang und Liefertermin, dagegen gefahren und die Abrufe entsprechend gesteuert (erhöht, vermindert, terminlich vorgezogen oder zurückgestellt = „Atmen" genannt).
Durch die Einsichtnahme in die Bestandskonten, bzw. statistische Werte aus der Vergangenheit, und der Möglichkeit nicht ganze Produkte disponieren zu müssen, sondern nur die Teile / Materialien auf der untersten Ebene angesprochen werden, wird die Disposition sicherer. Bestandssicherheit auf der untersten Ebene ist sichergestellt.

2.2.2.1 Kann der Lieferant für uns disponieren?

Prognosen müssen sein, aber der Kunde bestellt doch anders.
Der echte Bedarf wird gegen die Planmengen gefahren. Der Lieferant disponiert für uns

Die sich so ergebenden Änderungen gegenüber den ursprünglichen Planzahlen an die Lieferanten konventionell weiter zu geben, erzeugt sehr viel Zeitaufwand. Deshalb punktgenaue Abrufe durch: Der Lieferant wird in den Informationskreis einbezogen. Er erhält die Bedarfsübersichten z.B. 1 x pro Woche, disponiert und produziert danach. Nutzen der neuen IT - Techniken. Eine bessere Einhaltung von Lieferzusagen und eine Verminderung des Bestandsrisikos ist für Lieferant und Kunde eine Zwangsfolge.

Bild 2.19: *Bestell- / Bedarfsanalyse / Punktgenaue Abrufe - Lieferungen*

Datum: 13.06.xx Artikelgruppe von: 3005000 Bestell / Bedarf berechnet für Zeitraum ab 23 xx KW-Abstand 1 Blatt: 1
bis: 3006000

Pos. Mat.-Nr.	Bezeichnung	Lagermenge	verfügbare Menge	reservierte Menge	bestellte Menge	Bestellpunkt	Bestellmenge	Besch-Zeit Wochen
[A] 4 030-0569.0	Transformator El 30/15.5	838.00	-12162.00	13000.00	10000.00	1000.00	0.00	10 Wochen
	220/2 x 9 V 1,8 VA	*** Kennzeichen : ***						

Woche →	.23xx-23xx	.24xx-24xx	.25xx-25xx	.26xx-26xx	.27xx-27xx	.28xx-28xx	.29xx-29xx	.30xx-30xx	.31xx-31xx	.32xx-32xx	.33xx-33xx	.34xx-34xx
eingeteilte Abrufe →	10000	0	0	0	6000	0	0	0	0	0	8000	0
echter Bedarf: →	2000	3000	0	0	0	0	4000	0	0	4000	0	0

nächstes Teil:
↓ ↓

[B] 40 030-0507.0	Transformator El 30/12.5	355.00	-38645.00	39000.00	8000.00	1000.00	0.00	10 Wochen
	220/24 V 1,2 VA	*** Kennzeichen : ***						

Woche →	.23xx-23xx	.24xx-24xx	.25xx-25xx	.26xx-26xx	.27xx-27xx	.28xx-28xx	.29xx-29xx	.30xx-30xx	.31xx-31xx	.32xx-32xx	.33xx-33xx	.34xx-34xx
eingeteilte Abrufe →	0	5000	0	0	0	3000	0	0	0	0	0	3000
echter Bedarf: →	0	0	3000	3000	0	2800	0	0	0	0	4899	0

Bei [A] Abrufe raus schieben und vermindern (ausatmen) [1]

Bei [B] Abrufe vorziehen und teilweise erhöhen (einatmen) [1]

[1] Geht bei Kanban zu Lieferant automatisch über die Frequenz der Abrufe mittels KANBAN-Karte, die Vorschau dient dazu, dass sich der Lieferant auf die Veränderungen in Menge und Termin einstellen kann, bei Supply-Chain-Teilen über Bestandsplattform im Internet mit Min.- / Max. - Bestandsvorgaben. Lieferant hat täglichen Zugriff.

Hinweis:

A) Sofern der Lieferant anhand dieser Übersichten aber nicht für uns disponiert, ist die rollierende Planung (konventionell eingesetzt) ein Dispositionsprinzip, das großen Pflege und Dispositionsaufwand bedeutet. Bei mangelhafter Betreuung der Zahlenwerte (Mengen erhöhen / vermindern, Termine vorziehen / nach hinten verschieben)[1], weil die Kunden doch anders bestellen als geplant / gedacht wurde, kann dieses Verfahren zu hohen Beständen (schlechte Drehzahl) oder aufgrund der unterschiedlichen Wiederbeschaffungszeit zu vielen Fehlteilen führen, was sich letztlich auch in einer Bestandserhöhung niederschlägt, da andere dazugehörige Stücklistenteile vorhanden sind.

Deshalb:

Eine verbrauchsgesteuerte Disposition mit Mindest- und Maximalbeständen, lässt diese Problematik gar nicht erst aufkommen, da nur das nachproduziert / nachbestellt wird, was auch abgeflossen ist.

B) Auch Ihre Kunden geben Planmengen vor, die rollierend angepasst werden. Ihr Vertrieb ist glücklich und lässt danach produzieren.

Nimmt der Kunde aber auch die Planmengen tatsächlich ab? Oder liegen diese am Lager und treiben die Bestände in die Höhe?

Deshalb ein Praxisrat:

> *Bevor im Vertrieb eine Planmenge zur Produktion*
> *freigegeben wird, also in einen Fertigungsauftrag*
> *umgesetzt werden soll, muss zuvor mit dem Kunden*
> *abgestimmt / gesprochen werden, ob er diese Menge,*
> *zu diesem Termin auch tatsächlich benötigt.*

Diese Vorgehensweise reduziert die Bestände und das Working-Capital. Auch die Kapazitäten werden nicht mit unnötigen Fertigungsaufträgen verstopft. Sie werden flexibler und können das produzieren, was tatsächlich gebraucht wird.

---

[1] Vorgezogen wird im Regelfalle, da ansonsten Schwierigkeiten in der Produktion / Termintreue entstehen. Wird aber auch immer in die Zukunft verschoben? Zeitprobleme?

2.2.3 Standard-Dispositionseinstellungen für B-Teile
Basis Bestellvorschläge vom System erzeugt

Für B-Materialien lassen sich nur schwer Richtlinien aufstellen. Einige B-Teile / -Materialien liegen näher bei der A-Kategorie, einige näher bei der C-Kategorie. Die Behandlungsweise muss deshalb von Fall zu Fall festgelegt werden. Wobei der Trend Entscheidung zu A-Teil überwiegt. B-Teile also immer weniger werden.

Übliche Dispositionsverfahren für Teile die nicht über KANBAN / SCM gesteuert werden können, sind:

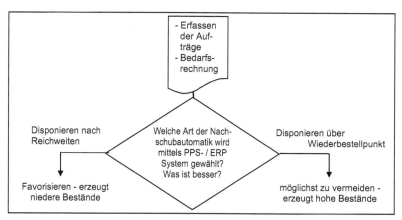

Bemerkung – Ziel muss längerfristig lauten:

A) **Es gibt nur noch A- und C-Teile, bzw. Bauhaus- und KANBAN- / SCM-Teile**

    Grund: Die aufwendige Pflege der Stammdaten, für z.B.

        Wiederbestellpunkt
        Wiederbeschaffungszeit
        Sicherheitsbestand etc.

    entfällt bei A- und KANBAN- / SCM-Teilen weitestgehend, da nach Bedarf abgerufen wird.

    Bei C-Teilen kann die Pflege großzügiger gehandhabt werden.

    Bei Bauhaus- / Supply-Chain-Teilen wird durch den Lieferant die Nachschubautomatik geregelt (Min.- / Max.-Regelungen).

B) Für alles Restliche, sollte Disponieren über Wiederbestellpunkt, durch Disponieren nach Reichweiten ersetzt werden.

    Grund: Es besteht bei dem Bestellpunktverfahren kein zeitlicher Zusammenhang zwischen Festlegung der Bestellmenge zu echtem Bedarf, bezogen auf die Lieferstrecke (= Bestelldatum bis Lieferdatum). Die Kunden bestellen doch anders als gedacht. Siehe Beispielrechnung Abschnitt „KANBAN", Pkt. 3.1, Seite 87

2.2.3.1 Disponieren nach Reichweiten minimiert Bestände und Fehlleistungen

Sofern Teile mittels wirtschaftlicher Losgrößenformel und über Wiederbestellpunkte disponiert werden,

- erzeugt dies je Teil immer ein Einzeloptima (d.h. von jedem Teil ist eine andere Menge vorrätig, aber es kann immer nur nach der kleinsten Menge montiert / geliefert werden = Verschwendung, denn wenn ein Teil fehlt ist dies, wie wenn alle Teile fehlen) [1],
- ergeben solche Berechnungen aus heutiger Sicht nicht vertretbare, viel zu große Bestellmengen, die Fertigung wird verstopft und die Bestände erhöht (Bestandstreiber).

und die Bestellmengenrechnung nach der Andlerschen Losgrößenformel, u.a. auch ein gewolltes Ziel = **Gesamtoptima, z.B. Lagerumschlag 8 x / Jahr, unmöglich macht.**

Nach dem gewinnwirtschaftlichen Prinzip *„Geld ist wie ein Produkt zu betrachten"*, und dem Zwang *„Verbesserung der Liquidität"*, setzt sich für die Teile die nicht nach KANBAN / SCM laufen, das Disponieren nach Reichweiten immer mehr durch.

Beim disponieren nach Reichweiten, wird an die Disponenten die Bedingung gestellt:

Die Reichweite der Bestellmenge, plus vorhandener Bestand darf z.B. zwei Monate nicht überschreiten.

Bild 2.20: *Darstellung unterschiedlicher Reichweitenanalysen*

Auch die Festlegung eines so genannten Reichweitenkorridors hat sich für eine bestandsminimierte Disposition bewährt, siehe nachfolgend.

---

[1] Fehlteile treiben die Bestände nach oben, da nicht geliefert werden kann

Darstellung: Reichweitenkorridor für reine Vorratswirtschaft (Ampel für Dispo-Arbeit)

Die Visualisierung der Bestandshöhe als Reichweite in Tagen (ohne Si-Bestand) setzt obere und untere Interventionspunkte für den Disponenten	Ampel-Reichweite festlegen WBZ: 17 AT Ampel ●OO O●O OO● ☑ Best.-Reichweite ± 1 S 20 26 33 ☐ Best.-Reichweite ± 2 S 13 26 40 Dadurch werden nur die relevanten Artikel angezeigt, die am dringlichsten zu bearbeiten sind

Bestandshöhe als Reichweite in Tagen [1] z.B.	Farbskala bei WBZ = 17 Tage	Aktivitätenplan
größer 40 Tage	rot	überhöhter Bestand weitere Abrufe hinausschieben
34 - 40 Tage	gelb	überhöhter Bestand, Bewegungen sorgfältig beobachten
20 - 33 Tage	grün	Reichweite entspricht dem festgelegten Drehzahl-Ziel / der Wiederbeschaffungszeit
13 - 19 Tage	gelb	Bestand zu nieder Abrufe / Bestellungen vorziehen
kleiner 13 Tage	rot	Bestand zu nieder, es entsteht Produktionsstillstand, Notfallplan mit Lieferant aktivieren

Darstellung: Reichweitenübersicht wochengenau bei Auftragsfertiger

BEDARFSUEBERSICHT NACH TEILENUMMERN							DATUM: 07.08.xx	
NACH KALENDERWOCHEN							BIS KW: 53/xx	
WBZ = 6 Wo.	Si = 10	körperl. Best. 19	Reichweite bis KW 27				SEITE: 1	
Buchungs- datum	Lief.- Num- mer	Bestell- nummer	Auftrags- nummer	Menge/ Bedarf	Soll- Termin in Tagen	Re- serv. je KW	Bestell je KW	Lagerbestand *
11304	HOLZGESTELL SESSEL					WBZ:6	Wo. Si: 10	19.00 *
18.04.xx	7051	9324	50.00	50.00	200		18	
24.06.xx	7295	250	50.00	50.00	290		28	
05.07.xx	7051	2289	80.00	80.00	390		40	
KW. 35.xx			64	1.00	358	1.00		
KW. 3.xx			102	1.00	38			
KW. 3.xx			237	2.00	38	3.00		
KW. 9.xx			583	1.00	98	1.00		
KW. 12.xx			1216	2.00	128	2.00		
KW. 14.xx			1230	2.00	148	2.00		
KW. 21.xx			2263	1.00	218	1.00	Si - Bestand wird unterschritten	
KW. 24.xx			1865	1.00	248	1.00		
KW. 26.xx			2430	2.00	268			
KW. 26.xx			2291	2.00	268	4.00		
KW. 27.xx			2369	1.00	278			
KW. 27.xx			2513	1.00	278			
KW. 27.xx			2425	1.00	278	3.00	Unterdeckung	
KW. 28.xx			2512	3.00	288			

REICHWEITE

Die Disposition nach Reichweiten erzeugt u.a. auch keine Einzeloptima je Teil, sondern fördert das Denken in Wellen. Entweder ist alles in gleichen Mengen vorhanden, oder alles fehlt (ohne C-Teil-Betrachtung). Es kann immer nur die Menge geliefert werden, die das Teil mit der niedrigsten Bestandszahl zulässt.

[1] Einteilung ist abhängig von der Wiederbeschaffungszeit

Bild 2.21: SAP - Artikelkonto - Reichweitengesteuert

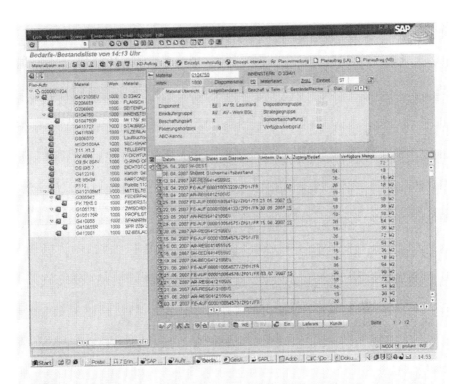

Sofern diese sinnvollen EDV-Einstellungen mit Hinweis „Umterminieren / vorziehen - raus schieben", „Menge erhöhen - reduzieren", in Ihrem ERP-System nicht machbar sind, bieten sich Excel-Lösungen an, siehe nachfolgend.

EXCEL-REICHWEITENLISTE

Kaufteile		Von Dispon.-Nr.		bis Dispon.-Nr.		
Eigenfertigung		Von Teile-Nr.		bis Teile-Nr.		Datum
Verkettungen anzeigen	J / N	über alle Artikel		nur Reichweite kleiner WBZ		Blatt
Fertigware		Baugruppen		Einzelteile		Halbzeug
Handelsware						

Artikel-Nr.	Bezeichnung	Teile-Art	körperl. Lager-bestand	Wert in €	zu liefern innerhalb WBZ	verfügb. Lager-bestand	offene Bestellungen	fest-[3] gelegter Sicher-heits-bestand	Abgang Vorjahr	Abgang / Streuung [2] pro Woche [1] Vorjahr			Abgang lfd. Jahr	Abgang / Streuung [2] pro Woche [1] lfd. Jahr			Reichweite in Wochen [2]				WBZ in Wochen
										kleinster Wert	Ø	größter Wert		kleinster Wert	Ø	größter Wert	-1 S	Ø	+1 S		
1	2	3	4	5	6	7	8	9	10	11	12	13	14	15	16	17	18	19	20	21	
6-500039	BEWAMAT DUO 15	A	10		2	8	0	0	308,00	10	41	72	41	1	3	7	2	3	4	3	
6-500048	Steuerventil	A	113		11	102	200	100	2.333,00	156	491	704	491	20	38	51	1	3	5	6	
6-500050	Platine	A	36		42	-6	300	100	2.177,00	355	754	1160	754	11	58	80	0	-1	2	2	
6-500051	Verschraubung	B	5		0	5	50	10	229,00	2	55	70	55	1	4	12	-1	1	2	2	
6-500052	Wellrohrschlauch	B	0		8	-8	20	10	158,00	5	27	61	27	0	2	4	-2	-1	1	2	
6-500053	Transformator	A	4		0	4	0	0	204,00	11	21	44	21	0	2	4	1	2	3	1	
6-500054	Flansch	A	0		40	-40	40	20	1.122,00	18	260	469	260	6	20	34	-2	-1	1	1	
6-520001	Display	A	0		1	-1	4	0	2,00	1	1	2	1	0	0	0	-2	-1	1	2	
8-500031	Steigleitung	A	2		2	0	0	0	2,00	1	1	3	1	0	0	0	-1	0	0	5	
8-500033	Monometer	A	11		10	1	8	0	67,00	5	17	36	17	0	1	2	0	1	2	1	
8-501204	Behälter	A	6		0	6	4	0	123,00	8	22	38	22	0	2	4	2	3	4	4	
8-501206	Deckel	B	0		70	-70	4	0	0,00	7	30	51	30	0	2	4	0	-1	1	4	
8-501207	Scheibe	B	8		72	-64	6	0	0,00	8	28	60	28	1	2	3	-2	-1	1	3	
8-501208	Dichtung	B	4		25	-21	4	0	0,00	3	25	62	25	1	2	5	-2	-1	1	4	

1) ohne Wochen Abgang 0
2) gerechnet über $\bar{X}$ und Gaussche-Normalverteilung - bzw. + 1 Standardabweichung
3) bei liefertreuen Lieferanten kann der Sicherheitsbestand auf 0 gesetzt werden

Disponieren nach Reichweiten senkt die Bestände

- Durch Reichweitenvorgabe haben Sie die gewollte Umschlagshäufigkeit nach Teileart im Griff
- Steigt oder fällt der Bedarf, so wird mit diesem Dispositionssystem automatisch mehr oder weniger bestellt. Die Bestellmenge passt sich dem jeweiligen Bedarf an
- Das Disponieren nach Wellen [1] kann einfachst eingeführt werden. Sie erhalten ein Gesamtoptima und kein Einzeloptima. Vom linken Teil ist in etwa die gleiche Menge verfügbar, wie vom rechten Teil.
- Es ist alles verfügbar, oder alles nicht.
  Wichtig: Geliefert / montiert kann immer nur nach der kleinsten Stückzahl werden
- Der Sicherheitsbestand kann bei Disponieren nach Reichweiten und termintreuen Lieferanten auf Null abgesenkt werden. Ein Schritt zur weiteren Bestandssenkung.
- Das Disponieren über Wiederbestellpunkte / Mindestbestände o.ä. und Losgrößen „kostenoptimiert berechnet", erzeugt reine Einzeloptimas, die nicht aufeinander abgestimmt sind und treibt somit die Bestände in die Höhe. Insbesondere wenn die Bestellpunkte mit einem hohen Sicherheitsbestand berechnet und lange Wiederbeschaffungszeiten in den Stammdaten hinterlegt sind (Bestandstreiber).

Das Visualisieren von Fehlteilen ist wichtig

Aktuelle Rückstandsliste		Woche	14 / xx	Datum	30.03.xx	
FERTIGWARE		Disponent	XX	Blatt-Nr.	1	

Woche / Jahr	Artikelnummer	Bezeichnung	Menge	Kunde	Paneele	Voraussichtlicher Fertigstelltermin	Kundenwunschtermin	Bemerkung
13 / xx	Aqua Classic	Filter-System	2	A	-	KW 15	23.03.xx	Deckel fehlt
13 / xx	Bewa X	Filter-System	1	B	J	KW 14	24.03.xx	Pumpe fehlt
13 / xx	Bona 12	Abscheider	5	C	-	KW 15	26.03.xx	Metallschlauch fehlt
14 / xx	Aqua Classic	Filter-System	4	D	-	KW 15	31.03.xx	Manometer fehlt
14 / xx	Medo First	Druck-Behälter	2	A	-	KW 15	31.03.xx	Display fehlt
14 / xx	Cilla Neu	Durchfluss-Zähler	10	E	-	KW 15	01.04.xx	Zähler fehlt
14 / xx	Mara 10	Doppel-Filter	8	F	J	KW 16	03.04.xx	Stegleitung fehlt
⇩	⇩	⇩	⇩	⇩	⇩	⇩	⇩	⇩

LISTE WIRD AN INFO-TAFEL AUSGEHÄNGT

[1] C-Teile fallen nicht unter diese Betrachtung

2.2.4 C-Teile-Management – Das Supermarktprinzip für Industrie und Handel

Bei C-Materialien kann das Dispositionsverfahren gelockert werden. Es kann entweder

a) **nach dem Zwei-Kisten-System gearbeitet werden,**
   - Bestandsverantwortung liegt in den Händen des Lageristen, oder

b) **es werden nur komplette Abgänge nach**
   - Menge pro Kiste / Lagereinheit / fixe Entnahmemengen

im körperlichen Bestand auf Kostenstelle abgebucht. Nachdispositionen erfolgen über einen festgelegten Wiederbestellpunkt, der großzügig ausgelegt ist.

c) **Oder es wird ein so genanntes Bauhaus- / Regalserviceverfahren eingerichtet, das ähnlich dem Auffüllen eines Zigarettenautomaten funktioniert.**

Alle EDV-gestützten Bestandsführungsverfahren erfordern einen bestimmten Aufwand in Führung und Pflege. Bei niederen Beständen kommt noch das Risiko von Fehlmengen / Fehlbeständen hinzu, Bildschirmbestand entspricht nicht dem Lagerbestand vor Ort, was für die geforderte Flexibilität und Liefertreue ein verhängnisvoller Zielkonflikt ist.

Gelöst werden kann dieser Zielkonflikt durch die Einführung von so genannten Bauhaus- / Regalserviceverfahren und / oder KANBAN-Systemen, wie sie im Handel bereits üblich sind, die Kosten senken (Abbau von Geschäftsvorgängen, wie z.B. Buchungs- und Bestellvorgänge), bei gleichzeitiger Erhöhung des Verfügbarkeit.

Darstellung der verschiedenen Ausprägungen von Regalserviceverfahren

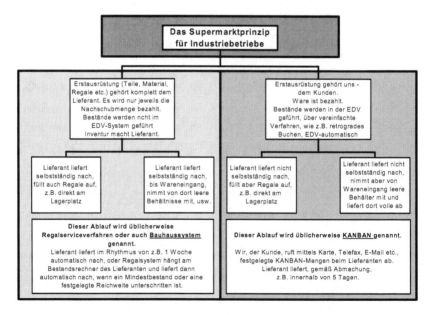

Diese so genannten Bauhaus- / Regalserviceverfahren setzen sich immer mehr durch. Ein Blick in die Zukunft sagt, dass in den nächsten Jahren bis zu 50 % aller Beschaffungsvorgänge nach diesen Prinzipien ablaufen. E-Business unterstützt die schnelle Einführung dieser einfachen / bestandssicheren Nachschubautomatik. Auch die Vorteile für den Lieferant sind enorm: Weniger Lagerplatz, feste Kundenbindung, dadurch mehr Umsatz, außer liefern und Rechnung schreiben, keine weiteren Geschäftsvorgänge.

Auswirkungen von Regalservice- / Bauhaus- / KANBAN-Systemen auf die Logistik / Logistikleistung des Unternehmens

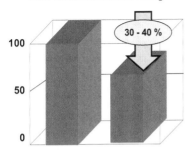

Bestandsreduzierung 30 - 40 %

- Konzentration auf wenige Lieferanten
- Keine Disposition
- Erhöhung der Termin- und Liefertreue
- Keine Störungen des Produktionsablaufes
- Erhöhung der Lieferbereitschaft
- Senkung des operativen Beschaffungsaufwandes, keine Bestellung, keine WE-Kontrolle, kein Buchen

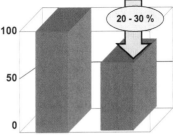

Durchlaufreduzierung 20 - 30 %

- Just in time - Lieferung
- Reorganisation der internen Logistik
- Vom Einzelteil zur Baugruppe
- Senkung der Wiederbeschaffungszeiten
- Es ist immer das richtige in richtiger Menge da
- Kostenoptimierung durch optimalen Warendurchlauf
- Reduzierung der Logistikkosten

2.2.5 Bestellpunkt / Sicherheitsbestand / Wiederbeschaffungszeiten

Weitere Schritte, die im Hinblick auf die Lagerdisposition getroffen werden müssen, sind:
- → Bestellpunkt / Sicherheitsbestand
- → Bestellmenge / Reichweite
- → Trendermittlung

Sie beziehen sich auf die grundlegenden Fragen der Lagerdisposition und beeinflussen die logistische Leistungsfähigkeit / die Bestandshöhe des Unternehmens wesentlich:
- → Wann und welche Menge muss bestellt werden?
- → Welcher Servicegrad soll vorhanden sein?
- → Welche Reichweite soll abgedeckt werden?

2.2.5.1 Bestellpunktverfahren

Der Bestellpunkt ist eine Menge, die, wenn sie mit dem verfügbaren Bestand[1] verglichen wird, angibt, ob eine Bestellung zur Ergänzung des Bestandes notwendig wird. Ist der Bestand bis zu diesem Punkt abgesunken und die Bestellung durchgeführt, sollten genügend Teile verbleiben, um den Bedarf abzudecken, bis der Nachschub verfügbar ist.

Um eine Automatik in den gesamten Material- / Teilenachschub hineinzubringen, werden die einzelnen Lagerpositionen mit Mindestbeständen abgesichert (= Wiederbestellpunkt). Unterschreitet die verfügbare Menge den Mindestbestand, so wird automatisch durch das System, bzw. den Disponenten, eine Nachbestellung ausgelöst, siehe nachfolgende Schemadarstellung.

Zur Festlegung des Bestellpunktes[2] müssen mehrere Faktoren bekannt sein. Zwei Hauptfaktoren sind

Wiederbeschaffungszeit und Durchschnittsverbrauch während der WBZ + gewollter Sicherheitsbestand

Dieses Verfahren sollte in der heutigen Just in time - Zeit auf Grund zweier gravierender Probleme nicht, bzw. nur noch für C-Teile angewandt werden:

1. Der Pflege- und Betreuungsaufwand dieser Stammdaten ist hoch (wird häufig vernachlässigt)

2. Der größte Nachteil ist jedoch:
   Es besteht kein zeitlicher Zusammenhang zwischen Festlegung der Bestellmenge zu dem echten Bedarf, bezogen auf die Lieferstrecke (Bestelldatum bis Lieferdatum).
   Die Kunden bestellen doch anders an gedacht.

---

[1] = Lagerbestand - Kundenbedarf + eigene Bestellmenge
[2] hat auch andere Bezeichnungen, z.B. Mindestbestand, Bestellbestand etc.

Bild 2.22: Ermittlung des Wiederbestellpunktes **ohne** Sicherheitsbestand

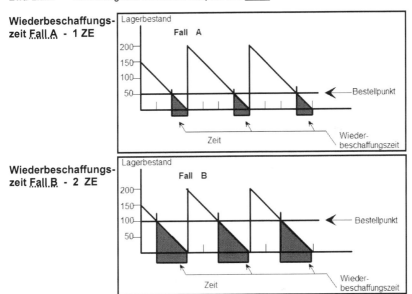

Tabelle: Errechnung des Bestellpunktes

Teile-nummer	Mittlerer Bedarf	Wiederbeschaf-fungszeit	Bestell-punkt	Anzahl Bestellungen bei Bestellmenge	
Fall A	50	1 ZE	50	200 / 1	200 / 1
Fall B	50	2 ZE	100	400 / 1	200 / 2

Der Wiederbestellpunkt sollte ca. 4 - 6 x pro Jahr, bzw. bei Bedarf sofort gepflegt werden.

Bild 2.23: Verlauf des Lagerbestandes **m i t** Sicherheitsbestand

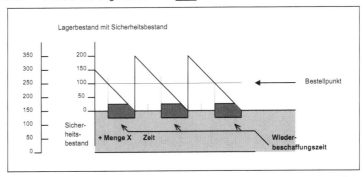

Speziell im Bereich des Sicherheitsbestandes befinden sich hohe Ansätze zur Bestands- und Lageroptimierung

Wichtige Voraussetzung für eine zeitgerechte Material- / Teileanlieferung ist jedoch ein stimmendes Bestandswesen, d.h. dass sowohl die körperlichen als auch reservierten Bestände, die im Warenwirtschaftssystem geführt werden, mit den tatsächlichen Beständen übereinstimmen.

Merke: **Je niederer die Bestandsmengen umso höher muss die Genauigkeit der Bestandszahlen werden!**

2.2.5.2 Restmengenmeldung (I-Punkt)

Niedrigere Bestände erfordern genauere Bestandsführung über die aktuelle Situation.

Die Einführung von so genannten Restmengenmeldungen, die automatisch von der EDV über Prüfvorgaben, oder vom Lagerverwalter bei Erreichen einer überschaubaren Bestandsmenge im Warenwirtschaftssystem überprüft werden, erhöht die Sicherheit, dass

a) die Bestände stimmen, die Kontenauskünfte also glaubhaft sind,

b) Bestandsdifferenzen zwischen Buchungsbestand und körperlichem Bestand am Lager frühzeitig erkannt, rechtzeitig reagiert werden kann und es so nicht zu ärgerlichen Fehlbeständen überhaupt kommt.

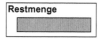

Außerdem kann das System Restmengenmeldung so ausgebaut werden, damit es eine ähnliche Funktion wie das viel genannte KANBAN-System erhält. In Verbindung mit der so genannten permanenten Inventur erhöht dies wesentlich die Genauigkeit der Bestandszahlen.

Bei Einsatz von RFID- / Transponder - Systemen wird durch automatisches Buchen dasselbe erreicht, da alle Zugänge, Abgänge abgescannt werden.

2.2.5.3 Ermittlung des Sicherheitsbestandes

Der Sicherheitsbestand ist jene Menge eines Teiles, die zur Absicherung, bzw. als Schutz gegen eine Unterdeckung geführt wird. Er kann auf mehrere Arten berechnet werden. Diese reichen von einer einfachen Festlegung einer Zeitspanne, die mit dem Bedarf multipliziert wird (z.B. Eindeckung für eine Woche), bis zu statistischen Methoden.

a) In der Praxis wird als Sicherheitsbestand häufig die Eindeckung für ein bis fünf Tage verwendet, bei liefertreuen Lieferanten

Weitere gebräuchliche Grobverfahren sind:

b)	Sicherheitsbestand = 50% des Verbrauches während der Wiederbeschaffungszeit, bei weniger liefertreuen Lieferanten
c)	Sicherheitsbestand = 100% des Verbrauches während der Wiederbeschaffungszeit, bei sehr lieferuntreuen Lieferanten. Sie sind auszuscheiden - treiben die Bestände nach oben

Oder es wird die Bestimmung des Sicherheitsbestandes mittels des mathematischen Servicegrad - Verfahrens vorgenommen.

Mit dieser Messzahl „*Servicegrad*" genannt ist es je Teile- / Materialart möglich:

1. den gewünschten Servicegrad in Form der zulässigen Unterdeckung pro Jahr festzusetzen; oder
2. den Prozentsatz der Bestellabläufe, die keine Unterdeckung aufweisen sollen, zu berechnen.

In qualifizierten Materialwirtschaftsprogrammen ist eine Bestimmung des Servicegrades je Teil / Materialnummer möglich, ebenso wie eine Festsetzung des maximalen Bestandes, der maximalen Reichweite.

Basis für diese Berechnungen ist die so genannte *Gaussche - Normalverteilung*, wie sie u.a. auch in jedem Excel-Programm genutzt werden kann.

Bild 2.24: *Servicegradfaktoren zur Bestimmung des Servicegrades nach Gausscher Normalverteilung*

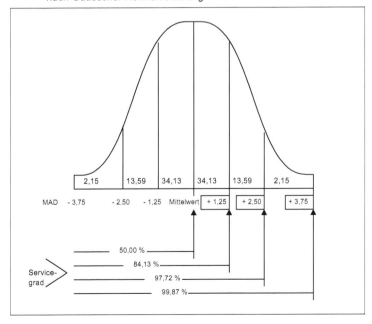

Achtung: Hohe Sicherheitsbestände treiben die Bestände um das X-fache nach oben, insbesondere bei langen Wiederbeschaffungszeiten und hohen Bedarfsschwankungen. Deshalb:
- Legen Sie eine vertretbare Lieferbereitschaft je Artikel / Warengruppe fest
- Akzeptieren Sie in Einzelfällen Null-Bestand

Bild 2.25: Ermittlung des Sicherheitsbestandes und des Wiederbestellpunktes in Abhängigkeit des gewünschten Servicegrades mit Darstellung der Rechenschemata und der sich daraus ergebenden Ergebnisse

STATISTIK				DISPOSITION						
				Berechnungsdatum:						
	20xx		20xx		20xx	n	m i	mj-m	Sicher-heits-	Service-grad	Z	S · Z	1)
1		1	100	1	1	100	-138	be-	70,0%	0,524	52
2		2	124	2	2	124	-114	stand	90,0%	1,202	119
3	/	3	328	3	3	328	90	LZ =	95,0%	1,645	163
4	92	4	276	4	4	276	38	1n	99,9%	3,090	307
5	90	5	345	5	5	345	107	m			238
6	250	6	324	6	6	324	86	Melde-	Servicegrad		
7	150	7	251	7	7	251	13	menge-	70,0%		290
8	180	8		8	8	180	-58	LZ =	90,0%		357
9	200	9		9	9	200	-38	1n	95,0%		401
10	250	10		10	10	250	12	(m+S)	99,5%		545
11	150	11		11	11	150	-88	tatsächliche LZ			4 Wo.
12	330	12		12	12	330	92	gewünschter SG			
13		13		13	Σ	2858	4	Soll-Meldemenge			
14		14		14			Wo-	Ist-Meldemenge			
15		15		15	Ø - Lieferzeit		chen				
16		16		16	: n	12		Soll Best. Menge			
17		17		17	m	238		Ist Best. Menge			
18		18		18				Höchstlager			500
19		19		19	Σ ohne			TENDENZ			
20		20		20	Vorz.		874				
21		21		21	: n - 1=MAD	79,45		Bearbeiter			Weber
22		22		22	x 1,25=(S)	99,31					
23		23		23	s : m = V						
				Teile-Nr. 151196			Bezeichnung: Zwischenstück			
Σ	1692	Σ		Σ	Lieferant: Zukauf / Eigenpr. / Teil A B C						

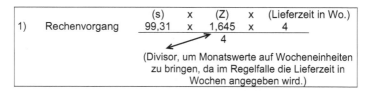

1) Rechenvorgang $\dfrac{(s) \times (Z) \times (\text{Lieferzeit in Wo.})}{4}$ = $\dfrac{99,31 \times 1,645 \times 4}{4}$

(Divisor, um Monatswerte auf Wocheneinheiten zu bringen, da im Regelfalle die Lieferzeit in Wochen angegeben wird.)

Sofern diese Art der Si-Bestandsrechnung nicht in Ihrem Warenwirtschaftssystem enthalten ist, kann dies mit Hilfe einer Excel-Tabelle einfachst berechnet werden.

Ziel muss aber sein, Lieferanten halten für uns Vorräte, wir rufen nach KANBAN-Regeln ab. Senkt Bestände und steigert Servicegrad auf 100 % ohne Mehrkosten. Der Sicherheitsbestand kann auf Null gesetzt werden.

2.2.6 Ersatzteilmanagement / Disposition von Ersatzteilen

Für die Disposition / Lagerhaltungshöhe von Ersatzteilen lassen sich kaum Regeln aufstellen. Die Handhabung hängt größtenteils von der Unternehmensphilosophie / dem Zwiespalt ab, was will das Unternehmen:

> ➤ Eine hohe Verfügbarkeit, damit eine umgehende, termingerechte Versorgung sichergestellt ist.
> Mit dem Ergebnis: Hohe Lagerhaltungskosten, aber geringe Maschinenstillstandszeiten.

> ➤ Eine geringere Verfügbarkeit, mit dem Risiko, dass höhere Maschinenstillstandszeiten im Schadensfalle in Kauf genommen werden müssen.

Es sei denn, es können mit den Lieferanten / Maschinenherstellern KANBAN- / Konsignationslager oder besser, ein so genanntes Zentrales Informationsmanagement mittels IT-Plattform, „bei wem liegt was?" eingerichtet werden.

Bild 2.26: *Die gesamte Problematik kann am einfachsten anhand eines Entscheidungsmodells dargestellt werden:*

Kriterium	Ausprägungen [1] (mit beispielhaften Gewichtungsfaktoren)		
	hoch	mittel	niedrig
Wiederbeschaffungszeit	4	2	1
Preis	3	2	1
Bedarfsregelmäßigkeit	1	2	3
Lagerhaltungskosten	1	2	3
Haltbarkeit	4	2	1
Lieferzuverlässigkeit	1	2	3
Stillstandskosten	6	3	1
Funktionsrisiko	6	3	1

[1] Quelle: Zeitschrift ZWF 12 / 03 Carl Hanser Verlag, Autor Dipl.-Ing. K. Kaiser, Dipl.-Ing. M. Vogel, Dipl.-Ing. A. Werding

Nach der Höhe der Punktezahl wird dann die Lagerhaltungsstrategie für einzelne Teile oder Teilegruppen festgelegt.

Natürlich müssen noch weitere Einflussfaktoren Beachtung finden, wie z.B.:

> ➤ Lagerkapazität / Lieferant Helfer in der Not
> ➤ sowie Liquiditätsfragen grundsätzlicher Art

Kenntnisse über Anzahl eingesetzter Anlagen, deren Laufstunden, bzw. planmäßige Wartungen / Generalüberholungen, also Daten wie sie aus modernen Instandhaltungsprogrammen geliefert werden, erleichtern die Arbeit wesentlich.

Eine völlig andere Strategie ist, das Ersatzteillager gegen Null zu setzen und mit Unternehmen in der Nähe vertraglich vereinbaren, dass notwendige Reparaturen / Ersatzteile innerhalb von z.B. 24 Stunden, oder weniger, hergestellt / in einwandfreier Qualität geliefert werden. Ein höherer Stundensatz in der Bezahlung kann das Lockmittel sein.

2.2.7 Problem Minusbestände im verfügbaren Bestand bei Vorratswirtschaft

In manchen Materialwirtschaftssystemen ist es zulässig, dass Bedarfe auch dann reserviert werden, wenn dadurch bei terminlich nachfolgenden, bereits zugesagten Aufträgen innerhalb der Wiederbeschaffungszeit **UNTERDECKUNG** entsteht. Dies bedeutet, es werden Teile für einen bereits bestätigten Auftrag weggestohlen. Dies ist **NICHT** zulässig und führt zu Problemen in der Liefertreue (Flexibilität bedeutet nicht Chaos). Es sei denn, die eigentliche Nachschubautomatik wird über KANBAN gesteuert.

Bild 2.27: *Artikelkonto eines Vorratsteiles*
Kennung z.B. B 1 (B X)

Mat.-Nr.	von Termin	bis Termin	
030.0507.0	Wo.20 xx	Wo.30 xx	

Bezeichnung:	TRANSFORMATOR EI 30/12.5 220/24 V 1,2 VA	Datum: 13.06.xx

Lagerbest. +355.00	Verf. Bestand -38645.00	Wiederbestellpunkt 1500.00	WBZ in Tagen 20

Termin	Bedarf	Bestellt	Verfügbar
20 xx	0.00	4000.00	+4355.00
21 xx	3000.00	0.00	+1355.00
22 xx	0.00	0.00	+1355.00
23 xx	2500.00	0.00	-1145.00
23 xx	0.00	5000.00	+6355.00
25 xx	3000.00	0.00	+3355.00
↓ ↓	↓	↓	↓
42 yy	4000.00	0.00	-23645.00
43 yy	0.00	0.00	-23645.00
44 yy	0.00	0.00	-23645.00
45 yy	3000.00	0.00	-26645.00
46 yy	0.00	0.00	-26645.00
47 yy	0.00	0.00	-26645.00
48 yy	0.00	0.00	-26645.00
49 yy	0.00	0.00	-26645.00

In dieser Zeitachse, WBZ 20 AT, darf nicht automatisch ins Minus reserviert werden
Hinweisfeld **KLÄRUNG** notwendig

Merksatz:

Im verfügbaren Bestand darf bei *Vorratsteilen* innerhalb der Wiederbeschaffungszeit nicht ins Minus reserviert werden. Bei *Sonderteilen* (kein Vorrat gewollt) muss ins Minus reserviert werden.
Stammdateneinstellung je Artikelnummer

Körperliche Bestand
- Bedarf + Bestellung
= **Verfügbare Menge**

2.2.8 Zusätzliche Dispo-Kennzeichen als Dispositionshilfen

Ein weiteres, wichtiges Hilfsmittel zur Verbesserung der Dispositionsqualität ist folgende Zusatzinformation an den Disponenten, bzw. das Hinterlegen eines zusätzlichen Dispo-Kennzeichens in den EDV-Stammdaten nach der 1- / 2-/ 3- bzw. X- / Y- / Z-Methode:

1 = Wiederholteil mit Mindestbestand (X)

2 = Sonderteil mit Wiederholcharakter für nur 1 Kunden,
wobei Mindestbestand = 0 ist. (Y)
Die Fertigung erfolgt nach Reichweitenberechnungen
laut Absprache Dispo - Vertrieb - Kunde.

3 = Reines Sonderteil, mit reiner auftragsbezogener Fertigung,
ohne Bevorratung, ohne Losgrößenberechnung. (Z)

4 = Ersatzteil: Interne Lösung je Firma (ZZ)

Für den Disponent ergeben sich dadurch folgende eindeutige Dispo-Vorgaben:

Bild 2.28: *Dispo-Kennzeichen nach Teile- / Materialklassifizierung*

Dispo-Vorgabe	Zusatz - Dispo - Kennzeichen			
	Wiederholteil	Sonderteil mit Wiederholcharakter für 1 Kunde	Reines Sonderteil	Ersatzteil
	1	2	3	4
A - B - C - Klassifikation — A	Vorratshaltung: Ja Mindestbestand: Lt. Vertriebsplanvorgabe Bestellmenge: Lt. echtem Kundenbedarf Art der Bestellung: Punktgenaue Abrufaufträge	Vorratshaltung: Ja Mindestbestand: 0 Bestellmenge: In Abstimmung mit Kunde über Vertrieb max. z.B. 2 Monate Losgrößenberechnung möglich, Reichweitenberechnung lt. Vertrieb max. z.B. 2 Monate	Vorratshaltung: Nein Mindestbestand: 0 Bestellmenge: Reine, auftragsbezogene Fertigung, ohne Losgrößenberechnung	Nach Vorgabe bzw. festgelegtem Servicegrad
B	Vorratshaltung: Ja Mindestbestand: Ja Bestellmenge: Nach Reichweitenberechnung			
C	Vorratshaltung: Ja Mindestbestand: Ja Bestellmenge: Lt. Losgrößenberechnung möglich, aber z.B. max. für 6 Monate Oder besser C-Teile - Management, Lieferant liefert automatisch nach			

Eine weitere, ähnliche Methode, die Teile nach Teilearten zu klassifizieren und damit Bestandshöhe / Risiko / Reichweite und Dispositionsverfahren zu bestimmen, ist die

X- / Y- / Z-Analyse / -Methode

Mittels Methoden der mathematischen Statistik, hier VARIATIONSKOEFFIZIENT (V), wird die Schwankungsbreite der Bedarfe in der Zeitachse ermittelt und danach Dispositionsverfahren und Servicegradhöhe bestimmt [1].

Beispiel:

$V =$ Verhältnis Mittelwert $\overline{X}$ zu Standardabweichung S

Beispielrechnung ($\overline{X}$ 238 : S 86,21 = 0,36 = Y-Artikel)

mit folgender Aussage:

▶ je kleiner die Abweichung = je regelmäßiger der Bedarf
▶ je größer die Abweichung = je unregelmäßiger der Bedarf

woraus sich folgende Einteilungen / Lieferbereitschaftsgrade für die Praxis ergeben[1]:

Schwankungsbreite	Ergibt Teileart [1]	Bemerkung	Höhe des Si-Bestandes
≤ 0,33	X	Im Regelfalle[2] Einser-Teile	niederer
≤ 0,66	Y	Im Regelfalle[2] Zweier-Teile	
≤ 1,00	Z	Im Regelfalle Dreier-Teile	höher
Artikel kommen nur sporadisch vor, weiterer Bedarf ist nicht absehbar	ZZ	Immer Dreier-Teile	0 - auftragsbezogene Beschaffung
Alles unter Beachtung saisonaler Schwankungen und Trends. Dann gleiche Zeitfenster zur Berechnung heranziehen.			

Bild 2.29: Berücksichtigung weiterer Dispositions-Wertigkeiten / Auftragsarten

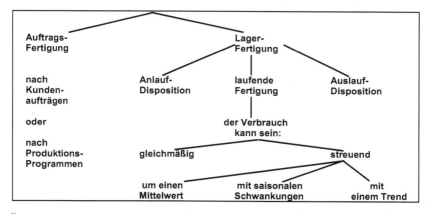

[1] In Anlehnung an Prof. Dr. Ing. Dipl.-Wirtsch.-Ing. Helmut Ables, Fachhochschule Köln

Weitere Bestandsarten / Kennungen

Der Disponent muss zum Zwecke einer geordneten Materialwirtschaft mit minimierten Beständen Kenntnis haben über

- den Bestellbestand, getrennt nach Eigenfertigung und Fremdbezug je Artikelnummer
- Werkstattbestand, Bestand, der aus dem Lager zwar entnommen ist, aber im Rahmen einer Bereitstellung, z.B. nach KANBAN-Prinzipien (ein voller Behälter / Palette wird bereitgestellt) nicht in voller Höhe für den Auftrag benötigt wird
- Wareneingangsbestand
  Warenzugang, der noch nicht freigegeben ist [1]
- Bestände in Sperrlager laut Qualitätskontrollmerkmalen [1]
- Sicherheits- / eiserner Bestand
  Dies ist der Bestand, der eigentlich nicht unterschritten werden darf, und der eine sofortige Nachschub-Anmahnung auslösen muss
- Bei flexibler (chaotischer) Lagerführung Gesamtbestand, sowie Bestand pro Lagerfach / -ort
- Bei Versandlager bereits entnommen, für Kunde reserviert, aber noch nicht verladen (Bereitstellbestand)

Sowie für die tägliche Arbeit, gemäß Bestellvorschlagsübersicht (Mindestanforderung):

- Verfügbarer Bestand im terminlichen Zeitraster
- körperlicher Bestand
- Sicherheitsbestand
- Reichweite und aktuelle Wiederbeschaffungszeit
- Bei Abrufaufträgen (bei Lieferanten) Restabrufmenge
- Min- / Max.-Bestand
- Farbige Hinweisfelder mit Datum für vorziehen / hinausschieben von Bestellungen / Fertigungsaufträgen, entstanden durch kurzfristige Kundenänderungen in Menge und Termin

---

[1] Ware darf nicht länger als ein Arbeitstag im Wareneingang, bei der QS - Abteilung, auf dem Sperrlager liegen. Sofortiges bearbeiten, klären ist Pflicht. Wenn Feierabend ist, muss der Wareneingang / das Sperrlager „besenrein" sein

2.2.9 Bestellmengenrechnung und Trendentwicklung

Wird von einem bestimmten Teil zu wenig erzeugt, können Aufträge verloren gehen. Wird zuviel produziert, kann Geld vergeudet werden, also ist eine Vorhersage des Bedarfs unentbehrlich, um den Verbrauch während der Wiederbeschaffungszeit von Teilen zu bestimmen, die nach dem Bestellpunktverfahren disponiert werden sollen.

Es gibt zwei grundsätzliche Methoden zur Vorherbestimmung des Bedarfes:

Schätzung und Vorhersage.

Die Schätzung ist eine begründete Annahme und umfasst nicht die geordnete Verwendung numerischer Daten. Vorhersage oder Planung enthält dagegen irgendeine Behandlung von numerischen Daten.

Die Funktion der Vorhersage liegt in der Untersuchung des Bedarfsverlaufes der Vergangenheit und in der Vorausbestimmung für einen gewünschten Planungszeitraum (z.B. Wiederbeschaffungszeit eines Teiles, oder Saison, oder ein Jahr).

In neueren EDV-Materialwirtschaftprogrammen sind Vorhersage- / Trendprogramme eingebaut, die meist auf mathematischen Beziehungen zwischen den Mittelwerten aus der Vergangenheit, mit dem Mittelwert der Gegenwart aufbauen und durch entsprechende Gewichtung dieser Werte, so die zukünftige Trendentwicklung errechnet wird.

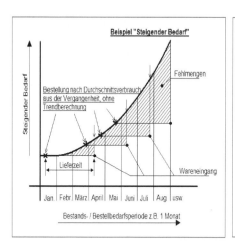
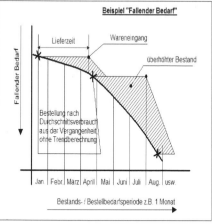

Bild 2.30: Trendberechnung mittels Glättungskonstanten

Darstellung: Gewichtung der Daten bei Glättungskonstante 0,1 (je nach Trend / saisonal / Mode etc. können die Gewichtungsfaktoren nach Teileart unterschiedlich hinterlegt werden)

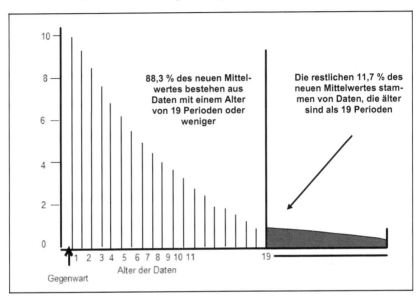

Beispielrechnung: Auswirkung der Einbeziehung von Trends (hier Faktor 0,1) in die Bestellmengenrechnung

(1) Monat	(2) Lagerabgang (kg)	(3) Bewertungs- faktor	(4) Gewichteter Wert (2) x (3)
Januar	400	0,66	264
Februar	350	0,73	256
März	420	0,81	340
April	480	0,90	432
Mai	450	1,00	450
SUMME	2100 : 5 = 420	4,10	$\frac{1742}{4,10}$ = 425

Nach dem arithmetischen Mittel beträgt der durchschnittliche Monatsverbrauch 2.100 : 5 = 420. Für die Festlegung der Bestellmenge sollte aber als Trend / Aktualitätsbewertung von 425 ausgegangen werden.

Die Betrachtung ist aber bezüglich der Cashflow-Entwicklung gefährlich.

In Verbindung mit der daraus einhergehenden, gewollten Anpassung der Bestellmengen (Sinn dieser Trendrechnung) wird die unsägliche Verbindung „Mehr Umsatz - Mehr Materialbestand" nicht durchbrochen.

Schemabild: Darstellung Prozentanteil Working-Capital bei bedarfsgesteuerter Nachschubautomatik über z.b. Wiederbestellpunkt und Trendberechnung zu verbrauchsgesteuert, z.B. mittels KANBAN- / SCM-System

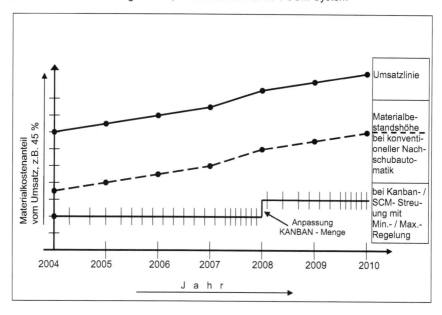

Bei einer SCM-KANBAN oder Dispositionsart mit Min.- / Max.-Bestand, wird dieser unsägliche Zusammenhang durchbrochen.

Die Nachschubautomatik wird über die Frequenz geregelt. Natürlich müssen bei gravierenden Abweichungen mittelfristig auch bei diesen Verfahren die Abrufmengen erhöht / vermindert werden.

Hinweis: Alle mathematischen Modelle die für die bedarfsgesteuerte Nachschubautomatik entwickelt wurden, entstanden in früheren Jahren, als die Variantenvielfalt unbedeutend und der Just in time - Gedanke unbekannt war. Das Unternehmen hat seine Ware / Lieferungen dem Kunden zugeteilt.

2.2.10 Gefahren durch die Anwendung von Losgrößenformeln

2.2.10.1 Ermittlung der optimalen Bestellmenge nach Losgrößenformeln, ist dies immer richtig?

Die Entscheidung, wie viel von einem Teil / Rohmaterial bestellt werden muss, ist eine der wichtigsten Gesichtspunkte für die Bestandsführung. Die Mengen der gefertigten oder gekauften Teile / Materialien stehen in direkter Beziehung a) zum Verbrauch während einem bestimmten Wiederbeschaffungszeitraum und b) zu den allgemeinen Kosten des Einkaufs, der Fertigung und des Einlagerungszeitraumes.

Die Entscheidung über die Größe der Bestellmenge beeinflusst die Kosten somit wesentlich. Hier können wesentliche Einsparungen erzielen werden, wobei die Herabsetzung der Bestellmenge weder den Arbeitsablauf im Betrieb stören, noch eine Erhöhung anderer Kosten mit sich bringen darf.

Nachfolgende Abbildung zeigt den Zusammenhang zwischen Lagerbestand und Bestellmenge. Der gesamte Durchschnittsbestand kann z.B. von 600 auf 300 Einheiten herabgesetzt werden, wenn die Bestellmenge von 900 auf 300 Einheiten sinkt. Das Teil müsste mittels Liefereinteilungen nachbestellt werden, wodurch sich die Zahl der zu verarbeitenden Wareneingänge, bzw. die Zahl der Rüstvorgänge für ein Fertigungsteil in der Produktion erhöht, aber nicht unbedingt die Rüstzeit in Stunden pro Jahr. Grund: Verkettungsmöglichkeiten vor Ort steigen.

Bild 2.31: Abhängigkeit des durchschnittlichen Lagerbestands von Bestellmenge

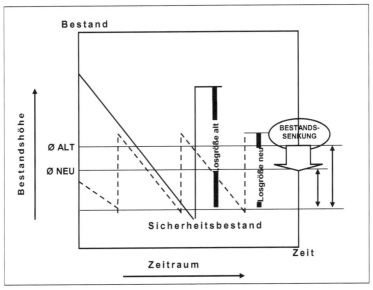

Quelle: Prof. Dr. Ing. Brankamp

Grundsätzliche Betrachtungsweise nach Andler

Die Kosten, die mit der Bestellung zur Ergänzung des Lagerbestandes verbunden sind, steigen mit abnehmender Losgröße. Sie umfassen die Rüstkosten, Bestell- und Ausfertigungskosten, einen Anteil der Kosten für Transport, Wareneingang, Versand usw. Die mit der Höhe des Lagerbestandes zusammenhängenden Kosten sinken, wenn die Losgröße abnimmt. Sie werden als Lagerhaltungskosten bezeichnet und umfassen den Wert des gebundenen Kapitals, die Lagerungskosten, die Kosten für Veralterung, Zinsen etc.

Es sollte ein wirtschaftliches Gleichgewicht bestehen, zwischen den Kosten die sich bei Veränderung der Bestellmenge erhöhen, bzw. verringern. Diese Festlegung ist der Ansatz der Berechnung der wirtschaftlichen Bestellmenge.

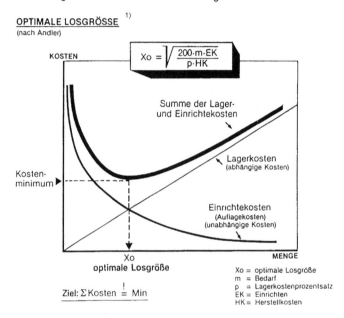

OPTIMALE LOSGRÖSSE [1]
(nach Andler)

$$X_o = \sqrt{\frac{200 \cdot m \cdot EK}{p \cdot HK}}$$

Xo = optimale Losgröße
m = Bedarf
p = Lagerkostenprozentsatz
EK = Einrichten
HK = Herstellkosten

Diese Einzelbetrachtung kann dazu führen, dass bis zu 1/3 des Umsatzes in Beständen gebunden ist, große Lose zu langen Durchlaufzeiten in der Fertigung führen und trotz der hohen Vorräte immer wieder Fehlteile entstehen. Grund:

Die Kunden bestellen anders als geplant / gedacht war.

Hat diese Betrachtung **REINES EINZELOPTIMA** je Artikelnummer heute noch Bestand? Oder fehlen viele weitere Einflussgrößen zu einem **GESAMTOPTIMA**?

„Liquiditätsgewinn ist auch Leistung" [1]

Die Variantenvielfalt, der Just in time - Gedanke mit Ziel *niedere Bestände, hohe Umschlagshäufigkeit* setzt andere Regeln.

---

[1] Die steigende Variantenvielfalt, Just in time - Denkweise bedeutet das Aus, das Ende von Andler

Bild 2.32: *Auswirkungen von hohen Losgrößen nach Prof. Dr. Ing. Brankamp*

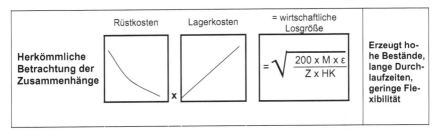

Fehlende / weitere Einflussgrößen mit gravierenden Auswirkungen auf Bestände, Flexibilität und Durchlaufzeiten:

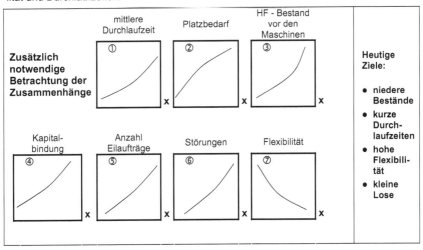

KEINE VERSCHWENDUNG IN ZEIT UND WERTSCHÖPFUNG ZULASSEN

Merksatz:
Wenn etwas produziert wird, was im Moment nicht gebraucht wird, dafür aber etwas nicht gefertigt werden kann, was gebraucht wird, ist dies pure Verschwendung.
Leistung ist nur das, was gefertigt und auch termintreu verkauft werden kann. Also kleine Lose sind gefordert.

Praktiker haben sich diese Erkenntnis in der Form zueigen gemacht, dass sie zwischen 20 % bis 40 % weniger aufgelegt haben, als es die theoretische Formel ergab. Und welche Stückzahl ergibt sich, wenn die Losgröße nicht auf Basis Vollkosten, sondern mittels Grenz- / Teilkostenrechnung[1] berechnet würde? Die Losgröße sinkt nochmals

Abweichung von der opt. Losgröße in %	Erhöhung der Lager- und Einrichtekosten / Stück in %
+ 150	+ 45
+ 100	+ 25
+ 80	+ 18
+ 60	+ 11
+ 50	+ 8
+ 40	+ 5
+ 30	+ 4
+ 20	+ 2
0	0
- 20	+ 3
- 30	+ 6
- 40	+ 13
- 50	+ 25
- 60	+ 45
- 70	+ 82
- 80	+ 160
- 85	+ 240

U N D

Können Sie sich vorstellen wie viel zusätzliche Umrüstvorgänge pro Jahr im Betrieb getätigt werden können, ohne dass dies die Firma einen Euro mehr kostet, wenn Sie folgende, nicht direkt in die Stückkosten einfließenden Kosten ermitteln und in Rüstvorgänge umsetzen – UNTERSCHIED EINZELOPTIMA - GESAMTOPTIMA

Pos.	Bezugsgröße Fertigungsteile	ca. Kosten pro Jahr in €	Bemerkung
1	Höhe der jährlichen Verschrottungskosten		
2	Höhe der jährlichen Abwertungen		
3	Höhe der Kosten, die durch Sonderfahrten entstehen, wegen Fertigen von großen Losen an Engpassmaschinen		
4	Summe Kosten Pos. 1 + 2 + 3		Und was kostet ein Umrüstvorgang einer Maschine "in Euro absolut", wenn diese Maschine kein Engpass ist?
5	Durchschnittlicher Stundensatz der Anlagen		
6	Pos. 4 : Pos. 5 ergibt zusätzlich verfügbare Stunden für Umrüsten		
7	Durchschnittliche Rüstdauer in Stunden		
8	Pos. 6 : Pos. 7 ergibt ca. Anzahl "Mögliche zusätzliche Rüstvorgänge"		
9	Anzahl ungeplante Rüstvorgänge, die wegen Eilaufträgen getätigt werden, die nicht in die Stückkostenkalkulation einfließen		
10	Pos. 8 + Pos. 9 ergibt gesamt ca. Anzahl möglicher Zusatz-Rüstvorgänge		

[1] Bei dieser Berechnung werden nur die variablen Anteile eines Stundensatzes angesetzt.

2.2.11 Die hausgemachte Konjunktur

Die hausgemachte Konjunktur ist eine Katastrophe bezüglich Flexibilität und Lieferzeit.

Durch die reine Betrachtung von Einzeloptima, z.b. Erreichen hoher Maschinennutzungsgrade, oder Verhältnis Rüstzeiten / Beschaffungskosten zu Lagerkosten, wurde den Mitarbeitern beigebracht, dass Maschinen ständig laufen müssen und in *„wirtschaftlichen Losgrößen"* produziert werden soll. Dies führt dann dazu, dass bei einem Bedarf von 50 Stück, 200 Stück oder mehr gefertigt werden, weil dann die kalkulatorische Stückkosten stimmen. Was anschließend mit den restlichen 150 Stück geschieht, ist „Hoffnung".

So lange also Produktivität in Form von Anlagennutzung oder am Leistungsgrad pro Mitarbeiter und nicht am marktgerechten Verhalten gemessen wird, wird der Verschwendung bezüglich:

> **es wird etwas produziert was man im Moment nicht braucht**
> **die Fertigung wird verstopft, es gibt Warteschlangenprobleme Ergebnis: Terminprobleme, Mehrkosten aller Art**
> **Verschrottungsaktionen und Abwerten von wirtschaftlich gefertigten Teilen am Inventurstichtag**

weiter Vorschub geleistet.

Betriebliche Leistung und damit verbundene Motivationsziele müssen aber bezüglich heutiger Kundenanforderungen und Banken-Zielen

„ Marktorientiert produzieren "
„ Hohe Eigenkapitalquote / Liquidität "

neu definiert werden. *LIQUIDITÄT IST AUCH LEISTUNG.*

Leistung ist nur das, was hergestellt und auch umgehend verkauft werden kann. Nicht, was an Lager geht, oder als Arbeitspuffer zwischen den Maschinen liegt. Betriebliche Untersuchungen haben gezeigt, dass bis zu 50 % der gefertigten Mengen in absehbarer Zeit nicht benötigt werden.

Durch das Produzieren kleinerer Lose und nur fertigen was gebraucht wird, erreichen Sie folgende Ziele:

- **Rückstandsfrei produzieren**
- **Reduzierung des Umlaufvermögens**
- **Reduzierung der Lagerbestände**
- **Reduzierung der Durchlaufzeit / höhere Termintreue**
- **Steigerung der Flexibilität**

Daraus resultiert weiter: Liefereinteilungen aus Kundenabrufen dürfen erst nach Rückfrage beim Kunden, welche Mengen tatsächlich und überhaupt gebraucht werden, also AKTUALISIERT / ANGEPASST, in Fertigungsaufträge umgesetzt werden.

Wird Rüsten / Rüstkosten überbewertet?

A) Was kostet ein Umrüstvorgang die Firma tatsächlich, wenn die Anlage freie Kapazität hat, also kein Engpass ist, und der/die Mitarbeiter ohne Probleme in ihrer Anwesenheitszeit die Anlage zusätzlich umrüsten könnte(n)? Sind Rüstkosten in solchen Fällen nur Papiergeld? Kostet ein Umrüsten in richtigem Geld dann 0,-- €?
Und kann es sein, dass durch fertigen kleinerer Lose, zwar öfter umgerüstet werden muss, aber durch mögliche Verkettungen (bilden von Rüstfamilien) die Umrüstzahl zwar steigt, aber nicht die Stunden übers Jahr gerechnet?

B) Und wenn die Anlage ein Engpass ist, müssen die Losgrößen auch nach anderen Regeln festgelegt werden:
Die Lose können in Menge nur so groß sein, dass in einer bestimmten Zeiteinheit alle Artikel wieder „Neu" gefertigt werden können. Simulation notwendig!

C) Auch das immer mehr in der Betriebswirtschaft einziehende Gedankengut der Grenzkostenrechnung[1] liefert andere Ergebnisse

Beispielrechnung als Vollkostenrechnung (Jahreswerte)

M = 5.000 Stück
EK = 180,-- € Einrichtekosten (Zeit x Stundensatz)
P = 12 % (incl. Anteil Fixkosten für Regale / Kisten / Lagerist etc.)
HK = 2,-- € / Stück Vollkosten

Ergebnisrechnung 1

$$X_o = \sqrt{\frac{200 \times 5.000 \times 180}{12\% \times 2,--}} = \sqrt{7.5000.000} = 2.739 \text{ Stück}$$

Beispielrechnung als Grenzkostenbetrachtungsweise (Jahreswerte)

M = 5.000 Stück
EK = 36,-- € (nur Lohn- und Lohnfolgekosten) [2]
P = 8 % (nur echter Kapitalzins)
HK = 1,50 € / Stück Herstellkosten zu Grenzkosten

$$X_o = \sqrt{\frac{200 \times 5.000 \times 36,--}{8\% \times 1,50}} = \sqrt{3.000.000} = 1.732 \text{ Stück}$$

Wobei, egal wie die Losgröße nach Formeln errechnet wird, ein gravierender Nachteil bestehen bleibt:

> *Von jedem Teil wird nur ein Einzeloptima berechnet.*
> *Geliefert werden, kann aber immer nur nach der kleinsten Menge.*

[1] Grenzkosten sind nur die, für den Rüstvorgang anfallenden, ausgabewirksamen Kosten, wie z.B. Löhne, deren Folgekosten, Materialverbräuche etc.
[2] Sofern Einrichter umrüsten, sind dies Fixkosten, hier 0,-- € einzusetzen

2.2.12 Andere Losgrößenformeln / -festlegungen

A) Reichweitenbetrachtungen / -vorgaben

Die Reichweite der Bestellmenge plus vorhandener Bestand darf z.b. zwei Monate nicht überschreiten.	Ziel:	Umschlagshäufigkeit 6 x pro Jahr

Die Disposition nach Reichweiten erzeugt u.a. auch keine Einzeloptima je Teil, sondern fördert das Denken in Wellen. Entweder ist alles in gleichen Mengen vorhanden, oder alles fehlt (ohne C-Teil-Betrachtung). Es kann immer nur die Menge geliefert werden, die das Teil mit der niedrigsten Bestandszahl zulässt.

B) Losgrößenfestlegung nach der A- B- C- / X- Y- Z-Analyse

Anstelle von Losgrößenformeln wird häufig die Anwendung des A-B-C / X-Y-Z-Prinzips bei der Losgrößenbildung vorgegeben.

Beispiel: A-Teile werden nach Bedarf disponiert bzw. aus der rollierenden Planung genommen, bei B-Teilen wird der Bedarf z.B. für 6 Wochen zusammengefasst, bei C-Teilen der Bedarf von 3 Monaten. Darüber hinaus werden für einzelne Teile oder Teilegruppen Höchst- und Mindestgrenzen der Bedarfszusammenfassung festgesetzt.

C) Gleitende wirtschaftliche Losgröße

Die gleitende wirtschaftliche Losgröße will die Nachteile der Andlerschen Formel vermeiden, die außer den bereits genannten sind:

- ▶ schwankender Bedarf
- ▶ Bezugnahme auf Vergangenheitswerte

Die gleitende WILO geht nach dem gleichen Grundprinzip vor: Sie vergleicht einmalige Bestellkosten und anfallende Lagerkosten. Doch wird eine Zukunftsbetrachtung angewandt, also es wird kein Durchschnittsverbrauch bzw. -bedarf vorausgesetzt. Die gleitende wirtschaftliche Losgrößenformel wird hauptsächlich bei der bedarfsgesteuerten Disposition verwendet.

Ein Nachteil der gleitenden WILO liegt darin, dass zukünftige Bedarfe verschiedener Perioden zusammengefasst werden (man muss sammeln):

	1. Periode	2. Periode	3. Periode	4. Periode
Bedarf nach Zeitraster	100	150	20	250
Bedarfszusammenfassung:	250		270	

Der Vorteil ist, dass verschiedene Bedarfe zu einem vertretbaren / wirtschaftlichen Los zusammengefasst und gefertigt werden können. Wobei auch hierbei die gleichen Zusatzüberlegungen, wie bereits zuvor beschrieben, angewandt werden sollten.

Block 3 — KANBAN / selbst auffüllende Läger / Supply - Chain - Methoden in der Nachschubautomatik

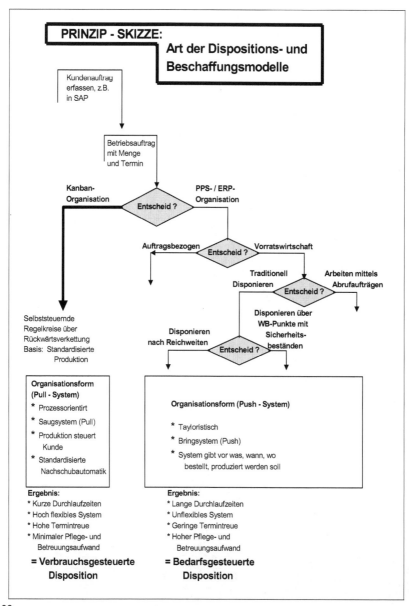

3.1 Logistik verbessern, vom Push- zum Pull-System

3.1.1 Problematik der bedarfsorientierten Disposition bei Vorratswirtschaft

Es besteht kein zeitlicher Zusammenhang zwischen Festlegung Bestellmenge zu echtem Bedarf in der Lieferstrecke. Die Kunden bestellen anders als gedacht. Das aufwendig ermittelte ERP-Mengen- und Termingefüge funktioniert nicht mehr zufrieden stellend, muss in Frage gestellt werden.

Darstellung dieser Problematik anhand vier verschiedener Artikel mit ca. gleich großen Bestell- / Bedarfsmengen und Wiederbeschaffungszeiten.

Dispo-System auf Wiederbestellpunktverfahren eingestellt.

Endprodukt / Baugruppe / Einzelteil / Halbzeug	Ident-Nr. A	Ident-Nr. B	Ident-Nr. C	Ident-Nr. D	usw. ...
Festgelegter Wiederbestellpunkt im PPS-System	100	120	110	150	
Bestand lt. Letzter Bedarfsrechnung	99	119	109	129	
Wiederbestellpunkt ist niedriger als Bestand, also erzeugt PPS-System nach festgelegten Regeln Bestellvorschläge, die vom Disponenten in Fertigungsaufträge umgewandelt werden					
Ergebnis: Bestellmenge	200	220	210	240	
mit Starttermin Wo./J.	32/xx	32/xx	32/xx	32/xx	
und Endtermin Wo./J.	40/xx	40/xx	40/xx	40/xx	
Darstellung weiterer Kundenbedarfe, eingereiht in das terminliche Zeitraster, wann werden die Bedarfe tatsächlich benötigt (weitere Aufträge / Termin- / Mengenänderungen)					
Termin [1] / Kundenaufträge / mit Menge					Was passiert in diesen 8 Wochen, von Auslösen der Bestellung bis Wareneingang kundenseitig in der heutigen Sofortgesellschaft und Änderungswut?
Wo. 32 A "	20	--	5	18	
Wo. 33 B "	10	--	5	12	
Wo. 33 C "	5	--	5	10	
Wo. 34 D "	15	--	--	2	
Wo. 34 E "	15	--	--	2	
Wo. 35 F "	10	--	5	2	
Wo. 36 G "	15	--	5	4	
Wo. 36 H "	10 xxx [2]	--	--	10	
Wo. 38 I "	10	--	1	10	
Wo. 39 K "	20	--	1	10	
Wo. 40 L "	10	--	8	--	
Ergibt Σ Bedarf bis Wo. 40	140	0	35	80	0
Ergibt Bestand in Wo 40 [1]	-41	119	74	49	0
Ergebnis der Dispo - Arbeit von Freitag Wo. 31 aus Sicht eines Lageristen, z.B. ↓ am Donnerstag Wo. 40	zu wenig und zu spät bestellt	wird nicht benötigt	wird in Wo. 40 nicht benötigt	OK	

---

[1] PPS-System erzeugt bei erneuter Unterdeckung / Unterschreitung des Wiederbestellpunktes neue Aufträge. Dieser Vorgang ist hier nicht dargestellt, da für Problembesprechung bedeutungslos.

[2] Ab hier Unterdeckung

Aussage:

Zum Zeitpunkt der Freigabe der Aufträge haben alle vier internen Aufträge die gleichen Start- und Endtermine auf den Bestellungen / Arbeitspapieren. Die Dringlichkeit nach Reichweiten, die sich durch weitere / laufend eingehende Kundenaufträge aber ergeben, lauten:

Stand Wo. 44:

Artikel ID-Nr. A:	Hat Unterdeckung, Kundenaufträge können ab Wo. 36 nicht erfüllt werden
Artikel ID-Nr. B:	Wird quasi z.Zt. nicht benötigt, hat aber gleichen Termin wie A
Artikel ID-Nr. C:	Hat noch ca. 14 Wochen Reichweite
Artikel ID-Nr. D:	Hat noch ca. 5 Wochen Reichweite, OK - Dispo war in Ordnung

Resümee:

Wenn alle vier Aufträge termintreu gefertigt werden, werden u.a. Produkte hergestellt, die momentan nicht benötigt werden.

Übertragen Sie dieses Beispiel auf Ihr Unternehmen mit angenommenen 2.000 verkaufsfähigen Artikeln und den damit verbundenen Stücklistenauflösungen. Wenn es der Zufall will, werden über Baugruppen und Unterbaugruppen, bis hin zu Einzelteilen / Halbzeug, Bestellungen getätigt, also eine Bedarfslawine erzeugt, von Dingen die man zu den angenommenen Zeitpunkten tatsächlich nicht, oder nur teilweise benötigt.

> **Was bedeutet:**
> **Verschwendung / falscher Einsatz von Personal und Maschinenkapazität mit zu hohen Lagerkosten und zu langen Durchlaufzeiten**
>
> **Mit dem Ergebnis:**
> **Die Auftragsflut verstopft die Fertigung, erzeugt ständig wechselnde Engpässe, die es u.a. nicht mehr ermöglichen die Artikel, die tatsächlich benötigt werden, rechtzeitig zu fertigen.**

oder vereinfacht, aus Sicht des Lagerleiters ausgedrückt: Er erhält permanent Teile / Artikel die er nicht benötigt, selten die, die er benötigt, was Frust im Lager erzeugt.

Es wird das Falsche, zum falschen Zeitpunkt produziert.

KANBAN - Systeme dagegen, die auf dem Saugprinzip aufgebaut sind, lösen nur dort Aufträge aus, wo auch Abgänge vorhanden sind, wodurch automatisch auch nur das gefertigt wird, was tatsächlich benötigt wird.

3.2 Einfach und rückstandsfrei produzieren / Bestände senken durch Einführung von KANBAN

Das Wort KANBAN

japanisch: Pendelkarte / Anzeigekarte auf der alle teilespezifschen Informationen, wie z.b. Teilenummer / Bezeichnung, Lieferant, Lagerort, Kunde, Bestimmungsort, Lagerplatz, Menge, Lieferzeit in Tagen, Behälterart / -größe etc. vermerkt sind.

3.2.1 Was ist KANBAN? / Vorteile von KANBAN in der Just in time - Gesellschaft

KANBAN ist ein in Japan, von Toyota entwickeltes dezentrales Produktionssteuerungssystem, das auf dem Pull-Prinzip basiert. Das bedeutet, eine Produktion wird nur durch Verbrauch in der Vorstufe ausgelöst. Ausgangspunkt für einen Lieferauftrag ist somit der Kunde - die Produktion erfolgt kundenorientiert. Dies geschieht über Selbststeuerung der produzierenden Bereiche, Kunden - Lieferantenprinzip, und visuelle Anzeigen mittels Steuertafeln und so genannten KANBAN - Karten, Behälter voll → Behälter leer.

Durch elektronische Unterstützung, z.B. Barcode oder RFID-System, kann KANBAN selbst über große Entfernungen realisiert werden. Die Datenübertragung lässt sich durch Nutzung von Wireless-LAN und Internet mit einfachen Mitteln realisieren, mit folgenden Vorteilen für die Kunden-Lieferantenbeziehung (intern - extern):

- ▶ Reduzierung der Abwicklungsvarianten und Kosten:
  - ♦ Prozesskosten (über die gesamte Lieferkette)
  - ♦ Kapitalkosten (Bestände und Umlaufvermögen)
  - ♦ Fehlleistungskosten (Qualität, Liefertreue)

- ▶ Verbesserung der Teile- / Lieferantenbeziehung in der Leistung, bezüglich
  - ♦ Materialverfügbarkeit bei minimalen Beständen
  - ♦ Verbesserte Liefertreue und Flexibilität

KANBAN - Philosophie

KANBAN ist ein selbst steuerndes System, d.h. eine KANBAN - Steuerung benötigt im Normalfall keine besondere EDV-Unterstützung oder Überwachung, beispielsweise für das Anstoßen einer Teilefertigung in Losgrößen oder für das Ordern von Nachschub für die Teilefertigung oder für die Montage. Dies geschieht durch die Mitarbeiter selbst.

1. Es existiert ein Informationskreis zwischen einer Fertigungsgruppe und seinem vorgelagerten Pufferlager. Das Informationshilfsmittel ist die KANBAN - Karte
2. Das KANBAN - System arbeitet nach dem Ziehprinzip, d.h. der Anstoß für einen Arbeitsgang oder Auftrag, wird durch einen leeren Behälter ausgelöst
3. Bei der Einführung des KANBAN - Systems befinden sich in allen Lägern für jedes Teil mindestens zwei gefüllte KANBAN - Behälter. Jedes Teil ist einem bestimmten Behälter zugeordnet.

4. Jeder KANBAN - Behälter ist mit einer KANBAN-Karte versehen. Auf dieser KANBAN-Karte befinden sich alle wichtigen Informationen, wie KANBAN - Menge, Fertig-, Teile - Nr., Behälterart, Lagerort und Empfängerlager.
5. Wird nun ein Behälter z.b. in einem Fertigwarenlager leer, so kommt dieser Behälter in das Montagelager und muss von der Montage wieder mit montierten Artikeln aufgefüllt und an das Fertigwarenlager zurückgeliefert werden (spätestens 1 - 5 Tage später).
6. Durch diesen Montagevorgang werden ein oder mehrere Einzelteilbehälter in der Montage leer und müssen dann von dem Zentrallager mit z.b. Rohlingen aufgefüllt werden und an die, dem Zentrallager nachgeschaltete Teilefertigung zur Bearbeitung gegeben werden. Spätestens 1 - 5 Tage danach müssen die bearbeiteten / montagefähigen Teile im Montagelager, in der geforderten KANBAN - Menge, eintreffen. Montagefähige Kaufteile gehen direkt vom Zentrallager an das Montagelager, in der geforderten KANBAN - Menge.
7. Da von jedem Teil mindestens zwei gefüllte KANBAN - Behälter vorhanden sind, und sofort wenn einer dieser Behälter geleert wurde der Anstoß zum Füllen des Behälters, mittels KANBAN, gegeben wird, ist der Warenkreislauf und damit die Lieferbereitschaft gesichert.
8. Die Steuerung mittels KANBAN erfolgt jeweils nur für einen KANBAN-Kreislauf. Existieren mehrere Kreisläufe, so sind diese in ihrer Steuerungs- und Produktionsfunktion unabhängig voneinander. Auch die Behälterzahl / Teilemengen können verschieden sein.
9. Auch die Bereitstellarbeit im Lager wird wesentlich reduziert, da nur nach festen Mengen, sortenrein bereitgestellt wird, Eingangsmenge = Ausgangsmenge. Auch die Produktivität in der Fertigung steigt, da immer das richtige Teil im sofortigen Zugriff ist.

Somit kreisen zwischen vor- und nachgeschalteten Fertigungsgruppen eine Reihe von KANBAN-Karten mit den entsprechenden Behältnissen und es entsteht eine reibungslose Nachschubautomatik die sich selbst steuert. Die Anzahl der KANBAN - Kreise hängt davon ab, inwieweit die Produktion eines Artikels aufgesplittet werden muss. Größe und Anzahl der Teile, lt. KANBAN - Menge, ist ausschlaggebend.

Versand / Fertigteilelager bestellt bei Endmontage, Endmontage bestellt bei Vormontage, Vormontage bestellt bei Zentrallager bzw. Lieferant, usw.

Die Bestände im Zentrallager, bzw. die Abrufaufträge für die Lieferanten werden über die EDV im Rahmen einer Langfristplanung mit Wochenraster geführt und ergeben die Bedarfe als Betriebsaufträge / Ca.-Liefereinteilungen. Die tatsächliche Fertigung, bzw. die Lieferung, z.B. der Rohlinge gemäß KANBAN - Abruf, ergibt sich jedoch aus den Abgängen der Vorstufe bzw. Zentrallager. Anhand der Planzahlen, bzw. Fertigwarenlager werden die Kapazitätsübersichten, sowie Vormaterialbedarfsrechnung beim Lieferant verarbeitet. Der eigentliche Abruf erfolgt per KANBAN - Karte.

Eine wichtige Voraussetzung für die erfolgreiche Einführung von KANBAN ist, dass so genannte Riesenaufträge, über das PPS- / ERP-System eingesteuert werden, dass eine flexible Arbeitszeitregelung vorhanden ist, und dass die notwendigen Ordnungsprinzipien von den Mitarbeitern in der Fertigung / in den KANBAN - Lägern eingehalten werden (überwacht durch KANBAN - Paten vor Ort).

Wichtige Varianten dieses KANBAN - Grundsystems sind:

a) Für Zukaufware wird anstatt eines so genannten Fertigungs- oder Transport - KANBANS, ein Lieferanten-KANBAN benutzt. Dieses KANBAN gilt gleichzeitig als Bestellschein, wobei es noch die gewünschte Lieferzeit und den entsprechenden Lieferanten beinhaltet.

b) Werden außer den genannten zwei Behältern (Mindest - KANBAN - Menge) weitere Behälter eingesetzt, so muss der Bestellpunkt durch einen zusätzlichen Hinweis auf den KANBAN - Karten dargestellt werden. Dies erreicht man am besten, indem die KANBAN - Karten den Hinweis beinhalten „Es gibt 6 Karten - Start bei der dritten Karte (dritter Behälter leer)". Dies also den Mindestbestand darstellt, und somit in der vorgelagerten Stufe den Produktionsprozess auslösen soll.

Wird nur das normal übliche KANBAN-System als Zweibehälter-Rotation benutzt, so ist die Behältermenge so ausgerechnet, dass Wiederbeschaffungszeit plus Sicherheitsbestand dann die entsprechende KANBAN - Menge ergibt. (Hinweis: WBZ max. 5 Tage, besser weniger Tage.)

Der große Erfolg des KANBAN-Systems liegt darin, dass Bestände radikal gesenkt werden und eine automatische Nachschubautomatik in Gang gesetzt wird, wodurch der Warenkreislauf und die Lieferbereitschaft gesichert sind.

Allerdings erfordert der erfolgreiche Einsatz von KANBAN gleichzeitig eine Umorganisation in der Fertigung, durch z.B. Einrichten von Fertigungszellen oder prozessorientierte Linienfertigungen. U.a. auch aus reinen Platzgründen erforderlich. Die Teile sollten im Idealfall nicht weiter als 5 m vom Arbeitsplatz entfernt liegen.

Einbinden Lieferanten in das KANBAN-System / Lieferanten - KANBAN
Sofern Lieferanten in das KANBAN-System eingebunden sind, existiert eine Langfristplanung als Trendinfo zu Lieferant. Die Abrufe werden vom Lager der Montagemitarbeiter mittels KANBAN-Karte, Telefax oder e-Mail getätigt, wenn ein Behälter / Fach leer ist. Die Karte wird bis zur Lieferung in einer Tafel „Bestellt" abgestellt, nach Eingang des Behältnisses wieder zugeordnet und Eingang gebucht.

Einsatz von Barcode-Systemen / Strichcode-Systemen bei KANBAN
Ideal ist der Einsatz von Barcode- / Strichcode-Systemen bei KANBAN. Beim Abbuchen mittels Lesegerät, z.B. Behälter leer vom Kunde, wird automatisch bei Lieferant ein KANBAN - Auftrag erzeugt, was auch eine KANBAN - Organisation über große Entfernungen zulässt, Internet - Anbindung.

RFID - Lösungen machen das System noch einfacher und sicherer
Eine neue RFID - Lösung [1], die auch KANBAN - Szenarien unterstützt, hat Siemens entwickelt. Die RFID - Lösung von Siemens basiert auf modernen Schreib-Lesegeräten im UHF-Bereich. Diese erlauben auch große Distanzen zwischen den Datenträgern und den Geräten. Nachdem die Transponder an den Wareneingangstoren gelesen wurden, gelangen die Daten über eine Integrationsplattform in das ERP- / PPS - Warenwirtschaftssystem. Die gescannte Ware kann so über die gesamte logistische Kette verfolgt werden und es erfolgt auch automatisch eine Statusänderung der KANBAN - Behälter von *„voll"* auf *„leer"*, oder umgekehrt.

[1] RFID = Radio Frequenz Identifikationslösung, auch Transponder - Systeme genannt

KANBAN kann in verschiedenen Ausprägungen eingerichtet / geführt werden:

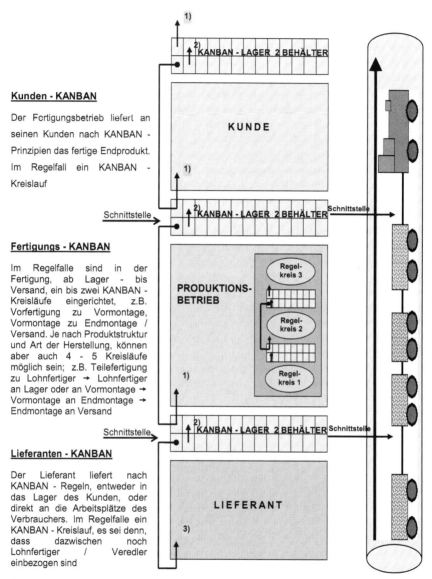

Kunden - KANBAN

Der Fertigungsbetrieb liefert an seinen Kunden nach KANBAN - Prinzipien das fertige Endprodukt. Im Regelfall ein KANBAN - Kreislauf

Fertigungs - KANBAN

Im Regelfalle sind in der Fertigung, ab Lager - bis Versand, ein bis zwei KANBAN - Kreisläufe eingerichtet, z.B. Vorfertigung zu Vormontage, Vormontage zu Endmontage / Versand. Je nach Produktstruktur und Art der Herstellung, können aber auch 4 - 5 Kreisläufe möglich sein; z.B. Teilefertigung zu Lohnfertiger → Lohnfertiger an Lager oder an Vormontage → Vormontage an Endmontage → Endmontage an Versand

Lieferanten - KANBAN

Der Lieferant liefert nach KANBAN - Regeln, entweder in das Lager des Kunden, oder direkt an die Arbeitsplätze des Verbrauchers. Im Regelfalle ein KANBAN - Kreislauf, es sei denn, dass dazwischen noch Lohnfertiger / Veredler einbezogen sind

[1] Behälter leer
[2] Reservebehälter wird nachgeschoben und gleichzeitig mittels KANBAN die Nachschubautomatik ausgelöst
[3] KANBAN-Lager oder normales Dispo-Lager

Damit sich die Mitarbeiter mit dem System identifizieren, sollten die Vorbereitungen für die Einführung, in Form von Schulungen und mittels Pilotprojekten, mit äußerster Sorgfalt durchgeführt werden.

Die Einführung des Kaizen - Gedankengutes und des kontinuierlichen Verbesserungsprozesses, unterstützt die KANBAN - Einführung wesentlich.

Hinweis: KANBAN - Teile können nur solche Teile sein, die mindestens 4 - 6-mal pro Jahr angefasst werden, also Verbrauch vorhanden ist, maximal eine Index-Änderung pro Jahr haben und deren Wiederbeschaffungszeit möglichst ≤ 5 Arbeitstage ist.

Aufträge die größer einer KANBAN - Menge sind, müssen wie normale Betriebsaufträge mit Liefertermin / Auftragsbestätigung erfasst und an Kunden bestätigt werden.

<u>Grund:</u> Riesenaufträge saugen das System leer, das KANBAN-System bricht zusammen.

Mögliche Ergebnisse: **Mittels KANBAN können Bestände, je nach Ausgangssituation des Unternehmens, über 50 % gesenkt werden!**

DARSTELLUNG: KANBAN-BEWEGUNG

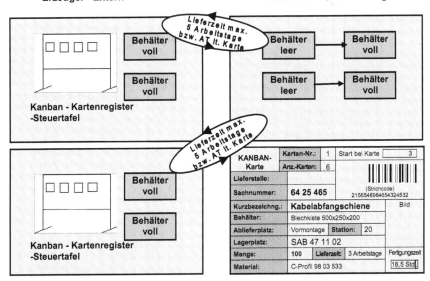

KANBAN - Kreisläufe nach dem Pull-Prinzip

Bei der Einführung von Fertigungs-Kanban ist es notwendig, die Produktion zu segmentieren, also nach Produktgruppen prozessorientiert zu strukturieren. Ebenso wie die Einrichtung diverser Regelkreise, die nach dem Kunden-Lieferantenprinzip mittels Kanban-Regeln untereinander bestellen → beliefern.

Innerhalb dieser Fertigungszellen wird es möglich, die Abarbeitung der Kundenaufträge vom Verrichtungsprinzip in ein Fließprinzip, ohne Betriebsaufträge (Kunden-Lieferanten-Prinzip) über den gesamten Arbeitsablauf hoch flexibel zu steuern. Damit ist die Entscheidungskompetenz für die termingerechte Fertigungserstellung der Kundenaufträge, incl. der Nachschubautomatik, komplett in die Hände der Fertigung und Lager gelegt.

Außer einer hohen Produktivität und Flexibilität, die auf Grund des Wegfalls von so genannten „nicht wertschöpfenden Tätigkeiten" entsteht, verkürzt sich die Durchlaufzeit wesentlich. Auch das Auftreten von Fehlteilen / fehlende Baugruppen läuft gegen Null, bei gleichzeitiger Senkung der Bestände.

Unterschied - Traditionelle Arbeits- und Organisationsstrukturen = Bring-System / Schiebeprinzip

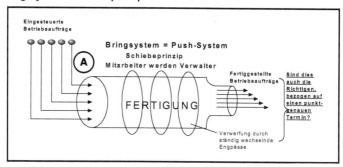

Zu Toyota-System =Produkt- und teamorientiert zum Kunden / Saug-System

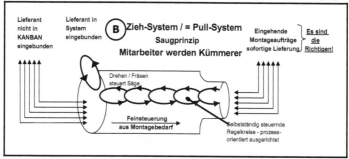

Bei einem Pull-System werden zwar grundsätzlich vorhandene Engpässe nicht beseitigt, aber es wird sichergestellt, dass zumindest das Richtige zum richtigen Zeitpunkt in der Montage / im Versand ankommt. Ein schneller Durchlauf mit geringen Umlaufbeständen und hoher Flexibilität ist sichergestellt.

Bild 3.1: Darstellung KANBAN - Modell „Fertigungskanban"

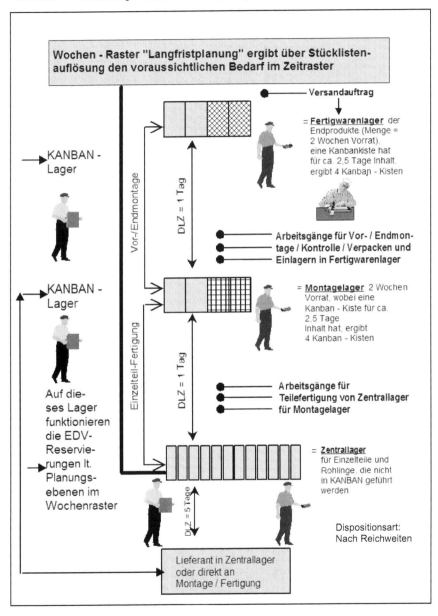

Bild 3.2: Muster KANBAN - Beleg

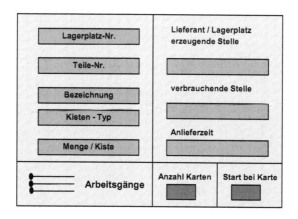

Bild 3.3: Darstellung KANBAN - Bewegung über mehrere Regelkreise

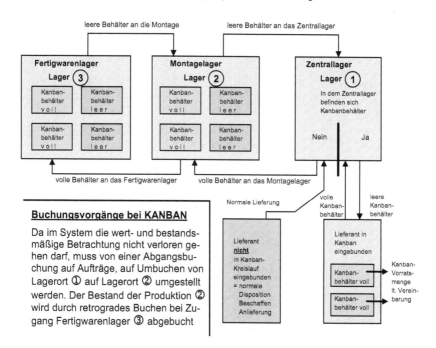

Buchungsvorgänge bei KANBAN

Da im System die wert- und bestandsmäßige Betrachtung nicht verloren gehen darf, muss von einer Abgangsbuchung auf Aufträge, auf Umbuchen von Lagerort ① auf Lagerort ② umgestellt werden. Der Bestand der Produktion ② wird durch retrogrades Buchen bei Zugang Fertigwarenlager ③ abgebucht

Schnell und flexibel reagieren durch Linienfertigung und KANBAN - Abläufe

Bild 3.4: *Schemadarstellung einer Montagelinie und deren KANBAN - Regelkreise*

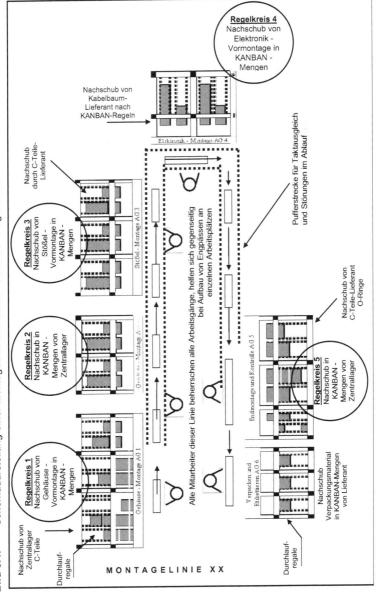

3.2.2 Prozesskettenvergleich: KANBAN zu PPS- / ERP-Abläufe

Schemadarstellung: PPS- / ERP-Abläufe für Produktionsaufträge konventionell zu KANBAN

STAMMDATEN

- Stücklisten mehrstufig nach Baugruppen
- Arbeitspläne detailliert
- Kapazitätsparameter detailliert

WERKZEUGE

- PPS- / ERP-System
- Betriebsaufträge
- Arbeitspapiere
- Fertigmeldebeleg
- QS - Belege
- Leitstände

STAMMDATEN

- Stücklisten flach - 1 Ebene
- Arbeitspläne grob
- Kapazitätsparameter grob

WERKZEUGE

- Langfristplanung
- KANBAN - Vereinbarung mit Lieferant
- KANBAN - Karte + Frequenzen
- Auslastungsübersicht vor Ort

Vereinfachung der Arbeitsabläufe bei einer KANBAN - Organisation

Bild 3.5: *PPS-Organisation (mehrstufiger Stücklistenaufbau)*

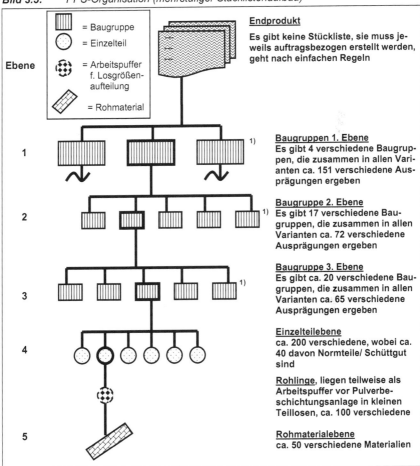

Bild 3.6: *Kanban-Organisation (flache Stückliste)*

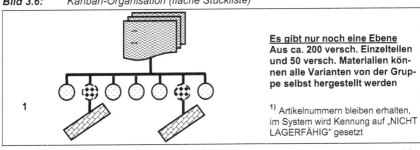

3.2.3 Welche Teile / Artikel können über KANBAN gesteuert werden?

Hinweise für eine erfolgreiche KANBAN - Organisation

KANBAN hat Vorfahrt:
Die Wiederbeschaffungszeiten und Mengenvorgaben lt. KANBAN-Karte müssen 100 % eingehalten werden, sonst kann Abriss entstehen. KANBAN - Aufträge haben in der Fertigung immer höchste Priorität / Intercity - System

Behandlung von Riesenaufträgen:
Einzelne Kundenaufträge, die größer sind als die festgelegten KANBAN - Mengen, so genannte *Riesenaufträge*, müssen immer über Fertigungsaufträge mit Lieferzeiten, separat / zusätzlich produziert werden. Sie saugen ansonsten das System leer und es entsteht ein Abriss in der Nachschubversorgung, was nicht sein darf - Unternehmen wird für andere Kunden lieferunfähig.

EDV - Merkmal bei der Auftragserfassung
Zur Visualisierung, ob ein Kundenauftrag größer / kleiner als die festgelegte KANBAN-Menge ist, wird bei der Auftragserfassung die festgelegte KANBAN-Menge eingeblendet.

Welche Teile / Artikel können über KANBAN gesteuert werden
Faustformel: Damit ein einzelnes Teil, eine Baugruppe, oder ein Endprodukt nach KANBAN gesteuert und produziert werden kann, **sollte es pro Jahr mindestens 4 x angefasst** werden und der Bedarf sollte in etwa gleichmäßig sein, selbstverständlich auch mit steigendem / fallenden Bedarf, und die Lieferzeit / **die Nachschubautomatik darf nicht länger als max. 5 Arbeitstage dauern** (besser weniger AT). Bei Eigenfertigungsteilen die länger als 5 AT Durchlaufzeit haben, muss dann über Schichtbetrieb, mehr Personaleinsatz oder Einrichten weiterer Kanban - Kreise auf max. 5 AT gekommen werden. Außerdem sollte nicht mehr als **eine Index-Änderung pro Jahr anfallen**.

KANBAN bei schwankendem Bedarf
Bei sehr schwankenden Bedarfen und Saisonbedingungen wird mit verlorenen KANBANS gearbeitet, die zur Aufstockung des Bestandes mit einer anderen Farbe ausgegeben und nach Verbrauch vernichtet werden.

Verantwortung für KANBAN erzeugen
Bewährt hat sich für einen stabilen KANBAN-Ablauf die Einführung des so genannten Patendenkens. Es sollte z.B. jeweils ein KANBAN - Pate gefunden werden für:
- die KANBAN - Kartenverwaltung / -erzeugung
- die Ordnung an den einzelnen KANBAN- Stell- / Lagerplätzen
- Führen und Pflege der Auslastungs- / Steuertafeln
- Führen und Pflege der Produktivitäts-, Qualitäts- oder sonstiger KVP - Kennzahlen

KANBAN und Kapazitätswirtschaft
Sofern bei Auslösung des Nachschubs mittels KANBAN-Karte die dadurch entstehende Kapazitätsbelegung EDV-technisch mit abgebildet werden soll, ist es sinnvoll, je nach KANBAN-Artikel / (-Karte), eine Dauerauftragsnummer im System anzulegen, auf die BDE-gestützt, entsprechend gebucht wird

Sofern die logistischen und produktionstechnischen Möglichkeiten geschaffen werden können, ist es möglich:

- die Umlaufbestände um über 50%
- die Lagerbestände bis zu 50 %
- die Durchlaufzeiten um über 70 %

je nach Ausgangssituation, zu senken und was besonders wichtig ist:

 ES IST IMMER DAS RICHTIGE VORHANDEN.

Die Termintreue / die Verfügbarkeit schnellt auf 98 % bis 99 % hoch.

Sie liefern alles in kürzester Lieferzeit, Ausnahme Riesenaufträge[1]. Hier muss die PPS- / ERP- / bedarfsorientierte Nachschubautomatik einspringen.

Praxis-Tipp

Es wird nie ein reines KANBAN- / Pull-System geben. Reine Sonderartikel, bzw. Artikel die nur 3-4 x im Jahr, oder weniger, benötigt werden, oder Riesenaufträge[1], müssen immer über das PPS- / ERP-Push-System geführt werden.

---

und was besonders wichtig ist:

 Der unsägliche Trend „MEHR UMSATZ - MEHR LAGERBESTAND" wird durch die Umkehrung vom Push- zum Pull-Prinzip dauerhaft durchbrochen.

und

(C) **Kosten werden gesenkt durch Abbau von Geschäftsvorgängen, wie z.B. Buchungs- und Bestellvorgänge, Erstellen von Betriebsaufträgen, siehe Pkt. 3.2.2 „Prozesskettenvergleich"**

---

[1] größer als eine KANBAN - Menge

3.2.4 Analyse der Produktstruktur auf KANBAN - Fähigkeit für mehrstufige Produkte

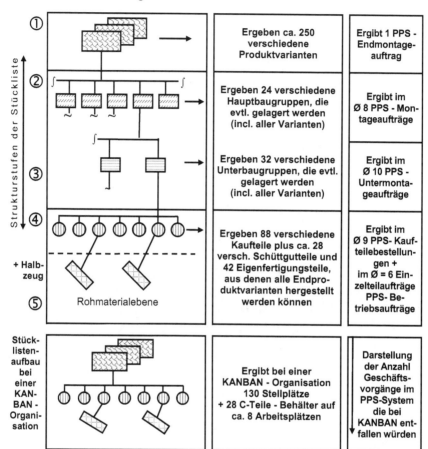

3.2.5 Darstellung von KANBAN - Karten

Bild 3.7: *Muster einer KANBAN - Karte für ein Einzelteil*

Vorderseite:

KANBAN-Karte	Karten-Nr.:	1	Start bei Karte	3
	Anz.-Karten:	6	‖‖‖‖‖‖‖‖‖‖‖‖	
Lieferstelle:	Blechraum / Säge			
Sachnummer:	64 25 465		(Strichcode) 2156548984654324532	
Kurzbezeichng.:	Kabelabfangschiene			
Behälter:	Blechkiste 500x250x200			
Transportmittel:	Hubwagen			
Ablieferplatz:	Vormontage	Station:	20	Bild
Lagerplatz:	SAB 47 11 02			
Menge:	100	Lieferzeit:	3 Arbeitstage	
Material:	C-Profil 98 03 533			

Dauer-Auftrags-Nummer:	Arbeitsfolgen:	Zeit:
923456.A	1. Sägen (Länge 170 mm) 2. Entgraten 3. Bohren / Lochen 4. Versenken 5. Schleifen	4,5 Std.

Rückseite [1]:

Abgabe-datum	Menge	Perso-nal-nummer	Emp-fangs-datum	Abgabe-datum	Menge	Personal-nummer	Emp-fangs-datum

[1] Eventuell erweitert um ein Feld „Dauer-Auftrags-Nummer", sofern die zu fertigenden KANBAN - Mengen kapazitätsmäßig im PPS- / ERP - System erfasst werden sollen. (Bei Bedarfsmeldung mittels Strichcode, über EDV, erzeugt das System automatisch eine BA - Nr.)

Bild 3.8: *Muster einer KANBAN-Karte für eine Komponente / Baugruppe*

KANBAN-Karte	Bezeichnung	8613-00100-001 Gehaeusedeckel kplt. verkabelt für	
Auftragszeit	Kartennummer	1 von	
	Materialliste	Artikel	Menge
Empfänger	Sicherungsklemme-SG verkabelt	L 8613-00157-000	1
	*Kabel grün/gelb 200 mm SG	8613-00116-000	1
Menge	Sicherungsklemme-SG verkabelt	N 8613-00156-000	1
	Gehäusedeckel gezogen	8622-00087-001	1

KANBAN-Karte		Bezeichnung	8612-00141-000 FILTEREINHEIT ML501/N	
		Kartennummer	2 von 8	
Auftragszeit	15,16 Std.	Arbeitsfolgen	Starten bei 4ter Karte	
		Materialliste	Lagerplatz / Artikel	Menge
Lieferstelle	1	Filter	XXXX / 8612-00141-000	1
		Spannring	XXXX / 8622-00376-000	2
Menge	36	Spannrohr kpl.	XXXX / 8612-00146-000	1
		Einbaubuchse	XXXX / 8623-00155-000	2
		Distanzr. ML5E / 5 / 1	XXXX / 8622-00468-000	4
Lieferzeit	4 AT	Haltering f. Filter	XXXX / 8622-00464-000	1
		Blendensegm. 1 ML5	XXXX / 8622-00465-00	2
Behälter	HK 01	Blendensegm. 2 ML5	XXXX / 8622-00466-00	2
		Blendensegm. 3 ML5	XXXX / 8622-00467-00	2
Ablieferstelle	4	Filter 157	XXXX / 8622-00363-000	1
		Kabelbaum	XXXX / 8613-00086-000	1
Lagerplatz	16-02	Kabalb. Filter	XXXX / 8613-00081-000	1
Dauer-Auftrags-Nummer		Spannrohre einkleben - Filter kpl. montieren		
XXXXXXX		Fertigungszeit in Std. = 15,16 Std.		

(Lieferant, Lagerplatz, Bemerkung erscheinen links als Felder der äußeren KANBAN-Karte)

Abgabedatum	Menge	Personalnummer	Empfangsdatum	Abgabedatum	Menge	Personalnummer	Empfangsdatum
Menge				Menge	Übertrag		
				Gesamtmenge			

3.2.6 Bestimmung von KANBAN - Mengen und Festlegen der Anzahl Behälter / KANBAN - Karten

Bestimmung von KANBAN - Mengen

Für die Festlegung von KANBAN - Mengen (eine KANBAN - Menge entspricht dem Inhalt einer Kiste), haben sich in der Praxis folgende zwei Formeln bewährt:

A) Berechnung mittels mathematischer Statistik (zu bevorzugen)

1. Ø - Verbrauch während der Wiederbeschaffungszeit $\bar{X}$ max. 1 Woche WBZ)
2. plus 1 - 2 Standardabweichungen (je nach Streuung der Kundenaufträge)   + 1 S (evtl. 2 S)
3. ergibt die KANBAN - Menge für 1 Kiste = 1 + 2 = 3   = Menge Kiste 1
4. gleiche Menge als Reserve   = Menge Kiste 2

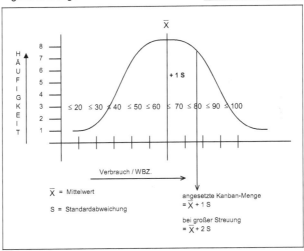

$\bar{X}$ = Mittelwert
S = Standardabweichung

angesetzte Kanban-Menge
= $\bar{X}$ + 1 S
bei großer Streuung
= $\bar{X}$ + 2 S

oder

B) Berechnung nach Durchschnittsverbrauch

1. Ø - Verbrauch während der Wiederbeschaffungszeit Ø (max. 1 Woche WBZ)
2. plus 100 % Sicherheit   + Ø
3. ergibt die KANBAN - Menge für 1 Kiste = Ø - Verbrauch während der WBZ x 2   = Menge Kiste 1
4. gleiche Menge als Reserve   = Menge Kiste 2

oder

C) Bedarf für z.B. eine Woche lt. Fertigungskapazität des Kunden

Datenblatt für die Berechnung von KANBAN - Mengen

Federarm Vormontage, IDENT-NR.

Ausgangsdaten

historische Daten aus EDV

Monat	10/xx	11/xx	12/xx	1/xy	2/xy	3/xy	4/xy	5/xy	6/xy	7/xy	8/xy	9/xy
Verbrauch	117	105	66	119	155	157	130	146	102	74	102	56
= Ø Verbr. / Wo.	29	26	17	30	39	40	33	37	26	19	26	14
						max.						min.

Rechenwerte Ergebnisse aus obigen 12 Werten	Verbrauch in den letzten 12 Monaten	Ø Verbr. pro Monat	δ Std. Abw.	$\overline{X}$ Mittelwert	Ø Verbr. pro Woche	δ Std. Abw.	$\overline{X}$ Mittelwert
	1329	111	32	111	28	8	28
	Monatswerte				Ø Wochenwerte		

Fertigungsart

1 Montagelinie für Variantenfertigung eingerichtet,
von Losgröße 1 bis Losgröße 40
Besetzbar: 1 bis 3 Mitarbeiter, je nach Auftragsmenge

Arbeitsfolge

Montageinhalt je Abschnitt in Min. / Stk.	Unterkasten und Federarm montieren	Federeinsatz u. Druckbehälter montieren	Verrohrung, Dämpfer, Kabel etc. montieren	Federarm kompl. mit Einsatz u. Verrohrung montieren, Typenschild anbringen, Test
Fertigungszeit 30,1 Min.	8,0 Min.	6,2 Min.	7,4 Min.	8,5 Min.

Wiederbeschaffungszeit bei z.B. Losgröße 40 Stück

a) 30,1 Min. x 40 Stk. = 1.204 Min. : 60 = ca. 20 Std.

b) 20 Std. Fertigungszeit : 8 Std. Arbeitstag = 2,51 Tage =
   3 Tage WBZ auf KANBAN-Karte

KANBAN - Mengen Berechnung mit Darstellung der Formelunterschiede

A) Berechnung mittels mathematischer Statistik aus X und S (Wochenwerte)

$\overline{X}$	1 δ	Bei großer Streuung Faktor 3	Ergibt Sicherheitsmenge	Kanban - Menge Behälter 1	dito Reservebehälter	Möglicher / festgelegter Inhalt für 1 Behälter	Ergibt Anzahl Behälter
1	2	3	2 x 3 = 4	1 + 4 = 5	6	7	(5+6):7=8
28	8	2	16	44	44	22 [1]	4

B) Berechnung nach Durchschnittsverbrauch pro Woche x 2

Durchschnittsverbrauch pro Woche	100 % Sicherheit	Kanban - Menge Behälter 1	dito Reservebehälter	Möglicher / festgelegter Inhalt für 1 Behälter	Ergibt Anzahl Behälter
1	2	1 + 2 = 3	4	5	(3+4):5=6
28	28	56	56	28 [1]	4

[1] oder Menge ±, lt. Logik

Hinweis: Für die Wiederbeschaffungszeit bei Fertigungsteilen, wird entweder eine mit der Fertigung festgelegte Zeit in Tagen bestimmt - maximal 5 Tage - oder es wird die reine Fertigungszeit Ta, + maximal 1 AT Liegezeiten verwendet.

Bei Kaufteilen, gemäß Absprache mit Lieferant, siehe KANBAN - Rahmenvereinbarung

Es werden immer zwei Kisten vorrätig gehalten. Als Menge einer Kiste, kann auch Mindestbestand = rote Markierung an einer Wand, an einem Behältnis angesehen werden. Menge von zwei Kisten = Bestandsobergrenze = grüne Markierung.

Achtung: **Die Wiederbeschaffungszeiten und Mengenvorgaben müssen 100 % eingehalten werden, sonst kann Abriss entstehen.**
KANBAN - Aufträge haben immer höchste Priorität / Intercity-System.

Bestimmung Anzahl KANBAN - Behältnisse / KANBAN-Karten

Damit die Funktionsweise eines KANBAN-Systems grundsätzlich erhalten bleibt, sollten in der Praxis

a) maximal 4 Behältergrößen (Schäferkisten)
b) maximal 2 Palettenarten
c) maximal 2 Gitterbox-Größen
d) wenige Sondergrößen

Wird mittels einer so genannten „Behälterinventur" festgelegt. Danach erfolgt die exakte Bezeichnung / Nummerngebung des Behältnisse

eingesetzt werden.

Für die Bestimmung der notwendigen Anzahl Behältnisse für einen KANBAN - Artikel und somit auch Anzahl KANBAN-Karten, ergibt sich somit folgende Schrittfolge:

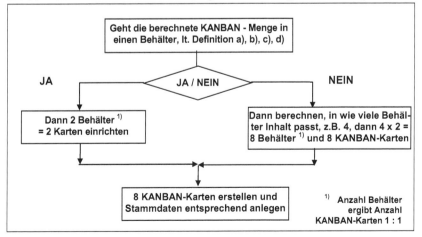

3.2.7 Pflege der KANBAN - Einstellungen

Um die Frequenzen, die gefertigten Mengen, sowie die Anzahl erstellter / in Umlauf befindlicher KANBANS kontrollieren zu können, wird von jedem Teil das über KANBAN geführt wird, eine so genannte KANBAN - Stammdatenkarte eingerichtet. Auf ihr (im EDV-System) werden alle wichtigen Daten erfasst, die erkennen lassen, ob:

⇨ KANBAN - Mengen erhöht / vermindert oder	Überprüfung
⇨ die Anzahl KANBANS erhöht / vermindert werden müssen, oder	(Empfehlung)
⇨ ob KANBAN-Karten verloren gegangen sind	alle 6 Monate

Außerdem wird hier festgelegt, wer für die Erzeugung von KANBANS, bzw. Pflege der Stammdaten verantwortlich zeichnet (im Regelfalle der Lagerleiter).

Bild 3.9: *Darstellung von Verbrauchsmodellen deren Trend über die Anzahl Frequenzen / Verbräuche auf der Rückseite der KANBAN-Karten bzw. auf der jeweiligen Stamm - KANBAN - Karte sichtbar wird*

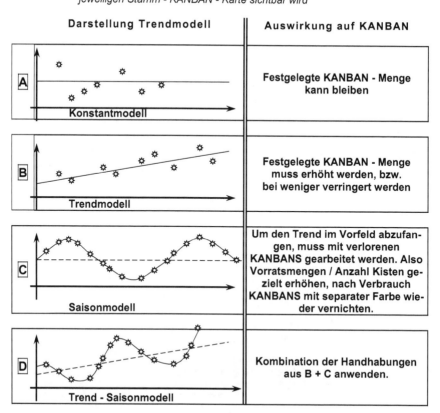

3.2.8 Führung von Steuerungs- / Auslastungsübersichten bei KANBAN - Organisation als Basis für eine effektive Feinsteuerung nach dem PULL - Prinzip

Da bei einer KANBAN - Organisation die Lieferzeit, die im Regelfall in Tagen auf dem KANBAN angegeben ist, unbedingt zu 100 % eingehalten werden muss, ist es erforderlich, dass entweder mittels

> Bildschirmübersicht

oder

> KANBAN - Steuertafel (eine Tafel je Regelkreise)

die Auslastung der Fertigungsgruppen vor Ort, für die eigene Zeitdisposition, visualisiert wird.

KANBAN - Steuertafel für Zwei- und Mehrkarten - KANBAN - System

Montagebereich	6.⁰⁰ PM	22.⁰⁰	Summe TA
Montag	☐☐☐☐☐☐☐☐	☐☐☐	9 Std.
Dienstag	☐☐☐☐☐		3 Std.
Mittwoch			
Donnerstag			
Freitag			
Samstag			

Plantafelbereich A (Zeitraumbezogene Fertigung)
Plantafelbereich A dient zur Einteilung der Fertigung von Artikeln, bei denen die gesamte KANBAN - Menge in einem Behälter ist (Kartennummer 1 oder 2 von 2).

Artikel	Ablage Karte 1 bis n	Start	Summe TA
200712520	Karte 1 Karte 2 Karte 3		4,5 Std.
X	1. Karte 2. Karte		3,6 Std.
Y	1. Karte 2. Karte 3. Karte	4. Karte	8 Std.
Z			
F			
M	1. Karte		1,8 Std.

In Bestellung | Auftrag

Briefkasten

Plantafelbereich B (Artikelbezogen für Mehrkistensystem)
Plantafelbereich B dient zur Einteilung des Fertigungszeitraumes für Artikel, die in mehrere Kisten aufgeteilt sind. Dabei ist der Start auf der KANBAN-Karte im Feld „Start bei" zu beachten. Die Zahl gibt an, nach der wievielten Karte mit der Fertigung begonnen werden muss. Die letzte Karte ist die Startkarte.

Praxistipp:
Erst wenn diese Tafeln von den Gruppenmitgliedern / den Verantwortlichen ordnungsgemäß und vollständig, gemäß vorgegebenem Zeitraster, geführt werden, kann davon ausgegangen werden, dass das **KANBAN** - System angenommen worden ist und wie geplant funktioniert.

Voraussetzung für eine funktionierende Teamarbeit nach KANBAN - Regeln mit der geforderten Flexibilität, ist eine entsprechende Mitarbeiterqualifikation, sowie die Einführung eines flexiblen Arbeitszeitsystems.

Es wird davon ausgegangen, dass jeder Mitarbeiter abteilungsübergreifend wenigstens vier - besser sechs - verschiedene Arbeitsplätze / Arbeitsinhalte ausfüllen kann, damit das beschriebene System reibungslos funktioniert. (Faustformel: Anzahl Schichten + 3)

Basis hierfür ist eine so genannte „Mitarbeiter - Qualifikationsmatrix", die permanent durch gezielte Anlernvorgänge verbessert wird.

Qualifikationsmatrix Teilefertigung und Montage													
Legende:	Mechanik			Pulver	CNC-Fertigung		Montage						
● = für diese Arbeit bereits qualifiziert X = möglicher Einsatzbereich, aber noch Einweisung nötig	Bohren / Schleifen / Polieren	Schweißen / Kleben	Biegen	Pulverbeschichten	CNC-Drehmaschine	CNC-Fräsmaschine	Leuchtenkörpermontage	Kardanmontage	Fokusmontage	Filtermontage	Fahrbahnmontage	Kabelfertigung	Endmontage / Prüffeld / Verpacken
Greiner					X	●				X	●		
Giese	●	X	●	●									
Alber			●				●		●				
Jesche	●	X	●										
Oexle				●	X		●			●			
Sengle	●		●			X			●				
Ermis	●		●				●	X					
Schmid	●	●	●	X								●	
Trendli	●		●	●	X			●					
Harci	●		●	X		●							
Bressem							●	●	X	X		●	X
Heni				●			●	●	X	X	X	●	X
Hense		X					●	X	●		●		
Hof	●						●			●	●		
Litner							●			●	●		
Mattes	●						●	●	●	X	●		●
Schilling (Stellv. Meister)	●						●	●	●	●	X	●	●
Spiller				●	X	X	●	●	X	X	●	●	●
Störp				●	X	X	●	●	X	X	●	●	●

●   Mitarbeiter beherrscht Arbeit zu 100 % = angelernt / qualifiziert
X   Mitarbeiter geeignet, muss aber noch angelernt werden

3.2.9 EDV - gestütztes KANBAN

EDV - gestützte KANBAN-Systeme können entweder

- als Barcode-Systeme innerhalb des eigenen ERP- / PPS-Systems eingerichtet werden
- als PPS- / ERP-Systeme; „KANBAN - Aufträgen werden über Dauerauftragsnummer erstellt" (Laufweg Behälter leer → Karte an Logistikcenter, KANBAN-Betriebsauftrag erstellen, KANBAN-Betriebsauftrag an Lieferant)
- sind bereits als Baustein im ERP- / PPS-System vorhanden, die geöffnet werden müssen (Beispiel SAP), oder können im ERP-System selbst eingerichtet werden (z.b. Axapta), oder
- können anhand der beschriebenen Regeln auf Excel-Basis in einfachster Weise eingerichtet werden

Ein EDV-gestütztes KANBAN-System unterstützt die KANBAN - Regelkreise, macht sie transparenter, insbesondere in der Kapazitätswirtschaft, und integriert das KANBAN-System in ein ganzheitliches Logistik-Netzwerk über alle Strukturen und Regelkreise die dem Pull-Prinzip unterliegen.

Auch kann so die Möglichkeit geschaffen werden, die PPS- / ERP-Abläufe EDV-gestützt mit denjenigen zu verbinden, die einer Push - Strategie unterliegen, wie z.b. einzelne Teile / Materialien aus der Fertigung, die nicht in das System eingebunden werden können, egal aus welchen Gründen auch immer.

Vorteile eines EDV-gestützten KANBAN - Systems

Die Vorteile eines EDV-gestützten KANBAN - Systems sind im Wesentlichen:

- ➢ Einfacher Ablauf mittels Barcode / RFID - Transponder
- ➢ Es können keine Karten verloren gehen
- ➢ Da alle Abläufe EDV-gestützt ablaufen, stimmen die Kapazitätsübersichten, alle Aufträge haben eine BA - Nummer, die Chargenverwaltung / die Rückverfolgung wird vereinfacht
- ➢ Es kann gemäß den ermittelten Grundeinstellungen, sowie der vorgegebenen Spielregeln, in einfachster Weise in das SCM-System, „Selbstständig wieder auffüllende Lagersysteme" (Lieferant hat ONLINE Einblick in unser Lager und liefert nach Min.- / Max.-Plattform - Bestandsübersicht im Internet nach), überführt werden.
- ➢ Sofern eine Warenrückverfolgung gefordert wird, ist ein EDV-gestütztes KANBAN - System mit Barcode-Unterstützung zwingend

Schemadarstellung   **KANBAN - Kreisläufe in Fertigungsbetrieb „EDV-gestützter Ablauf"**

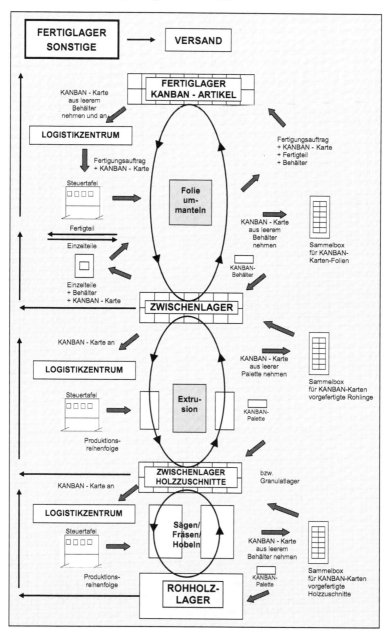

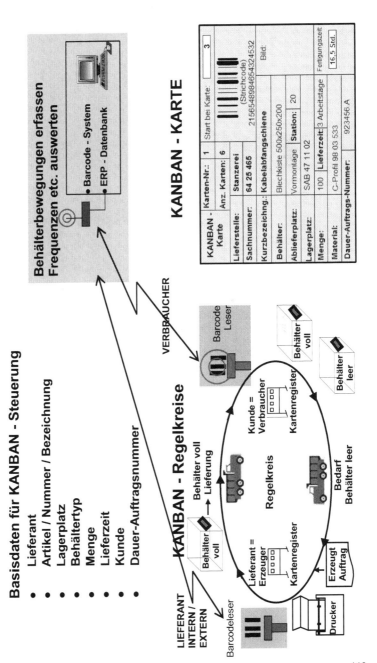

3.2.10 Vertragliche Regelungen Lieferanten - KANBAN

Muster einer KANBAN - Rahmenvereinbarung (Mindestinhalt) [1]
mit Firma ▓▓▓▓▓▓▓▓▓▓
für KANBAN - Teile ▓▓▓▓▓▓▓▓▓▓

über	Artikel - Nr.: ▓▓▓▓ Bezeichnung: ▓▓▓▓
Zeitraum:	Diese Rahmenvereinbarung gilt für die Zeit vom 02.01.xx bis 31.12.xx
Jahresbedarf:	120.000 Stück
Abrufmengen:	4.000 Stück = 1 KANBAN - Menge

Diese drei Abschnitte gelten zur Preisverhandlung
Vertrag läuft immer weiter, muss separat gekündigt werden

Anlieferung:	In den lt. KANBAN-Karte vorgegebenen Behältnissen (Transportbehältnis - Einlagerbehältnis)
Abruftermine:	Wir rufen unseren jeweiligen Bedarf mit KANBAN-Karte per Fax ab. Wir erwarten von Ihnen den Wareneingang innerhalb von 3 Arbeitstagen, bzw. lt. KANBAN - Karten - Angabe
Bevorratung im Unternehmen:	Mindestbestand 12.000 Stück, ab Woche/Jahr 12/xx
	Gesicherte Abnahmemenge: 24.000 Stück
	Im Falle von Zeichnungsänderungen oder Kundenstornierungen verpflichten wir uns, die gesicherte Menge abzunehmen.
Wochenleistung:	3.000 Stück im Ø
Durchlaufzeit	Um Abrufspitzen abzudecken, sind Sie in der Lage innerhalb von einer Woche den Mindestbestand auf den Höchstbestand
	= KANBAN - Menge x Anzahl KANBANS = 24.000 Stück
	aufzufüllen.
Bestandsinfo:	Sie informieren uns regelmäßig alle 2 Wochen über die Bestandssituation, ☐
	bzw. wir können mittels ERP-Programm in diesen Teilebestand einsehen, ☐
	oder mittels Video-Kamera und Internetanschluss ☐
Qualität:	Die einwandfreie / 0-Fehler-Anlieferung weisen Sie uns durch den entsprechenden QS-Kontrollbeleg für dieses Teil, sowie den ausgefüllten Wareneingangs- / Quittierbeleg für unsere Warenwirtschaftbuchungen nach. Belege pro Kanban - Anlieferung.
Ansprechpartner:	Fr. Werner
Ort / Datum	

_____   _____
Lieferfirma   Abnehmerfirma

[1] plus die üblichen Spezifikationen, wie Preis, Zahlungskonditionen, etc.

Fragenkatalog - „Ist Lieferant KANBAN - fähig?"

1. Qualitätssicherung / Produktivität
Wie ist die Nullfehler - Lieferung von Lieferant an uns sichergestellt

	Punkte		Punkte
QS-Sicherstellung in Produktion	1	QS-Prüfung Endkontrolle	3
QS-Dokumentation / Zertifiziert	2	QS-Dokumentation incl. Absicherung Vormaterial	5
QS-Überwachungssystem der Mess- und Prüfmittel	4		

Reaktionszeit bei n.i.O.-Lieferungen
Wie verhält sich der Lieferant bei Sperrung oder Zurückweisung einer Lieferung

Ersatzlieferung erst nach Verhandlung	1	Nacharbeit, Aussortieren	3
Ersatzlieferung oder Sonderaktion sofort	4	0-Fehler-System, es gibt keine Zurückweisung	5

2. Bereitschaft zur Vorratshaltung / Flexibilität
Wie hält der Lieferant die KANBAN - Menge vor

Einlagerung mit Sicherheitsbestand	2	Lagerung bei Spedition	4
KANBAN - Prinzip	5		

Lieferflexibilität
Ist der Lieferant in der Lage, kurzfristige Bedarfsänderungen zu erfüllen

mit Problemen	1	häufig	3
meistens	4	jederzeit	5

Mehrkosten / Sonderfahrten
Werden kurzfristige Bedarfssteigerungen vom Lieferant ohne Mehrkosten erfüllt?

selten	1	häufig	3
meistens	4	immer	5

3. Liefertreue in Termin und Menge / Einhalten Infopflicht
Termin- und Mengentreue
Hält der Lieferant die vorgegebenen Termine und KANBAN - Mengen ein?

weniger	1	häufig	3
meistens	4	immer	5

Kennzeichnung für Ware und Papier
Hält der Lieferant die vorgegebenen Vorschriften und Kennzeichnungen ein?

fehlt, oder unklar	1	in geringem Maße	3
meist o.K.	4	optimal	5

Einhalten Info / Pflicht / Anbindungsart
Wie informiert uns der Lieferant über z.B. Probleme und in welcher Art?

nie, bzw. erst nach Nachfrage per Telefon	1	eher selten, aber per Fax	3
meistens und per E-Mail	4	optimal	5

4. Verpacken / Versand
Hält der Lieferant die vorgegebene Verpackungs- / Versandvorschriften ein?

überhaupt nicht	1	in geringem Maße	3
meist o.K.	4	optimal	5

5. Verkehrsanbindung / Zoll
Wie ist die Verkehrsanbindung des Lieferanten an uns, bzw. erschweren Ausfuhrvorschriften / Zollabwicklungen die Auslieferung?

große Schwierigkeiten Zoll und Containerverladung	1	schlechte Verkehrsanbindung, aber D / EWG	3
in geringem Maße, aber Autobahnnähe	4	nicht relevant	5

6. Wie ist die Umweltqualifizierung des Lieferanten sichergestellt?

Gibt es ein UM - System: Nein		0		
Wenn ja, welches:			Sicherstellung der Einhaltung von Rechtsvorschriften	Nein 0 / Ja 4
Ist das UM - System dokumentiert		2		
Ist das UM - System zertifiziert		4	Wird das UM - System von externer Stelle überprüft	Nein 0 / Ja 4

3.2.11 Ausbau des KANBAN - Systems zu einem Supply - Chain - System / selbst auffüllendes Lagersystem nach dem Min.- / Max-Prinzip (E-Business)

Es wird im Lager ein Festplatz-System eingerichtet. Der Lieferant bekommt eine Vorgabe, was jeweils in unserem Lager zu liegen hat = Min.- / Max.- Bestand. Was auftragsbezogen entnommen wird, wird Online abgebucht. Lieferant hat über Internet direkt Zugriff auf die Bestände im Lager, disponiert und liefert in eigener Verantwortung, gemäß Min.- / Max.- Bestand, nach.

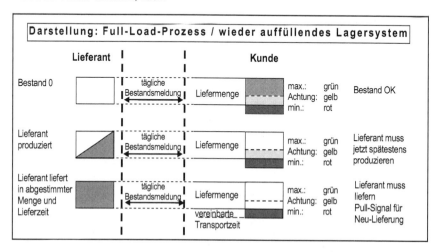

Lieferant hat über Bestandsplattform - ONLINE - permanent Bestandsübersicht der Teile im Kundenlager / Zentrallager, liefert gemäß festgelegter Verpackungs- und Liefervorschriften an

Vorteile für den Lieferant	Vorteile für den Kunden
1. Weniger Bestände / Working-Capital / weniger Kosten	1. Weniger Bestände / Working-Capital / weniger Kosten
2. Weniger Lagerfläche / Fläche kann als Produktion genutzt werden	2. Es kann flexibelst das gefertigt werden, was die Endverbraucher benötigen, hohe Verfügbarkeit
3. Optimaler produzieren und das produzieren was wirklich gebraucht wird	3. Alle Teile / Materialien sind immer in ausreichender Menge da. Keine Sonderfahrten, keine Eilschüsse
4. Weniger Handling / Prozesskosten weniger dispositive Arbeit im Büro	4. Keine Abrufe / kein disponieren notwendig / minimale Prozesskosten
5. Weniger Transportkosten bei höherer Flexibilität	5. Weniger Fehlleistungskosten bei maximaler Liefertreue

3.2.12 Vorteile von KANBAN- / SCM-Systemen in der Just in time - Gesellschaft

Durch ein ganzheitliches Logistikkonzept, vom Lieferant bis zum Kunde, gelingt es den in der Vergangenheit anhaltenden Trend: **MEHR UMSATZ = MEHR LAGERBESTAND** gravierend zu durchbrechen, die Liefertreue zum Kunde von **ZUVOR CA. 70 % AUF ÜBER 98 %** zu steigern, die Bestände und Lieferzeiten um über 50 % zu reduzieren.

Darstellung der Entwicklung der Lagerbestände in Abhängigkeit vom Umsatz, sowie der Liefertreue, seit Einführung von KANBAN

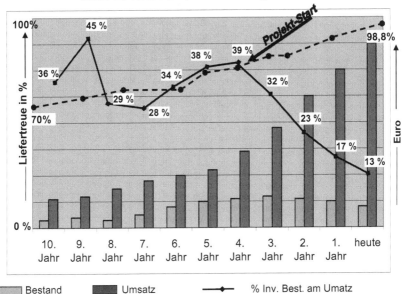

| **Block 4** | Stammdaten zielorientiert einrichten und pflegen / Datenqualität verbessern

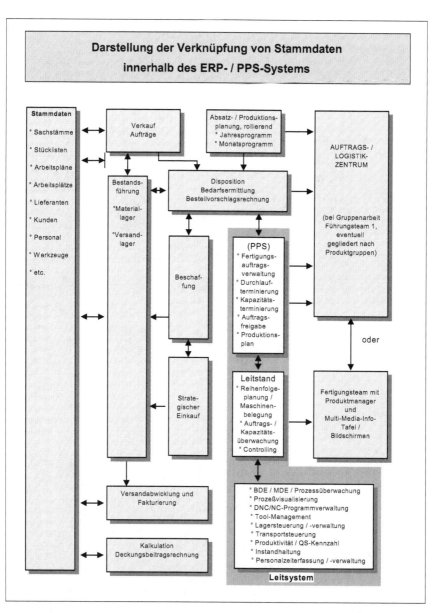

4.1 Notwendige ERP-Stammdaten-Einstellungen, Voraussetzungen für Dispositionsverbesserung und Fertigungssteuerung mit kurzen Durchlaufzeiten

Voraussetzung für eine zeitgemäße Materialwirtschaft, Auftrags- und Terminplanung / Fertigungssteuerung mittels PPS- / ERP-System, ist eine sachlich korrekte Stammdateneinstellung. Eine regelmäßige Pflege, Anpassung an veränderte Gegebenheiten ist für die zuständigen / verantwortlichen Sachbearbeiter ein MUSS.

- Falsch eingestellte, bzw. nicht gepflegte Stammdaten erzeugen Überbestände, Fehlleistungskosten und ungenügende Lieferbereitschaft. Es fehlt immer etwas.

- Nicht gepflegte Wiederbeschaffungszeiten, überholte Losgrößen-, Mindestbestellmengenvorgaben tun ein Übriges.

- Abgestimmte Lieferbereitschaftsgrade (Servicegrade) / das Denken in Wellen, bezogen auf das jeweilige Endprodukt mit den darunter liegenden Baugruppen / Einzelteilen helfen, die richtigen Einstellungen zu finden.

- Stellen Sie Ihr System auf „Disponieren nach Reichweiten" ein. Bei dieser Dispo-Art ist das Denken in Wellen sichergestellt und die Bestellmengen passen sich dem tatsächlichen Bedarf / Verbrauch an. Bei der Dispo-Einstellung / Nachschubautomatik mittels Meldebestand / Wiederbestellpunkt wird über Baugruppen / Unterbaugruppen etc. eine Bedarfslawine erzeugt, die mit der realen Bedarfswelt nichts zu tun hat. Die Kunden bestellen doch anders als gedacht. Die Bestände werden nach oben getrieben und die Fertigung verstopft.

- Lassen Sie das Warenwirtschaftssystem bei Vorratswirtschaft nicht ins Minus reservieren. Flexibilität und Chaos liegen nahe beieinander.

- Prüfen Sie, was für Ihre Belange das bessere Dispo-System ist:
    - Bedarfsorientiert - Push-System
    - Verbrauchsorientiert - Pull-System, auch KANBAN genannt

    Je nach Randbedingungen in Fertigung, bzw. Lieferant kann dies pro Produkt / Teileart unterschiedlich sein.

- Korrigieren Sie Ihre Durchlaufzeiten nach unten, mittels auf Null setzen von so genannten Liege- / Pufferzeiten im ERP- / PPS-System.

Kurze Wiederbeschaffungszeiten / Durchlaufzeiten vermindern das Working-Capital in der Fertigung, erhöhen die Flexibilität, reduzieren die Bestellmengen und Bestände. Der Teufelskreis

mehr Umsatz → mehr Lagerbestand

wird durchbrochen.

- Geben Sie Fertigungsaufträge so spät wie möglich und nicht so früh wie möglich frei.

  Und stellen Sie Ihre Fertigungssteuerung von einer reinen Start- und Endterminbetrachtung um, in ein Priorisierungssystem nach Punkten, von z.B. 1 - 9, und legen Sie danach Ihre Produktionspläne fest.

  Es wird nur das gefertigt was auch tatsächlich gebraucht wird. Die Bestände und Durchlaufzeiten werden weiter reduziert, bei wesentlicher Verbesserung der Liefertreue.

- Zu prüfen ist auch, ob der Vertrieb durch frühzeitige / schematisierte Freigabe von einmal festgelegten Planmengen [1] und die Disponenten durch zu große Lose das Unternehmen in Liquiditätsengpässe treiben,

  deshalb

- schulen und qualifizieren Sie Ihre Mitarbeiter in den Bereichen Auftragsabwicklung, Disposition, Beschaffung, Arbeitsvorbereitung / Fertigungssteuerung in Theorie und ERP- / Systempraxis. Nur so können Sie erkennen, wo in den Stammdaten und durch logisches / verantwortungsbewusstes Arbeiten angesetzt werden muss, damit das System optimal funktioniert,

  und

  dass erkannt wird, was durch schludriges arbeiten / es sich zu einfach machen, in der MAWI bezüglich Liquidität angerichtet werden kann.

  <u>Beispiel:</u>

  - Abrufe / Liefereinteilungen der Kunden, werden ohne Rückfrage, ob der Kunde die Ware zu diesem Zeitpunkt in der Menge überhaupt benötigt, in Fertigungsaufträge umgesetzt. Eine Katastrophe bezüglich Bestände und Kapazitätsauslastung.

Die Auftragsabwicklung in Verbindung mit den Disponenten / den Beschaffern, geben das Geld aus, nicht die Finanzbuchhaltung.

---

[1] ohne Prüfung, ob die Planmengen in Menge und Termin auch tatsächlich so benötigt werden

4.2 Beispielhafte Darstellung von Stammdateneinstellungen für die Nachschubautomatik (Produktions- und Beschaffungslogistik), Auftragsterminierung / Kapazitätswirtschaft und Fertigungssteuerung

Stammdatenart	Stammdatenfeld	Einstell-Hinweis
Endprodukt	1	Vorschlag:
Baugruppe Ebene 1	1	Felder müssen sich über die zuvor im System hinterlegten Stücklisten selbst befüllen / In Fertigungsstücklisten bei Komponenten Baugruppenebene 1, Baugruppenebene 2 in Feld lagerfähig J / N. N hinterlegen und Vorräte über KANBAN steuern
Baugruppe Ebene 2	1	
Einzelteil	1	
Rohling	1	
Halbzeug	1	
Disponentennummer	2	Durchgängig für eine Warengruppe = 1 Disponent
Kaufteil	3	
Fertigungsteil	4	
Teileart	5	A / B / C Vorschlag: Fertigungsteile erhalten alle **B**. Kaufteile im ersten Schritt alle **A**, danach einteilen zweiter Schritt nach Tabelle, sowie **K** für KANBAN - Teile / Komponenten

Wert EK-Preis	Wiederbeschaffungszeit in Tagen					Bemerkung
	≤ 5	≤ 10	≤ 20	≤ 40	≥ 40	
größer 20,-- € / Stk. [1]	A	A	A	A	A	Alles was über Rahmen- / Abrufaufträge immer A-Teil hinterlegen
zwischen 19,99 €/Stk. und 2,-- € / Stk. [1]	B	A	A	A	A	
kleiner 1,99 € / Stk. [1]	C	C	A	A	A	

Lagerort	6	Im ersten Schritt alles Zentrallager, im zweiten Schritt aufteilen nach versch. Lagerorten, z.B. KANBAN - Lager
Dispositionsverfahren	7	**Grobverfahren – 1. Schritt**

1 = Wiederholteil mit Mindestbestand
2 = Sonderteil mit Wiederholcharakter für nur einen Kunden, wobei Mindestbestand = 0 ist
    Die Fertigung erfolgt nach Reichweitenberechnungen lt. Absprache Dispo - Vertrieb - Kunde
3 = Reines Sonderteil, mit reiner auftragsbezogener Fertigung, ohne Bevorratung, ohne Losgrößenberechnung
4 = Ersatzteil, Bestandshöhe z.B. nach Funktionsrisiko und Höhe von Stillstandskosten

Stammdatenart	Stamm-datenfeld	Einstell-Hinweis

Dispo-Verfahren ergänzen um X- / Y- / Z-Kennung

Statistisches Verfahren mittels Variationskoeffizient (V) – 2. Schritt

Schwankungsbreite	Ergibt Teileart [1]	Bemerkung	Höhe des Si-Bestandes
≤ 0,33	X	Im Regelfalle Einser-Teile	Höher ↑ Niederer ↓ Lieferbereitschaftsgrad
≤ 0,66	Y	Im Regelfalle Zweier-Teile	
≤ 1,00	Z	Im Regelfalle Dreier-Teile	
Artikel kommen nur sporadisch vor, weiterer Bedarf ist nicht absehbar	ZZ	Immer Dreier-Teile	0 - auftragsbezogene Beschaffung

[1] Alles unter Beachtung saisonaler Schwankungen und Trends. Dann gleiche Zeitfenster zur Berechnung heranziehen.

Mit folgenden Beschaffungsmodellen:

	Teileart	Zunehmender Variationskoeffizient →			
Abnehmender Anteil der Wertigkeit ↓		1 (X)	2 (Y)	3 (Z)	4 (ZZ)
		Beschaffungs- / Dispositionsart			
	A	Langfristplanung und SCM- / JIT - Plattformsystem	Langfristplanung mit punktgenauen Abrufen JIT - System	Auftragsbezogene Beschaffung	Nach Vorgabe Geschäftsleitung und Risikograd
	B	Konsignations-system	KANBAN		
	C	KANBAN - System	Dynamische Disposition nach Reichweiten		

Vorratsteil / lagerfähig | 8 | JA / NEIN, Eingabe lt. Vorgabe Kennung | 7 |
Wenn Vorratsteil [J] dann

Dispo-Art | 9 | Vorschlag:
Bei allen Teilen / Materialien mit Kennung A1 / A2 + C2 (AX / AY / CY) Eingabe bedarfsgesteuert
Bei allen Teilen / Materialien, wo Vorratsteil [N] Eingabe bedarfsgesteuert (Kennung 3)
Bei allen Teilen / Materialien mit Kennung 4 und B1 / B2 / C1 verbrauchsgesteuert

Sicherheitsbestand | 10 | Bei allen Teilen / Materialien, wo Vorrat [J] Eingabe [J] Sicherheitsbestand bestimmen, entweder nach Servicegradverfahren (SAP) oder als Zeitreserve nach Liefertreue des Lieferanten in Tagen eingeben

Stammdatenart	Stammdatenfeld	Einstell-Hinweis
Meldebestand	11	Bei allen Teilen, wo Vorrat $\boxed{J}$ und bedarfsgesteuerte Disposition mit Meldebestand hinterlegt ist, muss sich System den Meldebestand nach Wiederbeschaffungszeit + Si-Bestand selbst errechnen.
Mindestbestand		Bei allen Teilen, wo verbrauchsgesteuerte Disposition hinterlegt ist, einen Festwert hinterlegen (abgestimmt mit Vertrieb / Einkauf / Fertigung)
Dispo-System	12	Bei allen Teilen, wo Vorrat $\boxed{J}$ und bedarfsgesteuert, besser disponieren nach Reichweiten einrichten und System so einstellen, dass weder im verfügbaren Bestand, noch im körperlichen Bestand ins „Minus" reserviert / gebucht werden kann.
Wiederbeschaffungszeit für **Kaufteile / Rohmaterial**	13	Muss Einkauf eingeben, bzw. pflegen
Wiederbeschaffungszeit für **Fertigungsteile**	14	Nach Tabelle, wenn System nicht automatisch rechnet

Vorschlag (A)

Anzahl Arbeitsgänge	Grundsätzlich für Bereitstellung und einlagern	Fertigungszeit ≤ 1 AT über alle Arbeitsgänge	Fertigungszeit ≥ 1 AT über alle Arbeitsgänge	Zuschlag für Härten / Galv. außer Haus	Zuschlag wenn über Engpassanlage
1	1 AT	1 AT	+ 1 AT		
2	1 AT	2 AT	+ 1 AT		
3	1 AT	3 AT	+ 2 AT		
4	1 AT	4 AT	+ 2 AT		
5	1 AT	5 AT	+ 3 AT	+ 3 AT	?
6	1 AT	6 AT	+ 3 AT		
7	1 AT	6 AT	+ 4 AT		
8	1 AT	7 AT	+ 4 AT		
9	1 AT	8 AT	+ 5 AT		
10	1 AT	8 AT	+ 5 AT		

Wobei diese Tabellen in einem zweiten bzw. dritten Schritt reduziert werden müssen

Oder Einrichten einer Übergangsmatrix für Liegezeiten (Vorschlag) 1. Schritt

Vorschlag (B)
Bei Neuteile für Programmierung etc. + 3 AT

von Ko-Stelle auf[4] Ko-Stelle	A	B	C	D Engpass	Plus Bereitstellung	Plus Einlagem
A	-	0,5AT	0,5AT	2 AT	1 AT	1 AT
B	0,5AT	-	0,5AT	2 AT	1 AT	1 AT
C	0,5AT	0,5AT		2 AT	1 AT	1 AT
usw.	Plus Zuschlag für Härten / Galvanik, außer Haus siehe oben					

2. Schritt zur Reduzierung der Durchlaufzeiten

Vorschlag (C)
Bei Neuteile für Programmierung etc. + 3 AT

Alle Liegezeiten in der Übergangsmatrix auf Null setzten und nur je 1 AT für Einlagern - Auslagern / Bereitstellen einsetzen	Bereitstellen	Einlagem
	0,5 AT	0,5 AT

Stammdatenart	Stamm-datenfeld	Einstell-Hinweis
Bestellmenge für Kaufteile + Rohmaterialien / Vorratsteile	15	Muss Einkauf festlegen (Reichweitenvorgabe beachten) - möglichst Konsi- / KANBAN - Lager einrichten - oder Abrufaufträge mit punktgenauen Abrufen einrichten - Bestellmenge darf, je nach Teileart, eine Reichweite von 1 - 6 Monaten nicht überschreiten. Bei Ausnahmen anderes welter zurücksetzen Beispiel für Bestellmengenvorgabe | Kleinstmengen + C-Teile	eine Reichweite von 6 Monaten nicht überschreiten
Mittleren Mengen + B-Teile	hier 3 Monate nicht überschreiten
Großen Stückzahlen + A-Teile	hier 1 Monat nicht überschreiten	
Bestellmengen für Fertigungsteile und Vorratsteile	16	Losgröße: im 1. Schritt: Feste Bestellmenge | bei Kleinstmengen	Losgröße 1:1 wie heute, aber Begrenzer, max. 6 Monate
bei mittleren Mengen je nach Rüstzeit	Losgröße wie heute, aber begrenzt auf max. 3 Monate
bei großen Mengen je nach Rüstzeit	Losgröße wie heute, aber begrenzt auf max. 2 Monate	
Bestellmenge bei nicht Vorratsteilen	17	Wie heute „auftragsbezogen" (hier muss ins „Minus" reserviert werden)
Verkettungsnummer	18	Bei allen Teilen die über Engpassmaschinen laufen, eine Verkettungsnummer eingeben (muss AV mit Meister festlegen)
Zeitnahes Buchen	19	Buchungsart-Schlüssel eingeben - Retrograd - Einzelbuchung - über Auftrag = ges. Stückliste

Stammdatenart	Stamm-datenfeld	Einstell-Hinweis

Kapazitätsgruppen-Schlüssel technologieorientiert — `20` — So grob wie möglich einrichten

		ARBEITSPLATZ - NUMMERNPLAN							Kostenstelle-Maschinengruppe Arbeitsplatz Arb.-Gang-Abkürzung	
	Unter-gruppe	Einteilung nach Arbeitsplatz- / Maschinengruppen je Technologiebereich								
	Haupt-gruppe	00	01	02	03	04	05	06	07	08
T E C H N O L O G I E G R U P P E	1 Drehmasch.	Drehm. Drehasch.	große Drehm. dre	kleine Revolv. dre	gro. Revolv. re-dre		CNC-Stangendr. nc-dre	große Kopierdr. ko-dre	Automat A 25 au-dre	Automat TB 42 au-dre	CNC-Drehautom. cnc-dre
	2 Fräsmasch.		gr.horiz. Fräsm. h-free	Daten DNC DNC-Da	gr. vert. Fräsm. v-free	Universalfr. u-free	Bearbeitungs zentrum	horiz.Fräs ma. gesteuert free		free	CNC-Fräsm. u. Bearbeitz. cnc-free/ cnc-bea
	3 Bohrmasch	Säulen-bohrm. bo	Reihen-bohrm. rei-bo		Radialbohrm. ra-bo					Bohreinheit f.Messerschn. bo	CNC-Bohrm. cnc-do
	4 Schleifmas ch.	Rundschleifm „Fortuna" schlei	Rundschleifm „XY" schlei	Spitzen-loschlei spschl	Flach-schleifm. flschl	Wzg.Schleifm „Haas" schlei	Band-schleifm. beschl	Stähle-Schleif. schlei			
	8										

Engpassplanung — `21` — Kapazitätsgruppen nach Warengruppen / Fertigungslinien prozessorientiert eingerichtet

Kapazitätsgruppe prozessorientiert nach Warengruppen und Teilearten		Kapazität in Anzahl Personen	Kapazität in Anzahl Maschinen / Anlagen	Möglicher Engpass im Team
Nr.	Bezeichnung			
1125	WZB / Draht- und Flachformfedern, Federspielgeräte	12 Pers.	20 Masch.	Personal
1126	Schaubenfedern Industrie < 12 mm Ø (incl. KFF), Förderspiralen	14 Pers.	20 Masch.	Personal
1127	Schraubenfedern Industrie > 12 mm Ø kaltgeformt	10 Pers.	16 Masch.	Personal
1199	Warmverformung (n. d. Formgebung vergütet)	8 Pers.	10 Anlagen	Anlagen
2125	Schraubenfedern Fahrwerk	15 Pers.	25 Plätze	Personal

Festlegen der verfügbaren Kapazität (A) — `22` — Nach technischen Gesichtspunkten

CNC-Drehautomat XY	Nr. 107	Weitere Einteilung nach Betriebskalender / Feiertage / Urlaub etc., sowie Schichtmodelle System aber so einstellen, dass Kapazitätsgrenze angezeigt, aber mindestens jeweils um eine Schicht überbucht werden kann
Anzahl Anlagen	3	
Anzahl Schichten	2	
Anzahl Std. / Schicht	8	
Kapazitätsminderungsfaktor	0,7	
= verfügbare Kapazität	34 Std.	

Festlegen der Personalverfügbarkeit je Kapazitätsgruppe — `23` — Nach Personalkapazität / Engpass

Systemabgleich technische Kapazität zu verfügbarer Personalkapazität / Zeiteinheit

Maschinengruppe	Techn. Kapazität	Personal-Kapazität
1.01 - 1.08	340 Std.	max. 280 Std.
etc. ~	~	~

Wobei die hinterlegten Zeitreserven in den Stammdaten / die Anzahl Schnittstellen in der Produktion bezüglich Bestandshöhe, Durchlaufzeit und Flexibilität große Auswirkungen haben. Hier liegen hohe Reserven zur Reduzierung des Working-Capital.

Beispiel: Ergebnis der Systemeinstellungen bezüglich Durchlaufzeit und auf Start-Terminierung (konventionelle Betrachtungsweise)

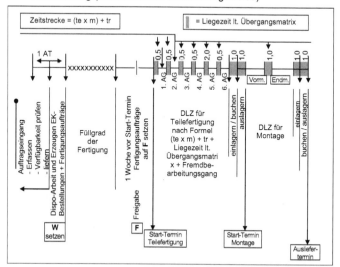

Beispiel: Ergebnis der Systemeinstellungen bezüglich Start-Terminierung bei auf Null setzen der Übergangszeiten und fertigen von kleinen Losen

DLZ-Einsparung von ca. 50% zu konservativer Einstellung

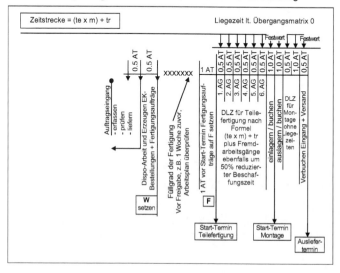

Und welche Zeitreserven / Sicherheiten sind zusätzlich in der Zeitstrecke des Materialflusses in Ihren PPS- / ERP-Einstellungen versteckt, die bereits in Sicherheitsbeständen, Wiederbeschaffungszeiten etc., also in den Materialstammdaten berücksichtigt sind?

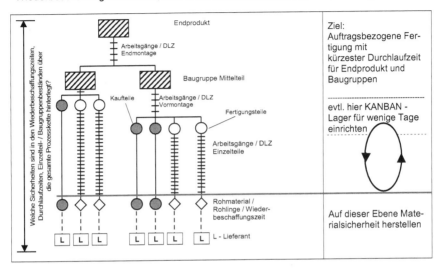

Beispielhafte Aufzählung von Zeitreserven / Sicherheiten im PPS- / ERP-System

Zeit für Wareneingangsbearbeitung		Ist	5 AT	Soll	1 AT
Zeit für Bereitstellung von Teile / Baugruppe etc. für Montage / Versand	Teilelager für Vormontage	Ist	5 AT	Soll	1 AT
	Komponentenlager für Endmontage	Ist	3 AT	Soll	1 AT
	Fertigwarenlager für Versand	Ist	3 AT	Soll	1 AT
Zeit für Einlagern von	Fertigungsteilen	Ist	3 AT	Soll	0,5 AT
	Baugruppen	Ist	3 AT	Soll	0,5 AT
	Fertigwaren	Ist	2 AT	Soll	0,5 AT
Zusätzliche Zeitreserve wegen evtl. unpünktlicher Lieferung von Ware, in den Lieferanten-Stammdaten hinterlegt		Ist	5 AT	Soll da in Si-Bestand hinterlegt	0
Zeitreserve bei Umsetzen von Planbedarf in Fertigungsaufträge		Ist	5 AT	Soll	0
Übergangsmatrix = hinterlegte Liegezeiten, Transportzeiten etc., bei den Arbeitsgängen von Arbeitsgang 1 zu Arbeitsgang 2 usw., zu großzügig ausgelegt		z.B. 2 AT x 6 Arbeitsgänge = 12 AT Liegezeit		bei 0,5 AT ergibt dies bei 6 Arbeitsgängen = 3 AT	
Durchlaufzeiten sind 1-schichtig hinterlegt / berechnet, Firma arbeitet aber 2-schichtig, also 50 % Reserve in der DLZ hinterlegt, Berechnungsbasis (te x m) + tr		1-schichtig 5 AT		2-schichtig 2,5 AT	
Summe Zeitreserve		**51 AT**		**11 AT**	
Dies ist gleichbedeutend mit einem zu frühen Materialeingang für Rohmaterial (unterste Lagerstufe) von		**40 Tage**			

Diese Optimierung, in Verbindung mit einer verbesserten Produktions- und Fertigungssteuerung, reduziert zudem das Working-Capital im Unternehmen wesentlich.

Schemadarstellung: Geld- und Wertefluss **ALT** und **ZUKÜNFTIG NEU** für ein mehrstufiges Produkt

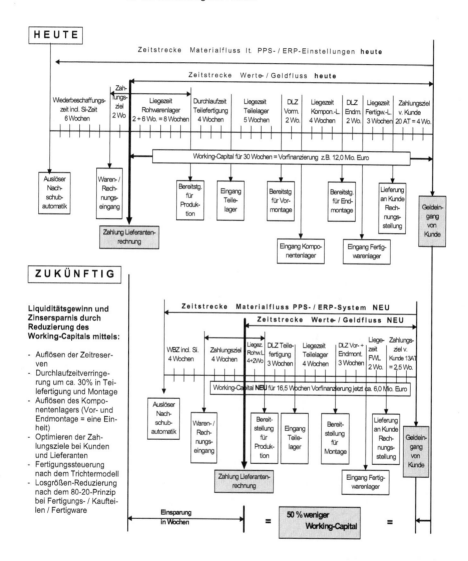

4.3 Zusammenfassung der Teile-Stammdaten nach Teileart A / B / C- und X / Y / Z - Regelungen zu einer Dispo-Vorgabe / Richtlinie

Aus den beschriebenen Kriterien ergibt sich somit für alle an Disposition, Beschaffung und Lagerhaltung folgende Dispo-Richtlinie nach Teileart, die eine Sicherstellung der Materialverfügbarkeit auf niederster Bestandshöhe, bei gleichzeitig hoher Flexibilität und Lieferfähigkeit zum Kunde gewährleistet.

Bild 4.1: *Festlegung der Dispositionsregeln / Stammdaten und Zusatz Dispo-Kennzeichen*

Wertigkeit	Wiederholteil / -material ① (X)		② (Y)	③ (Z)	④ (ZZ)
	Abrufaufträge möglich	Abrufaufträge nicht möglich	Sonderteil für 1 Kunde oder nur für 1 Artikel	Reines Sonderteil	Ersatzteil
	Plangesteuerte Dispo / echte Aufträge dagegenf.		Gemäß Liefereinteilung	Rein auftragsbezogen	Verbrauchsgesteuert
A	Menge lt. Abstimmung mit Vertrieb Monat ⟶ 1 2 3 4 wöchentliche Abstimmung mit echtem Bedarf (atmen) Mindestbestand: max. 5 AT	Feste Bestellmenge (maximal für Reichweite z.B. 1 Monat) Mindestbestand: Mit Servicegrad 96 %	In Abstimmung mit Vertrieb festzulegen Reichweite maximal 4 - 6 Monate	Reine Auftragsmenge + ___ % für Ausschussanteil	Lt. vorgegebener Drehzahl und zugesagter Lieferzeit in Stunden oder Tage abhängig (was ist gewollt)
B	**Bedarfsgesteuerte Disposition**				
	Bedarf für maximal 2 Monate Reichweite Bestellm.+Best. / Ø-Verbr./Mo. = ___ Mindestbestand: Max. 10 AT	Feste Bestellmenge (maximal für Reichweite z.B. 2 Monate) Mindestbestand: Mit Servicegrad 98 %			
C	**Verbrauchsgesteuerte Disposition**				Mindestbestand mit Servicegrad je nach Funktionserfüllung 95 - 99,9 %
	Nach wirtschaftl. Losgröße: $\sqrt{\dfrac{200 \times m \times EK}{P \times HK}}$ Mindestbestand: max. 100 % des Verbrauches während der WBZ	Feste Bestellmenge (maximal für Reichweite z.B. 5-6 Monate) Mindestbestand: Mit Servicegrad 99,9 %	Mindestbestand: 0	Mindestbestand: 0	
D	**KANBAN - TEILE**		KANBAN nur sinnvoll, wenn Teil ohne Index - Änderung länger als ein Jahr in Verwendung und öfter als 6 bis 8 mal pro Jahr benötigt wird	KANBAN nicht anwendbar	KANBAN eventuell anwendbar
	KANBAN - Menge				
E	**Supply-Chain- / C-Teile-Management**				
	Automatische Nachschubautomatik Es gibt keine Bestellmenge, da Lieferant automatisch (wöchentlich / täglich) gemäß echtem Verbrauch (von sich aus) auffüllt / nachliefert				

Mit folgender Zielvorgabe je Teileart, für eine Vereinfachung der Dispositions- und Beschaffungsvorgänge bei steigender Variantenvielfalt

Bisher	Zukünftig nach Teileart	Zielsetzung nach Teileart			
		① (X)	② (Y)	③ (Z)	④ (ZZ)
A-Teile mit eigenen Dispo- und Beschaffungsregeln	A-Teile bleiben A-Teile wegen Preis und Lieferzeit	Möglichst in SCM-KANBAN überführen Kann der Lieferant für uns disponieren mittels punktgenauen Abrufen / Abrufaufträgen	Je nach vertraglicher Vereinbarung mit Kunde und Dauer der Aufträge, möglichst in KANBAN überführen, oder Nachschubautomatik mittels Abrufaufträge	Einzelbeschaffung gemäß Detailbedarf ohne Lagerhaltung	Bei Bezugsteile möglichst in Konsi - Läger überführen. Bei Fertigungsteilen, je nach ermittelter Punktezahl, lt. Pkt. 2.2.6, Servicegrad festlegen oder auftragsbezogen bestellen mit Lieferzeit max. 1 - 2 AT
B-Teile mit eigenen Dispo- und Beschaffungsregeln	B-Teile werden aufgelöst, entweder in C-Teile mit KANBAN - Nachschubautomatik, oder Anlieferung in Form von Liefersets und werden so über Wert zu A-Teilen	Möglichst in SCM bzw. KANBAN überführen oder über Lieferset beschaffen, minimiert Einzelbestellungen, Abrufaufträge / Konsi-Lager			
C-Teile mit eigenen Dispo- und Beschaffungsregeln	C-Teile werden komplett in Konsi, KANBAN, bzw. Bauhausteile überführt	Konsi - Lager komplette Nachschubautomatik durch Lieferant			
Viele Lieferanten	Weniger Lieferanten	Ziel: Wir werden A-Kunde bei unseren Lieferanten	A-Lieferant	Nach Beschaffungsmöglichkeit	

Praxis - Tipp

Viele Dispositions- und Beschaffungswerkzeuge sind seit vielen Jahren bekannt, werden aber nicht konsequent genutzt.
Der Erfolg liegt also in der konsequenten Umsetzung obiger Zielsetzungen.
Es muss also in der Zukunft möglichst viele Bauhaus- / KANBAN - Teile geben, bzw. Abrufaufträge mit punktgenauen Abrufen oder SCM-Lieferungen.

4.4 Auswirkungen der Aktivitäten / Stammdateneinstellungen auf das Unternehmen / die Kunden

Das Ergebnis der Aktivitäten lässt sich in einer Benchmark-Tabelle[1] darstellen

Kennzahl	Bestes Unternehmen	∅ der untersuchten Unternehmen	Schlechtestes Unternehmen
	Kosten in % von Gesamtkosten		
Beschaffungs- / Lagerungs- / Wareneingangs- und Bereitstellkosten	0,4 %	2,6 %	5,7 %
Bestandskosten	0,2 %	1,4 %	3,5 %
Abwertungs- / Verschrottungskosten	0,0 %	0,4 %	0,9 %
Bestandsreichweite in Arbeitstagen [1]	5,0 Tage	50,0 Tage	256 Tage
Liefertreue, bezogen auf den bestätigten Termin	98 %	75 %	28 %

[1] Quelle: Siemens AG, ELC, HuZ

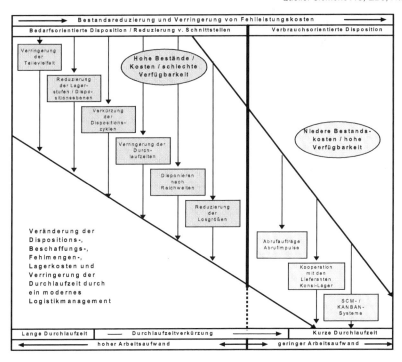

4.5 Möglichkeiten und Grenzen des EDV-Einsatzes

Aufbauend auf der Wirkungsweise von PPS- / ERP-Systemen und deren Zielsetzung bietet die EDV- / IT - Technik Erfolg versprechende Einsatzmöglichkeiten in den komplizierten Abläufen, umfangreichen Datenmengen und langen Bearbeitungsfolgen. Die maschinellen Hilfsmittel geben die Möglichkeit, die vielfältigen Einflussfaktoren genau zu analysieren, die Abrechnungsmethoden zu verfeinern, komplizierte Zusammenhänge zu beherrschen, die Informationsbeschaffung zu beschleunigen und mittels ERP-Systemen gegenseitig (Kunde / Lieferant) auf die Bestands- / Bedarfs- und, wenn gewollt, auf die Auftragsfortschrittsdaten zugreifen zu können.

Eine manuelle Verfahrensweise kann diesem Erfordernis, in Betrieben mit vielen Erzeugnissen und Ausgangsmaterialien, auf Dauer nicht gerecht werden.

Der Einsatz von PPS- / ERP- / SCM - Systemen ermöglicht also exaktere Informationen zu gewinnen und damit den Ungewissheitsgrad der Planung einzuschränken. Die IT - Technik ist ein Instrument, die quantitativen und qualitativen Probleme der Disposition / Planung / Steuerung besser in den Griff zu bekommen, eine Vielzahl von Fehlerquellen auszuschalten und die Entscheidungsfindung zu beschleunigen und zu verbessern.

Da sich die täglich neu zu fällenden Entscheidungen unmittelbar auf die Kosten- und Ertragslage eines Unternehmens auswirken, kann der Wert solcher methodischer Verbesserungen in der Disposition, Planung und Steuerung, wie sie sich in der IT - Abwicklung anbietet, in Verbindung mit einer angepassten Organisationsform, nicht hoch genug angesetzt werden.

An passenden IT - Systemen jeder Größenordnung, auch für die kleineren Unternehmen, ist heute auf dem Markt kein Mangel mehr. Meist dreht sich alles darum, ein Standardsoftwarepaket zu finden, das die Anforderungen des Unternehmens abdeckt und preislich in einem tragbaren Rahmen liegt.

Wesentliche Anforderungen an PPS- / ERP-Softwarepakete

Bei der Auswahl von PPS- / ERP - Programmen sind die folgenden Grundsätze zu beachten:

1. PPS- / ERP - Programme sind umso höherwertiger, je mehr Funktionen, Anwenderfreundlichkeit in einem solchen Paket abgedeckt werden und je stärker es mit Nachbarbereichen integriert ist.

2. Das Softwarepaket, das heute ausgewählt wird, soll mindestens 8 - 10 Jahre in Ihrem Unternehmen im Einsatz sein. Wählen Sie deshalb nur ein System, das von einem leistungsfähigen und flexiblen Unternehmen kommt. Wenn es auf einer modernen Datenbank aufgebaut ist, weitestgehend selbst angepasst werden kann und direktes Kommunizieren mit Ihren Lieferanten ermöglicht, E-Business, ist ein weiterer Vorteil.

Eine allgemeine Information über PPS- / ERP-Systeme bieten Softwarekataloge, Messen etc. Solche Kataloge gibt es von neutralen Firmen. Weitaus am bekanntesten ist der

> ISIS-Report
> NOMINA Verlag München, Tel. 089 / 5600-461
> Landsberger Straße 338, 80687 München

der halbjährlich erscheint. Es gibt diesen Softwarekatalog für die verschiedenen Computerkategorien. Der Katalog enthält kurze Softwarebeschreibungen, die Anbieteradresse, die Verbreitung des Pakets, den Lizenzpreis und eine Aufzählung der Dokumentationsunterlagen, die der Anwender erhält.

Viele Softwareanbieter führen auch Anpassungsprogrammierungen durch, je nach Wunsch des Anwenders. Sie werden im Regelfalle nach geplantem Zeitaufwand kalkuliert. Sie erhöhen zwar die Paketkosten, erhöhen aber auch häufig die Akzeptanz bei den Mitarbeitern, die letztlich ja mit dem System leben müssen.

Weitere Adressen für Softwareauswahl

- Leistungsfähigkeit von PPS-Systemen, Prof. U.W. Geitner,
  Verlag Management Zukunft, 71686 Remseck a.N.   Tel.:   07146 / 97345

- FIR Forschungsinstitut für Rationalisierung - RWTH-Aachen, PPS-Systemeinsatz,
  Pontdriesch 14 – 16, 52062 Aachen   Tel.:   0241 / 477050 und
  Aktuelle Studie zum Realisierungseinsatzstand   0241 / 80-4800

- Warehouse Management Systeme, WMS-Marktreport 2007-2008
  Entwicklungen und Trends im
  WMS-Markt, Huss-Verlg, München   Tel.:   089 / 32391-317

4.5.1 Marktspiegel PPS- / ERP-Systeme auf dem Prüfstand

Damit Ihnen die Arbeit erleichtert wird, welches PPS- / ERP-System für Sie das Richtige ist, folgender Literaturhinweis:

PPS- / ERP - Systeme auf dem Prüfstand

Der „Marktspiegel PPS- / ERP - Systeme auf dem Prüfstand" enthält in seiner neuesten Auflage die aktuellen Leistungsprofile von über 300 der gängigsten PPS- / ERP - Systeme, detailliert beschrieben anhand von detaillierten Anforderungsmerkmalen. Auch die Anbieter dieser Systeme sind mit den wichtigsten Daten vorgestellt.

Die Autoren des Marktspiegels haben sich keineswegs damit begnügt, lediglich die Angaben der Systemanbieter zu sammeln und auszuwerten. Sie haben darüber hinaus bei jedem der Anbieter die wichtigsten Daten überprüft und kritisch hinterfragt. Die Datenqualität des Marktspiegels hat somit ein unvergleichlich hohes Niveau. Mittels Mausklick kann zudem ein qualifizierter Anforderungskatalog erstellt werden.

Der Marktspiegel hat sich zu einem Standardwerk entwickelt, das für Unternehmen und Berater zu einem kompetenten und zuverlässigen Werkzeug bei der Bewertung und Auswahl von PPS-Systemen geworden ist. Er wird permanent vom FIR - Forschungsinstitut für Rationalisierung, RWTH - Aachen, auf dem neuesten Stand gehalten.

Siehe auch nachfolgendes Werbeblatt des Anbieters (Stand 2009 / 2010):

Studie: Jeweils neueste / aktuelle Ausgabe	Preis / Stück *
Anwenderzufriedenheit ERP/Business Software Deutschland	Preis auf Anfrage
Anwenderzufriedenheit IPS/Instandhaltungssoftware	

Band	Preis / Stück *
Marktspiegel - Service Management 39 Anbieter & Produkte, inkl. Lastenheftvorlage (online unter www.it-matchmaker.com)	Preis auf Anfrage ca. € 350,-- pro Band
Marktspiegel - Instandhaltungsmanagement 53 Anbieter & Produkte inkl. Lastenheftvorlage (online unter www.it-matchmaker.com)	
Marktspiegel - ERP/PPS - Systeme 131 Anbieter & Produkte inkl. Lastenheftvorlage (online unter www.it-matchmaker.com)	
Marktspiegel - Warenwirtschaft 57 Anbieter & Produkte inkl. Lastenheftvorlage (online unter www.it-matchmaker.com)	
Marktspiegel - MES-Fertigungssteuerung ca. 30 Anbieter & Produkte inkl. Lastenheftvorlage (online unter www.it-matchmaker.com)	
Marktspiegel - Rechnungswesen 38 Anbieter & Produkte inkl. Lastenheftvorlage (online unter www.it-matchmaker.com)	
Marktspiegel - CRM Partnerprodukt der schwetz consulting: ca. 100 Anbieter & Produkte inkl. Lastenheftvorlage (online unter www.it-matchmaker.com)	
Marktspiegel - Dokumenten-Management 24 Anbieter & Produkte inkl. Lastenheftvorlage (online unter www.it-matchmaker.com)	

* alle Preise verstehen sich zzgl. der gesetzlichen MwSt. und Versand
Bestellung an Fax: 0241/40009-111

Weitere Informationen:

Trovarit AG Pontdriesch 10/12 Tel.: +49 (241) 40009 0 web: www.trovarit.com
D-52062 Aachen Fax: +49 (241) 40009 111 E-Mail: info@trovarit.com

Marktspiegel Business Software
ERP/PPS 2009/2010
Anbieter – Systeme – Projekte

Abstract

Der Marktspiegel "Business Software – ERP/PPS 2009/2010" gibt einen umfassenden Überblick über den Markt für ERP-Systeme (Enterprise Resource Planning) im deutschsprachigen Raum. Dabei werden nicht nur die derzeitigen Angebote analysiert, sondern auch die Trends von morgen aufgezeigt und bewertet.
Der Marktspiegel basiert auf der einzigartigen Datenbasis des IT-Matchmaker®
(www.it-matchmaker.com) und bietet Anwendern Orientierung und Hilfestellung bei der Auswahl von ERP/PPS-Systemen.

Redaktioneller Teil

- Grundlagen ERP/PPS
- Funktionen von ERP-/PPS-Systemen
- Der ERP-Markt im deutschsprachigen Raum
- Spezifische Anforderungen an ERP-/PPS-Systeme
- Auswahl von ERP-/PPS-Systemen
- Fallstudien

Daten zu Anbietern und Systemen

- mehr als 320 Lösungen im Überblick
- Übersichtstabellen zu Anbietern und Systemen, z.B. hinsichtlich
  - Anzahl Mitarbeiter, Standorte
  - Installationszahlen, Technologie
  - Typische Kundengröße, Branchenfokussierung etc

ISBN: 978-3-938102-16-9
Herausgeber: Prof. Dr. Günther Schuh, Dr. Volker Stich
Autoren: Fabian Bauhoff, Tobias Brosze, Alexander Kleinert, Christoph Meier, Thomas Novoszel, Carsten Schmidt, Dr. Karsten Sontow, Peter Treutlein,
Umfang: Ringbuch, 384 Seiten, DIN A4

Preis: € 350,- (zzgl. MwSt. und Versand)

Block 5 — Beschaffungslogistik / Einkauf

„Im Einkauf liegt bereits der Gewinn".

Durch Verbesserung des Informations- und Materialflusses Kosten minimieren - Leistung maximieren (intern und extern)

Gewinnbringende, strategische Einkaufsarbeit	Zeitraubende, operative Routinetätigkeiten
• Lieferanten bewerten	Bestellwesen / Beschaffen
• Hauptlieferanten auswählen	Auftragsbestätigungen verwalten
• Einkaufsverhandlungen führen	Rechnungsprüfung / kontieren
• Neuteile beschaffen	Schreibarbeiten
• globale Einkaufsmöglichkeiten prüfen	Stammdatenpflege
• Abbau von Geschäftsvorgängen in Einkauf, Beschaffen, Wareneingang, Lager, also unbürokratisches Verhalten	Terminreklamationen bearbeiten QL - Reklamationen bearbeiten
• Liefern erreichen, z.B. mittels KANBAN - System	

5.1 Aufgaben des Einkaufs

Der Einkauf ist verantwortlich für eine wirksame Zusammenfassung aller Einkaufsaufgaben der Materialwirtschaft, unter Berücksichtigung der Einkaufspolitik, der Preis- und Terminziele, des Einkaufsbudgets und seiner Berichtsauflagen. Seine Tätigkeit erstreckt sich auf das Einkaufsvolumen für die einzelnen Produkte, auf den Einkauf der Produktionsmittel, Transportmittel usw., sowie auf den allgemeinen Einkaufsbedarf und auf die Anlieferung bezüglich Kapazitäts- und Absatzmöglichkeiten des Unternehmens. Er ist für alle Kosten verantwortlich, von Beschaffung, bis die Ware am Lager / am verarbeitenden Arbeitsbereich liegt.

Dem Einkauf kommt somit wesentliche Bedeutung in der Materialwirtschaft zu, wobei hier durch entsprechende Einkaufspolitik und Strategie oft noch erhebliche Beträge einzusparen sind. Je nach Unternehmen laufen durch den Einkauf zwischen 20 % und 60 % der Geldwerte, gemessen am Jahresumsatz.

5.1.1 Aufgaben / Ziele des Einkaufs - konventionelle Betrachtungsweise

Seine Aufgabenstellung soll nachfolgend in den Schwerpunktbereichen stichpunktartig dargestellt werden (**konventionelle Betrachtungsweise**).

A) Sicherung der langfristigen Materialversorgung des Unternehmens durch Abschluss langfristiger Lieferungsverträge synchron zur langfristigen Unternehmens-Erzeugnis-Strategie (Einkaufsplanung).

B) Auswahl geeigneter Lieferanten, Angebotsvergleiche, deren Zahl sich nach der Bedeutung des Kaufobjektes richtet. ANFRAGEN / NEUTEILE BESCHAFFEN / EINKAUFSMARKTFORSCHUNG.

C) Marktbeobachtung hinsichtlich der Preise, Lieferzeiten, Konditionen usw., Rückmeldung an Materialstelle - AV / Dispo

D) Bestellschreibung unter Beachtung [1]
   a) der wirtschaftlichen Bestellmengen (laut Dispo-Vorgaben) und
   b) dass alle Punkte für eine funktionsmäßige richtige Belieferung zu günstigsten Konditionen sichergestellt sind.
   Alle Aufträge von A- und B-Teilen müssen einwandfrei bestätigt werden.
   c) Verwalten von Rahmen- / Abrufbestellungen [1]

E) Terminüberwachung der laufenden Bestellung / Mahnwesen [1]
   Merke: Je kürzer die Reichweite, je höher die Dringlichkeit der Lieferung

F) Der Einkauf hat über die Wareneingangskontrolle zu sorgen, dass alle eingehenden [1] Waren ohne Verzug nach Menge und Beschaffenheit überprüft werden

G) Rechnungsprüfung (der Zahlungsverkehr erfolgt durch die Finanzbuchhaltung), incl. Kontieren

H) Reklamationsbearbeitung

[1] oder Disponent / Beschaffer, wenn strategischer Einkauf eingerichtet ist

I) Führen von Einkaufsmaterial oder Teile-Stammdateien, ausgebildet als Lieferanten- und Preisvergleichsdateien, entweder manuell, oder besser über entsprechende EDV-Programme
ARTIKELDOKUMENTATION / LIEFERANTENDOKUMENTATION

K) Führen eines Nachweises der jährlichen Einkaufserfolge gegenüber der Geschäftsleitung. Die Erfolge einer professionellen Einkaufspolitik haben dieselbe hohe Bedeutung, wie das Erreichen des genannten Zieles Bestandssenkung

L) Pflege der Wiederbeschaffungszeiten, sofortige Meldung von Lieferzeitveränderungen an Disponenten bzw. Änderung der Stammdaten im EDV-System.

M) Auswahl von Hauptlieferanten nach einer Beurteilungsmatrix mit folgenden Kriterien

- Preis
- Qualität
- Liefertreue
- Helfer in der Not
- Zahlungskonditionen
- Bereitschaft der Vorratshaltung

(Siehe auch nachfolgende „Checkliste Lieferantenbeurteilung").

N) Partnerschaftliche Zusammenarbeit mit den Lieferanten
Dieser Punkt hat in der Materialwirtschaft in Bezug auf Just in time - Lieferung wesentlichen Einfluss und beinhaltet folgende Einzelkriterien:
- Abschluss von Rahmenverträgen, Abstimmung der Rationalisierung und Qualitätsverbesserung und ein flexibles Abrufsystem ermöglichen geringe Materialbestände und kürzere Lieferzeiten
- In welchem Rahmen kann der Lieferant die Lagerhaltung für uns übernehmen?
- Um dies zu gewährleisten, sollten folgende Fragen beantwortet werden:
    - Wählen wir unseren Lieferanten richtig aus?
    - Beziehen wir die Lieferanten genug in die Verantwortung ein?
    - Bekommt der Lieferant alle Informationen, die er benötigt (Technik, Mengen / Termine, Bedarfsvorschau)?
    - Fordern wir den Lieferanten genügend in Bezug auf Lieferzeit, Liefertreue, Qualität?

Hier liegt heute eine der Hauptaufgaben des Einkaufes, bzw. der Disposition in Bezug auf Just in time - Verwirklichung. Wobei in einem schlanken Unternehmen aus obigen Gründen und aus Verkürzung der Durchlaufzeiten, sowie Abbau von Geschäftsvorgängen und Schnittstellen heute die Einkaufstätigkeiten aufgeteilt werden, in eine

a) operative Tätigkeit = Beschaffen und
b) strategische Tätigkeit = Auswahl und Pflege von Hauptlieferanten.

a) wird dem Disponenten zugeordnet, b) wird die Haupttätigkeit des Einkaufes.

5.2 Aufgaben, Ziele des Einkaufs in einer bestandsminimierten Material- und Lagerwirtschaft heute

Wenn Ihre Kunden auch die Bestände senken, dann bestellen Sie bei Ihnen später, kleinere Mengen und unregelmäßiger. Die Bedarfsschwanungen werden größer. Auch Planmengen Ihrer Kunden sind immer weniger glaubhaft. Größere Abweichungen ± zwischen Planmenge und *„was wird tatsächlich abgenommen"*, bzw. was muss das Unternehmen kurzfristig produzieren / liefern, werden die Regel.

Die Beschaffungslogistik, der Einkauf hat somit die Aufgabe, eine wirksame Harmonisierung der Beschaffung lieferantenseitig zu den internen Bedarfsempfängen, kosten- und terminorientiert, zu realisieren. Um diese Herausforderung *„maximale Verfügbarkeit bei minimalen Kosten"* zu bewältigen, wird der Einkauf aufgeteilt in einen

> operativen Einkauf, das eigentliche Disponieren und Beschaffen
> (siehe Abschnitt „Der Disponent wird Beschaffer)

und

> strategischen Einkauf (neue Lieferanten, Beschaffungs- / Lieferstrategien, Preisverhandlungen, Neuteile beschaffen etc.)

Die Qualität der Beschaffungslogistik entscheidet wesentlich über Bestands-, Lager-, Prozess-, Fehlleistungskosten und Lieferfähigkeit.

Bild 5.1: Prozentuale Verteilung der Tätigkeiten im Einkauf, heute bzw. zukünftig   UND   Gewinnbringende, strategische Einkaufsarbeit und zeitraubende, operative Routinearbeiten

HEUTE	ZUKÜNFTIG	Gewinnbringende, strategische Einkaufsarbeit	Zeitraubende, operative Routinetätigkeiten
	Routine-arbeiten **70% - 80%**	• Lieferanten bewerten	Bestellwesen / Beschaffen
Routine-arbeiten **70% - 80%**		• Hauptlieferanten auswählen	Auftragsbestätigungen verwalten
		• Einkaufsverhandlungen führen	Rechnungsprüfung / kontieren
	Strategische Arbeiten **20 % - 30%**	• Neuteile beschaffen	Schreibarbeiten
		• globale Einkaufsmöglichkeiten prüfen	Stammdatenpflege
Strategische Arbeiten **20% - 30%**		• Abbau von Geschäftsvorgängen in Einkauf, Beschaffen, Wareneingang, Lager, also unbürokratisches Verhalten / Liefern erreichen	Terminreklamationen bearbeiten
			QL - Reklamationen bearbeiten

Somit besteht die Hauptaufgabe der Beschaffungslogistik in:

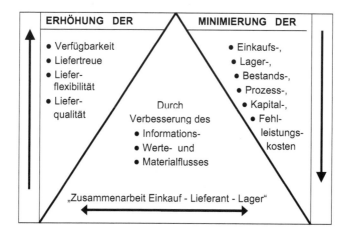

Was sich in folgenden Einkaufszielen / Arbeitsvorgaben niederschlägt:

- die Anzahl Lieferanten jährlich zu reduzieren
- die Anzahl Einzelbestellungen zu reduzieren / Anzahl Abrufe erhöhen
- die Anzahl Lieferanten die für uns Vorräte halten / die selbst abladen, jährlich zu erhöhen
- das KANBAN-System jährlich auszuweiten
- Lieferanten bei denen wir nur C- oder D-Kunde sind völlig auszuscheiden (optimale QL und Termintreue ist ausschlaggebend)
- einen jährlichen Einkaufserfolg von X € erzielen (Einkaufserfolg zu theoretischem Warenkorb)
- Gemeinkosten / Logistikkosten permanent zu reduzieren
- Komponenten / Liefersets = fiktive Baugruppen einkaufen
- Kosten pro Bestellung / pro Lieferant zu reduzieren
- Kosten pro Wareneingang reduzieren
- Senken der durchschnittlichen Lieferzeit in Tagen

Hinweis darauf, was häufig nicht bedacht wird:

- Der Einkauf ist nicht nur für den Preis und die entstehenden Lagerkosten verantwortlich, sondern auch für alle weiter entstehenden Kosten, bis die Ware im Lager eingelagert, zugebucht, bezahlt [1] und bis die Ware am Arbeitsplatz bereitgestellt ist.

---

[1] z.B. Sammelrechnungen nach Kostenrechnungsgesichtspunkten gegliedert

Was in folgenden Einkaufs- / Beschaffungsgrundsätzen mündet:

1.) Die Kosten für die Beschaffung / Handling / Prüfaufwand / Lagerkosten müssen permanent gesenkt werden, z.b. mittels Liefer- und Verpackungsvorschriften, Komponenten / Liefersets / KANBAN- / SCM-Systemen etc.

2.) Bestellungen unter einem Auftragswert von € 250,-- sind zu vermeiden

3.) Die Entwicklung des Einkaufs- / Liefervolumens (Obligo) wird ständig überwacht, darf z.b. pro Woche 30 %[1] vom Umsatz nicht überschreiten. Teuere Artikel / Komponenten in Absprache mit Betriebsleitung verschieben, wenn erst später benötigt, weil ...

4.) Preiserhöhungen, Liefereinschränkungen, z.b. bezüglich Verpackungsvorschriften, sind mit allen Mitteln zu verhindern / Darstellung des jährlichen Einkaufserfolges

5.) Permanente Lieferantenbewertung und Bestimmung „*Wer ist Hauptlieferant*"

6.) Für jeden Hauptlieferant muss mindestens ein zweiter Unterlieferant vorhanden sein, der gezielt Aufträge erhält

7.) Ständig nach weiteren leistungsstarken Lieferanten suchen, insbesondere bei Monopolisten

8.) Bei Lieferreklamationen, Ware für A-Kunde oder hohen Deckungsbeiträgen, bzw. kurzen Reichweiten mit höchster Priorität behandeln

9.) Mittels Lieferantenanforderungsprofil Erkenntnisse / Konsequenzen ziehen, z.B. bei 5 AT Lieferverzug entspricht dies einer Preisminderung von - 10 % o.ä.

10.) Einrichten eines Supply - Chain - Managementsystems in der Warenwirtschaft, durch die Bereitstellung von ONLINE - Bestandsplattformen durch die Lieferanten

UND

11.) Durch permanentes **LIEFERANTENMANAGEMENT** eine permanente Verbesserung von Qualität, Service in Produktion, Technik und Belieferung zu erreichen

[1] %-Zahl hängt von %-Anteil Wareneinkauf zu Umsatz ab

5.2.1 Operative / strategische Einkaufsarbeit

In einem schlanken, zukunftsorientiert geführten Unternehmen, werden die Einkaufstätigkeiten deshalb wie folgt neu organisiert:

Die Einkaufsarbeit wird aufgeteilt in eine
- a) operative Tätigkeit
- b) strategische Tätigkeit.

Operative Einkaufstätigkeit

Unter operativer Einkaufstätigkeit versteht man das Beschaffen. Diese Tätigkeit wird im Auftragsabwicklungszentrum / dem Produktions- / Führungsteams / dem jeweils zuständigen Disponenten (gegliedert nach z.B. Artikel- / Produktgruppen) übertragen mit dem Ziel, die gesamte Auftragsabwicklung weiter zu beschleunigen.

Voraussetzung ist:

Der Einkauf hat im Rahmen seiner strategischen Arbeit
- a) den Hauptlieferant
- b) den Preis (mit Gültigkeitsdatum)
- c) die Wiederbeschaffungszeit

bestimmt.

So kann der Beschaffungsvorgang schnell und unkompliziert, z.B. per Fax, Mail oder KANBAN-Karte, direkt von Disponent oder Lagerist durchgeführt werden.

Strategische Einkaufstätigkeit

Die eigentliche Einkaufsarbeit bezieht sich somit auf die so bedeutende Arbeit

den jeweiligen Top - Lieferanten in Bezug auf Preis, kurze Lieferzeit, Qualität und Termintreue zu finden,

was bedeutet:

Um ein Unternehmen flexibel zu gestalten / zu organisieren, müssen bei wachsender Variantenvielfalt fertige Komponenten eingekauft werden, da die Artikel im Sortiment erhalten bleiben müssen. Grund: Trotz hoher Flexibilität und Variantenvielfalt müssen Gemeinkosten gesenkt und die hohe Anzahl von Geschäftsvorgängen reduziert werden.

Ziel: 100 % Kundenorientierung muss erhalten bleiben, bzw. noch gestärkt werden.

Die Beschaffungspolitik spielt somit bei der Lieferantenauswahl

    a)   für neue Teile / Komponenten
    b)   neue Lieferanten grundsätzlich

eine entscheidende Rolle.

Deshalb gilt:

- bei technisch sehr anspruchsvollen Teilen
- bei Teilen mit hohen Werkzeugkosten   ⎫ Zeichnungsteile /
- bei größerem Entwicklungsaufwand   ⎭   A-Teile

den **TOP - LIEFERANTEN** in Bezug auf Preis, Qualität und Termintreue zu haben,

- bei Standardteilen
- bei Teilen mit sehr großen Stückzahlen
- bei interessanten Perspektiven in Bezug auf z.B.
  - Währungssituation
  - Lohnniveau
- Rohmaterialpreisen

das **GLOBALE EINKAUFEN** mit dem Ziel abgestimmte Qualität / Termintreue mit entsprechenden Logistiklösungen / Versorgungslösungen über z.B. Zwischenläger, wenn die Entfernungen zu groß sind, anzustreben.

Ziele der Beschaffung

Wobei die wichtigsten Ziele der Beschaffung grundsätzlich sein müssen:

- *Optimale Qualität und Termintreue*
- *Alle Teile auf dem richtigen Beschaffungsmarkt, beim richtigen Lieferanten kaufen*
- *Durch permanentes **LIEFERANTENMANAGEMENT** eine permanente Verbesserung von Qualität, Service in Produktion, Technik und Belieferung zu erreichen Wozu u.a. auch die Substitution von*
  - *Material*
  - *Herstellverfahren*

  gehören kann
- *Eine 100%-Versorgung bei optimaler Umschlagshäufigkeit zu erreichen*
- *Reduzierung der Gemeinkosten*
- *Einkauf von Komponenten*

Mit folgender Aussage:

Wenn obige sechs Ziele der Beschaffung erreicht sind, dann ergibt sich automatisch

> *Wir haben den optimalen Partner*
> *Wir haben den optimalen Preis*

5.2.2 Lieferantenauswahl und -bewertung

Vor Auftragsvergabe muss die Überzeugung vorhanden sein, dass der Lieferant auf Grund seiner Einrichtung / Produktionsmöglichkeiten, seines Know-hows, seiner QS - Maßnahmen und seines Angebots der richtige Lieferant für uns ist.

Daher bietet sich folgender Ablauf der Lieferantenauswahl bis zu Freigabe der Teile an:

- Anfrage

- Angebotsauswertung

- Gespräche / Besuch beim Lieferanten mit Audit
  (wird individuell entschieden und ist abhängig von der Anforderung an die entsprechenden Teile)

- Wie sieht das Kundenspektrum unseres evtl. neuen Lieferanten aus? In Bezug auf

A	B	C [1]	D [1]	-Kunden
X	Y	Z	R	Anzahl

- Entscheidung über Musterauftrag

- Erstellung Prüf- und Liefervorschrift

- Bemusterung

- Freigabetests

- Entscheidung und Freigabe

- Serienauftrag

[1] Kommt der Lieferant als Hauptlieferant für uns in Frage, wenn wir von der Abnahmemenge, vom Einkaufsvolumen nur C- oder gar D-Kunde sind?

Permanente Lieferantenbewertung

Eine permanente Lieferantenbewertung ist erforderlich, mit dem Ziel, eine korrekte Einschätzung eines Lieferanten in den Kriterien, z.B.

- Qualität
- Termintreue
- Preise
- Zusammenarbeit
- Bereitschaft zur Vorratshaltung

zu erhalten, um damit entsprechende Maßnahmen zur Verbesserung eingeleitet und für die Zukunft Optimierungen getroffen werden können.

Vorgehensweise:

1. Zunächst soll dem Lieferanten die Gelegenheit gegeben werden, sich mittels Bewertungsbogen selbst einzustufen (Standardbrief)

2. Bewertung der Lieferanten durch den Einkauf selbst, in Abstimmung mit QL und Fertigung

3. Vergleich Pos. 1 und Ergebnisse Pos. 2

4. Unterschiedliche Bewertungen mit dem Lieferanten zu besprechen und zu klären.

5. Darauf aufbauend sind konkrete Vereinbarungen / Optimierungsschritte zu treffen und Termine für eine Neubewertung festzulegen.

6. Auswahl der Lieferanten nach ABC-Kriterien und Gewichtungspunkten

7. Beurteilungszeiträume (nach Wert und Teilebedeutung):

A-Lieferanten	alle 12	Monate
B-Lieferanten	alle 24	Monate
C-Lieferanten	alle 24 - 36	Monate

8. Permanente Aufzeichnung von positiven und negativen Punkten zu den einzelnen Lieferanten. Ergebnisbesprechung und Optimierungen mit den Lieferanten festlegen.

Bild 5.2: Detaillierter Kriterienkatalog für eine Lieferantenauswahl / Lieferantenbewertung

Firma: .... Tel-Nr.: .... FAX-Nr.: ....
Geschäftsverbindung seit: .... Ansprechpartner: ....
Management: ....

	KRITERIEN	Gewichtung	Eigenbew. Lieferant	Punkte	Bewertung Abnehmer	Punkte	Ansätze für Gespräch mit Lieferant	
Q u a l i t ä t	QL-System in Fa.einger.	5						
	Produktqualität	17						
	Q-Absicherung Vormat.	1						
	Q-Sicherstellung in Produktion	5						
	Q-Prüfg.Endkontrolle	1						
	Q-Dokumentation	1						
	Zwischensumme QL	30						
Preise/ Konditionen	Preisstabilität	8						
	Offenlegen von Kalkulationen / Stundensätzen	4						
	Wertanalyse-Vorschläge	2						
	Zahlungskonditionen	1						
	Zwischensumme Preise -Konditionen	15						
Bereitschaft zur Vorratshaltung	KANBAN-/SCM-Prinzip	8						
	Einlagerung mit Sicherheitsbestand	5						
	Lagerung bei Spedition	7						
	Zwischensumme	20						
Lieferungen / Termintreue	Einhaltung Liefertermin	10						
	Einhaltung Menge	5						
	Kennzeichng. Ware und Papiere	3						
	Verpackung / Versand	2						
	Flexibilität/Helfer in Not	5						
	Zwischensumme Lief.	25						
Zusammenarbeit insgesamt	Anfragebearbeitung	3						
	Produktentwicklung/ Beratung	3						
	Abwicklg. Reklamationen	2						
	Lieferantenverbund	1						
	Allg. Kommunikation	1						
	Zwischensumme ZA	10						
	Gesamtsumme	**100**						

Bild 5.3: Kriterienkatalog für eine Lieferantenbewertung nach Gewichtungsfaktoren (beispielhafte Aufzählung)

Kriterium und Gewichtungsfaktor je Kriterium			Qualität 30	Preis / Konditionen 15	Bereitschaft zur Vorratshaltung 20	Termintreue 25	Zusammenarbeit insges. 10	Σ
Bewertungspunkte für das einzelne Kriterium	Bewertung Optimal	Punkte 100						
	gut	75			Errechnung der Bewertungspunkte			
	befr.	50			Gewichtung x Bewertungszahl / 100			
	noch akzeptabel	25						
	eher schlecht	10	⇩	⇩	⇩	⇩	⇩	
	ungenügend	0			GRENZE ZUR ABLEHNUNG BEI ERREICHEN DIESER BEURTEILUNGSPUNKTE BEREITS IN EINEM FALL			

Wobei die Kriterien bei Bedarf noch weiter detailliert werden können, z.B. bestehen Kooperationsvereinbarungen als Lieferantenverbund, Produktentwicklung etc.

Das Ergebnis der Auswertungen wird statistisch fortgeschrieben, um die Entwicklung / Trends zu erkennen

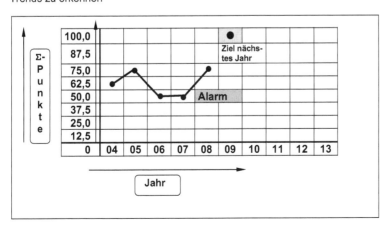

Ergebnisse - Erkenntnisse - Ziele aus der Lieferantenbewertung

Zusätzlich wird eine Ergebnis-Hitliste der Lieferantenbewertung erstellt. Aus Ergebnis der Veränderungen innerhalb der Hitliste und natürlich aus Einzelkriterien erfolgen dann die Einzelentscheidungen

Hauptlieferant ▓▓▓ Ja ▓▓▓ Nein

Des Weiteren erfolgt eine Einteilung der Lieferanten nach Einkaufswert mit dem Ziel „Reduzierung der Anzahl Lieferanten", also bei immer weniger Lieferanten einzukaufen. Die Versorgung für das Unternehmen unter Berücksichtigung aller genannten Kriterien 100-prozentig sicherzustellen.

Bild 5.4: Reduzierung der Anzahl Lieferanten

Lieferant	Sept. 2008	Sept. 2009	Sept. 2010	Sept. 2011	Sept. 2012	Ziel 2013
A	48	34	35	33	29	25
B	69	52	50	45	42	35
C	170	170	160	140	130	50
∑	**287**	**256**	**245**	**218**	**201**	**110**

A = über € 350.000,-- p.a.
B = über € 50.000,-- p.a.
C = unter € 50.000,-- p.a.

Wobei insgesamt gesagt werden kann:

- Beide Teile haben einen Vorteil durch Zukauf

- Eine langfristige erfolgreiche Zusammenarbeit ist nur auf der Basis einer echten Partnerschaft möglich

- Den Partner am Erfolg teilhaben lassen, damit er für neue Aktivitäten mit uns motiviert ist.

Zusätzlich aber von jedem Unternehmen nachfolgender Fragenkatalog **„Kaufen oder selbst fertigen"** beachtet werden sollte, damit die Selbstbestimmung nicht verloren geht.

5.3 Nutzen des E-Business

Partnerschaftliche Zusammenarbeit mit den Lieferanten

Bestände können gesenkt, die Lieferzeiten verkürzt werden durch partnerschaftliche Zusammenarbeit mit unseren Lieferanten.

1. Abschluss von Rahmenverträgen, Abstimmung der Rationalisierung und Qualitätsverbesserung und ein flexibles Abrufsystem ermöglichen geringe Materialbestände und kürzere Lieferzeiten.
2. In welchem Rahmen kann der Lieferant die Lagerhaltung für uns übernehmen?
3. In welchem Rahmen bindet sich der Lieferant in die KANBAN-Kreisläufe ein, bzw. liefert im Rahmen eines Regalserviceverfahrens? (QL - Kontrolle entfällt, Nullfehler-Qualität gefordert)
4. Um dies zu gewährleisten, sollten folgende Fragen beantwortet werden:
   ⇨ Wählen wir unsere Lieferanten richtig aus?
   ⇨ Beziehen wir die Lieferanten genug in die Verantwortung ein?
   ⇨ Bekommt der Lieferant alle Informationen die er benötigt (Technik, Mengen, Termine, Bedarfsvorschau)?
   ⇨ Fordern wir den Lieferanten genügend in Bezug auf Lieferzeiten, Liefertreue, Qualität?

In Verbindung mit den zuvor genannten Thesen können die betrieblichen Bestände von Bezugsteilen / Materialien auf ein Minimum gesenkt werden.

In der Verwirklichung dieser Fragen / Ziele liegt somit eine der Hauptaufgaben des Einkaufes, bzw. der Disposition in Bezug auf Bestandssenkung.

U N D

5. Nutzen wir die Möglichkeiten unserer installierten ERP- / PPS-Systeme / der neuen IT - Techniken in Form absolut kundenorientiert ausgerichteter Logistik-Netzwerke über die gesamte Wertschöpfungskette, von Lieferant über Fertigung bis zum Kunde, genügend aus?

   Denn E-Business ist mehr, als nur über das Internet einzukaufen. Mit diesem Gedankengut können Geschäftsabläufe effizienter gestaltet, Produktionsprozesse optimiert und Bestände wesentlich reduziert werden.

   Stichworte:
   → Lieferant ↔ Kunde können sich gegenseitig ins Lager, in die Bestände sehen, Internet-Plattform
   → Eine prozessarme Nachschubautomatik von Lager zu Lager ist eingerichtet, in Form von KANBAN - Regelkreisen
   → der Lieferant disponiert für uns / Supply-Chain-Vereinbarung

6. Die Zusammenarbeit auf der Basis eines Lieferanten - Anforderungsprofils hilft ebenfalls.

5.4 Lieferanten - Anforderungsprofil

Zusätzlich sollte mit jedem Lieferant ein so genanntes Lieferanten - Anforderungsprofil erstellt werden, in dem die Erwartungen und Ziele der Partnerschaft festgehalten sind.

Grund: Kurze Lieferzeiten können, in Verbindung mit niederen Beständen nur erreicht werden, wenn es gelingt, unsere Lieferanten in die gesamte Logistik und Produktionskette mittels Bauhaus- und KANBAN-Systeme einzugliedern (Lieferanten halten für uns Vorräte) und wir haben über EDV Zugriff auf die Bestands-, Bedarfs- und Auftragsfortschrittsdaten der Lieferanten, bzw. Lieferant auf unsere Bedarfsübersichten.

Beispielhafte Aufzählung:

Was erwarten wir von unseren Lieferanten?

- Nullfehler - Lieferungen in Menge / QL / Kennzeichnung / Verpackung, damit Freipässe erteilt werden können
- schnelle Auftragsabwicklung / pünktliche Lieferung
- wettbewerbsfähige Preise und Konditionen
- Bereitschaft zur Vorratshaltung / KANBAN / SCM - Belieferung
- gute Beratung / umfangreiche Serviceleistungen
- unbürokratisches Verhalten auch bei Störungen im Lieferfluss / Helfer in der Not
- verständliche und zuverlässige Informationen
- pünktliche und vollständige Angebote
- kaufmännisch korrektes Verhalten
- Offenlegung der Kalkulationen / der Kalkulationssätze
- Lieferantenverbund

Woraus sich folgender Lieferanten - Leitfaden ergibt:

Lieferanten – Anforderungsprofil

Grundsätzliches

Mit diesem Leitfaden wollen wir Ihnen Informationen über die Einkaufsstrategie unseres Hauses geben. Wir möchten mit Ihnen den Weg zu einer engen, vertrauensvollen, fairen und partnerschaftlichen Zusammenarbeit definieren, denn ein wesentlicher Punkt unserer zukünftigen Zusammenarbeit ist ein hohes Maß an Flexibilität, Qualitäts- und Termintreue Ihrerseits. Unsere Kunden fordern immer kürzere Lieferzeiten, egal für welche Produkte auch immer. Diese Anforderungen können wir nur mit Ihnen zusammen erreichen.

Ziele

Unser Ziel lautet: 100%-ige Erfüllung aller Forderungen und Wünsche, die unsere Kunden an uns stellen. Dazu ist eine ständige Verbesserung unserer Beschaffung notwendig, damit

- ➢ wir ein kompetenter und leistungsstarker Partner zu unseren Kunden sind,
- ➢ wir Kosten senken und an den Markt weitergeben können,
- ➢ wir Qualität sichern und auch die kürzesten Termine einhalten können

Zusammenarbeit

Voraussetzungen für unsere gemeinsame Zusammenarbeit sind somit:

- ➢ 100 % Qualität,
- ➢ absolute Lieferzuverlässigkeit,
- ➢ Ihre Bereitschaft zur Vorratshaltung
- ➢ Ihre wettbewerbsfähigen Preise
- ➢ Ihre Service- und Beratungsleistungen
- ➢ sofortige Vorabinformation bei Störungen
- ➢ die Offenlegung Ihrer Kalkulationen und Kalkulationssätze

Ihre Leistungen werden regelmäßig mittels beiliegendem Kriterienkatalog von uns bewertet. Die Ergebnisse werden Ihnen zugänglich gemacht, Abweichungen Ihrer und unserer Auswertungen sind die Ansätze für Verbesserungsgespräche.

Lieferzuverlässigkeit

Damit wir unsere Leistungen zu unseren Kunden absolut zuverlässig erbringen können, benötigen wir die pünktliche Anlieferung der Waren zu den in den Bestellungen angegebenen Terminen. Die Mengen-, QL-, Verpackungs- und Versandvorschriften sind unbedingt einzuhalten. Ist abzusehen, dass ein geforderter Liefertermin nicht eingehalten werden kann, ist unser Beschaffer sofort zu informieren. Die Gründe für Lieferverzögerungen müssen analysiert und kurzfristig abgestellt werden. Bei Notfällen sichern Sie alle erforderlichen Maßnahmen zu, die Ware pünktlich zu liefern, damit unsere Kunden zufrieden gestellt werden können.

Wettbewerb / Preise

Werden unserem strategischen Einkauf günstigere Preise vom Wettbewerb vorgelegt, erhalten Sie selbstverständlich die Möglichkeit, ihre Preise zu überprüfen. Dies betrifft auch die Offenlegung der Kalkulationssätze.

Zusammenfassung

Unser Einkauf möchte eine langfristige markt- und partnerschaftlich ausgeprägte Zusammenarbeit mit Ihnen, unserem Lieferanten pflegen, die sich an dem Ziel absoluter Zufriedenheit unserer Kunden mit uns, und somit auch mit Ihnen, ausrichtet. In diesem Sinne sind wir selbstverständlich auch für jede Anregung und Verbesserungsvorschläge Ihrerseits dankbar.

Pforzheim, den ....

**Unternehmensberatung
Rainer Weber REFA-Ing.
Im Hasenacker 12
75181 Pforzheim-Hohenwart**

5.5 Supply - Chain - Management in der Materialwirtschaft

Null Dispositionsaufwand und Null Bestand, bei absoluter Flexibilität und Liefertreue.

Wie kann dieses visionäre Ziel erreicht werden?

A) Traditionelle Arbeitsweise / Lieferung nach Bestellung / Lange Lieferzeiten

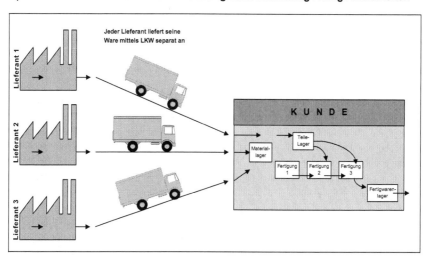

B) Lieferung in Logistiklager mittels Abrufaufträge / Kurze Lieferzeiten, aber 2-stufige Lagerhaltung

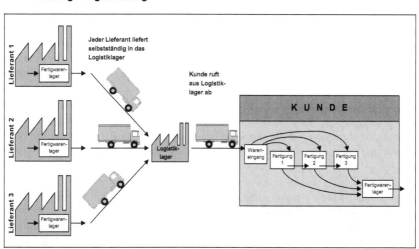

C)   Oder einfacher, über KANBAN- / KONSIGNATIONSLAGER - ORGANISATION

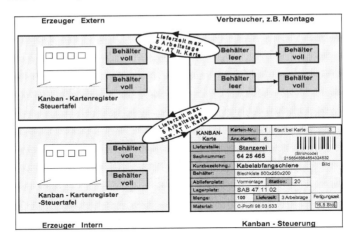

D)   Ziel: **Supply - Chain - System / selbst auffüllendes Liefer- und Lagersystem nach dem Min.- / Max.-Prinzip, einstufige Lagerhaltung, alles ist in ausreichender Menge vorhanden**

Es wird eine Internet-Plattform eingerichtet. Es wird vereinbart, was jeweils im Lager zu liegen hat = Mindestbestand / Maximalbestand. Was vom Kunde entnommen wird, wird ONLINE = abgebucht. Lieferant hat direkt Zugriff auf die Bestände über Plattform; disponiert und liefert in eigener Verantwortung eigenständig, gemäß Mindest- / Maximalbestand nach.

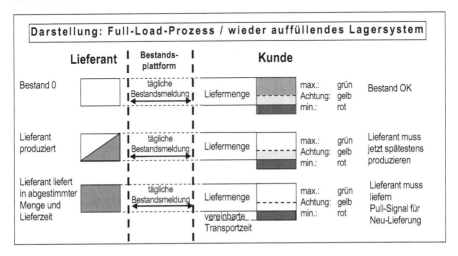

Bild 5.5: Statistische Darstellung der Einkaufsziele bezüglich: Ausweitung des Bauhaus- / Regalservice- / Supply- oder KANBAN-Systems zur Senkung der Bestände und Erhöhung der Flexibilität

Materialgruppe	Anzahl Lieferanten die für uns Vorräte bzw. Kanban-Abrufe bereithalten				Anzahl Lieferanten die für uns in Form von Bauhaus-Regalservice-SCM-Verfahren anliefern				Eingeleitete Maßnahmen	
	heute		zukünftig (xx / xx)		heute		zukünftig (xx / xx)		Highlights	Termin
	Anz. Liefe-ranten	= Anz. Teile	Anz. Liefe-ranten	= Anz. Teile	Anz. Liefe-ranten	= Anz. Teile	Anz. Liefe-ranten	= Anz. Teile		

Praxistipp

Um, die sich aus den KANBAN- / SCM-Verträgen ergebenden Just in time-Lieferungen[1] rechtlich abzusichern, und um keine bösen Überraschungen zu erleben (z.B. Haftungsausschluss, gemäß § 4 der Allgemeinen Haftpflichtversicherungen), sollten die

- ➢ Lieferantenverträge
- ➢ Versicherungsverträge

von spezialisierten Anwälten verhandelt und angefertigt werden.

Außerdem sollten die von Zulieferunternehmen zu erstellenden Teilprodukte in einem Pflichten- oder Lastenheft ausführlich beschrieben und schriftlich niedergelegt werden.

Dadurch können die Chancen und Risiken der Just in time - Lieferungen besser abgegrenzt und abgeschätzt werden, insbesondere wenn die Lieferanten z.B. direkt in die KANBAN - Regale in der Montage liefern.

[1] Sofern bei der Einlagerung keine Wareneingangsprüfung gemacht wird, der Lieferant auditiert und mit Freipässen ausgestattet ist

5.6 Darstellung der verschiedenen Dispositions- und Beschaffungsmodelle, bezüglich Prozesse, Flexibilität und Lieferfähigkeit

Verbesserung des Informations- und Materialflusses, mit Ziel
„Kosten minimieren, Leistung maximieren (intern / extern)"

Dispo- und Beschaffungsmodelle		Informations- und Arbeitsaufwand in den Teilprozessen der Nachschubautomatik			Auswirkung auf Prozesse / Arbeitsaufwand / Flexibilität und Lieferfähigkeit
		Disponieren und Beschaffen	Wareneingang	Lager / Materialbereitstellung	
Bedarfsgesteuerte Disposition / hohe Bestände	Vorrat, Einzelbestellung	- Bestandsführung - Disposition / Mengenbestimmung - Bestellung auslösen - Auftragsbestätigung - Terminüberwachung	- Übernahme - Prüfen WE-Papiere - Mengen- / Sicht / sachliche Prüfung - WE-Buchung - Auspacken - QS - System, evtl. - Rücklieferung	- Umpacken - Einlagerung - Auslagerung - Transport zum Verbrauchsort / Bereitstellen - Vorhalt Lagerfläche	Hoher Arbeitsaufwand / Prozesse Geringe Lieferflexibilität / Liefertreue
	Abrufaufträge	- Abrufaufträge erstellen - Bestandsführung - Abruf punktgenau - Abrufpflege, rollierend	- Übernahme - Prüfen WE-Papiere - Mengen- / Sicht / sachliche Prüfung - WE-Buchung - Auspacken - QS - System, evtl. - Rücklieferung	- Umpacken? - Einlagern - Auslagern - Transport zum Verbrauchsort / Bereitstellen - Vorhalt Lagerfläche	
	Auftragsbezogen	- Bedarfsermittlung / Disposition - Terminierung - Bestellung - Auftragsbestätigung - Terminüberwachung - Bestandsführung?	- Übernahme - Prüfen WE-Papiere - Mengen- / Sicht / sachliche Prüfung - WE-Buchung - Auspacken - QS - System, evtl. - Rücklieferung	- Einlagern - Auslagern - Transport zum Verbrauchsort / Bereitstellen	
Verbrauchsgesteuerte Disposition / niedere Bestände	KANBAN-System	- Rahmenvereinbarung - Abruf per KANBAN - Karte, bzw. Strichcodeimpuls	- Entfällt, oder fallweise Stichprobe, je nach Teil	- Vorhalten Lagerfläche / Umpacken? - Entnahme- / KANBAN- / Verpackungseinheit - Transport zum Produktions- / KANBAN - Lager	Geringer Arbeitsaufwand / Prozesse Höhe Lieferflexibilität / Liefertreue
	Bauhaussystem f. Katalogware	- Rahmenvereinbarung - Voll automatisierte Anlieferung durch Lieferant	- Entfällt komplett, Lieferant auditiert	- Vorhalt Lagerfläche in der Produktion	
	SCM-System für Zeichnungsteile	- Rahmenvereinbarung - Internetplattform - Lieferant disponiert für uns	- Entfällt komplett, Lieferant auditiert	- minimale Lagerfläche in der Produktion	

Aus dieser Aufzählung wird ersichtlich, dass der Einkauf somit für alle Kosten, von Schnittstelle „*Lieferant*", bis Schnittstelle „*Verbraucher*", z.B. die Produktion, verantwortlich ist.

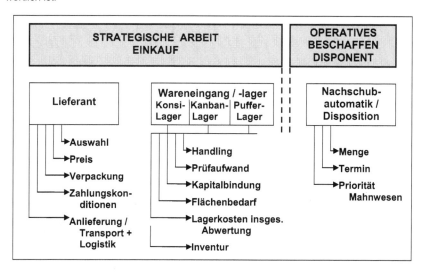

Gemessen an folgenden Einkaufskennzahlen:

Kennzahl / Messgröße	Zielgröße HEUTE	Ziel für die ZUKUNFT
Kosten der Logistik - Kostenstellen in € absolut	€	↘
Prozesskosten der Beschaffungs- und Lager- / Bereitstellvorgänge / -abläufe	€ / Vorgang	↘
Bestandskosten in € absolut und in Prozent zum umgeschlagenen Warenwert	€ %	↘
Bestandsreichweite in Arbeitstagen (Drehzahl)	Tage	↘
Liefertreue	%	↗
Anzahl Fehlteile	Artikelnummern	↘
Anzahl Lieferanten	Anzahl	↘
Anzahl Bestellungen	Anzahl	↘
Einkaufserfolg / Preis pro Stück	∑	↘

| Block 6 | Bestandsmanagement und Lageroptimierung |

Die Bedeutung des Lagers als Erfassungs- / Zähl- /
Registrier- und Verteilbahnhof wird immer wichtiger

Im Lager werden, insbesondere bei niederen Beständen,
alle Organisationsmängel als Fehlteile gnadenlos sichtbar,
egal wo diese auch im gesamten Logistikablauf entstehen

• **Wenn die Logistik funktioniert - funktioniert alles!** •

6.1 Die Bedeutung des Lagers in der Produktionslogistik, bezüglich Bestände - Abläufe - Datenqualität

Das Lager hat zwar immer die Aufgabe eines Warenpuffers, ist aber zugleich der Knotenpunkt für die Warenverteilung und somit ein integrierter Bestandteil im Materialfluss. Die Datenqualität der Bestände ist für die Bestandshöhe entscheidend.

Um die Durchlaufzeiten im Wareneingang zu verkürzen, wird der Wareneingang meist dem Lager unterstellt, ebenso disziplinarisch das QS-Personal im Wareneingang. Und es wird immer mehr auf die zweistufige Buchung im Wareneingang verzichtet, Ware wird sofort nach Anlieferung als „Verfügbar" verbucht. Dies erzeugt Zwänge bezüglich kurzer Durchlaufzeit im Wareneingang.

Die Anlieferung durch auditierte Lieferanten mit Freipässen, oder eine Verminderung des Prüfaufwandes nach Herstellerquoten verkürzt die Durchlaufzeit im Wareneingang wesentlich, reduziert die Wiederbeschaffungszeit und somit die Bestände.

Bild 6.1: *Die Funktion des Lagers in der Just in time - Abwicklung als Erfassungs- / Zähl-, Registrier- und Verteilbahnhof*

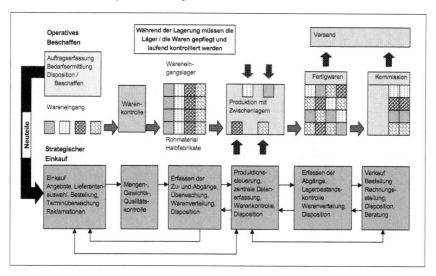

Kernsatz:

Wenn die Logistik funktioniert - funktioniert alles

Ein im Regelfall geschlossenes Lager, eventuell durch Zugangskontrollsystem gesichert, mit eindeutiger Lager- und Bestandsverantwortung, sowie einem funktionierenden Beleg- und Meldewesen und einer vorbildlichen Ordnung (Patendenken für bestimmte Rega- / Artikelbereiche ist je Mitarbeiter eingerichtet), ist eine wesentliche Voraussetzung für das Führen eines Lagers mit niederen Beständen und stimmenden Bestandszahlen.

Es ist davon auszugehen, dass in Zukunft, durch das Umdenken von einer tayloristischen Arbeitsweise (reines Spezialistentum), zu einer prozessorientierten Arbeitsweise (Generalist), die Arbeitsinhalte, die Bedeutung des Lager weiter wächst. Arbeitsinhalte aus dem Bereich der Disposition immer mehr in das Lager, näher an den Lagerort, verlegt werden.

Ziel: Da wo der Hauptlieferant und der Preis bekannt sind, ist es sinnig die Nachschubautomatik in die Verantwortung des Lagerleiters zu legen. Prozesse werden minimiert, die Datenqualität steigt.

Der Just in time - Gedanke erfordert eine Umstellung von einer bedarfsorientierten Disposition, in eine verbrauchsorientierte Disposition (SCM-KANBAN-System).

Dies wird die Bedeutung des Lagers bezüglich einer funktionierenden Nachschubautomatik mit stimmenden Beständen weiter erhöhen.

Der Einsatz modernster Techniken, wie z.B. Barcode- / Transponder- / RFID - Systeme [1] verbessert den Datenfluss / die Datenqualität wesentlich:

- es wird zeitnah gebucht
- es vermeidet fehlerhafte Eingaben
- eine sofortige Verfügbarkeit der Daten wird ermöglicht
- die Transparenz im Betriebsablauf wird verbessert
- die Lagerführung wird schneller, genauer, vollständiger, flexibler und produktiver

Eine Transportorganisation mittels Datenfunk / WLAN - System ermöglicht einen flexiblen Taxieinsatz der z.B. Staplerfahrer.

---

[1] RFID = Radio Frequenz-Identifikationssystem, auch Transponder genannt

Schnittstelle Disposition - Beschaffen - Lager optimieren verkürzt den Informations- und Wertefluss wesentlich

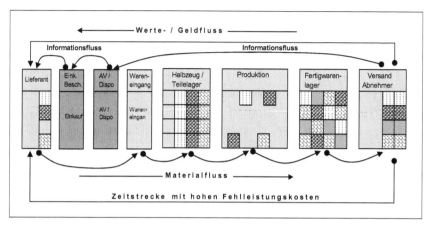

Dies bedeutet:

Da niedere Bestände im Lager alle vorhandenen Schwachstellen gnadenlos aufzeigen, ist es sinnvoll, die komplette Nachschubautomatik nahe an das Lager, bzw. ins Lager zu verlegen.

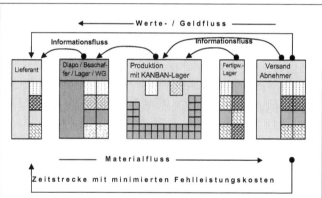

Eine Aufwertung des Lagers in Bezug auf Dispo und Beschaffen, bedeutet somit bereichsübergreifend:

- ▶ Kosten minimieren
  - − Prozesskosten intern / extern
  - − Kapitalkosten
  - − Fehlleistungskosten

- ▶ Leistung maximieren
  - − Materialverfügbarkeit
  - − Lieferflexibilität intern / extern
  - − Liefertreue intern / extern

6.2 Hohe Datenqualität im Lager reduziert Bestände

Ordnung, Sauberkeit, bessere Datenqualität durch Einführung des Patendenkens im Lager

Ordnung, Sauberkeit und Aufmerksamkeit verringern das Fehlerrisiko wesentlich und sind Grundvoraussetzungen für eine ordnungsgemäße Lagerhaltung. Dies bezieht sich auf:

- Arbeitsräume (aufräumen, fegen etc.)
- Transportwege (freie Wege, nichts steht störend herum)
- Lagereinrichtung (schmutz- und staubfreie Regale / Regalfächer)
- Ware selbst (frei von Schmutz, Straub, Dreck)
- Transportmittel (vorgeschriebene Wartung etc.)
- Waagen (vorgeschriebene Audits etc.)

Um Ordnung und Datenqualität im Lager auf Dauer sicherzustellen, hat sich das Patendenken bewährt.

> Ein Mitarbeiter im Lager ist Pate für eine bestimmte Anzahl Regale / Regalfächer oder Teilenummern bezüglich Datenqualität, geht Fehlbeständen nach
> Ein Mitarbeiter ist Pate für Sauberkeit der Wege, der Arbeitsräume
> Ein Mitarbeiter ist Pate für Transportmittel, Stapler, Hubwagen etc. (Sicherheit im Lager)
> Ein Mitarbeiter ist verantwortlich für sonstige technische Einrichtungen, wie Waagen etc.

Checklisten, in denen die Verantwortungen, die Häufigkeit der Audits, sowie die zugrunde liegenden Arbeitsvorschriften visualisiert sind, sichern das System ab.

Wiederkehrende Schulungen und konsequente Einhaltung des I-Punkt-Systems mit wiederkehrenden Audits verinnerlichen dies.

Automatisierte Lager verringern Fehlerquoten ebenfalls wesentlich.

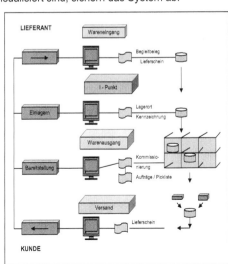

Buchungsarten entscheiden mit über die Bestandsqualität / Aktualität

Es gilt der Grundsatz: „ZEITNAH" BUCHEN

Für das Verbuchen von Entnahmen haben sich, je nach Unternehmen und Branche, verschiedene Buchungsarten durchgesetzt:

A) Beim Ausdruck der Entnahmepapiere wird die Ware, Soll-Entnahmemenge, vom körperlichen Bestand automatisch abgebucht und für diesen Auftrag separiert. (Separates Feld „Bereitstellbestand für Auftrag XXX"). Bei Erstellen der Rechnung / Versandliste oder bei Auftragsstart (erster Arbeitsgang), wird die Ware von diesem Bereitstellbestand automatisch abgebucht.

Vorteil: *Keine händische Arbeit für Buchen*
Nachteil: *Zeitstrecke von Separieren bis wegbuchen - kann dauern.*

B) Die Entnahmen werden bei / nach Teilebereitstellung abgebucht, entweder
- Einzelentnahme, oder
- über Aufruf des Gesamtauftrages, mit fallweiser Einzelpositionskorrektur

Vorteil: *Genaue Bestandsführung im Zeitraster*
Nachteil: *Buchungsaufwand*
Diese Buchungsart wird deshalb meist mittels Barcode-System getätigt, da dann der genannte Nachteil entfällt und zeitnaher gebucht wird.

C) Retrogrades Buchen von Entnahmen
Retrograd bedeutet: Eine Zugangsbuchung erzeugt über die Stücklistenauflösung auf der unteren Ebene automatisch die entsprechende Abbuchung. Voraussetzung dafür, ist eine Systemumstellung von *„Auf Auftrag buchen"* auf *„Umbuchen"*. Also z.B. von Zentrallager auf Produktionslager. Durch Fertigmeldung oder anmelden erster Arbeitsgang wird automatisch auf den entsprechenden Auftrag gebucht, das Produktionslager entlastet. Dieser Umbuchungsvorgang ist zwingend, da ansonsten durch die zu lange Zeitstrecke, von Entnahme bis Abbuchen, die Bestände im Zentrallager zu den Bildschirmbeständen abweichen.

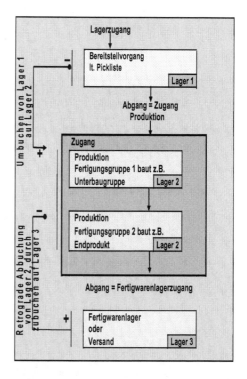

Bild 6.2: Schemaablauf - Umbuchen und retrogrades Abbuche

6.3 Optisch / elektronische Warenerfassungssysteme

Optisch / elektronische Warenerfassungssysteme im Lager senken Kosten und verbessern wesentlich die Bestandsqualität

6.3.1 Strichcode im Lager

Strichcodesysteme sind moderne, Zeit und Kosten sparende Systeme zur Lagerwirtschaft und Warenflusskontrolle, mit hoher Bestandsqualität. Und was besonders wichtig ist, die Systeme arbeiten quasi fehlerlos.

Mit entsprechender Software ausgestattet, hilft das System durch seine Funktionen zum raschen und sicheren Erkennen und Eliminieren von Fehlerquellen:

- ➢ Bestandstransparenz schaffen
- ➢ Bestände rasch und nachhaltig senken
- ➢ Bestellkosten reduzieren / eine Entnahme erzeugt beim Lieferant einen Abruf
- ➢ Lieferfähigkeit und Servicegrad erhöhen
- ➢ Zeitnah buchen / Online verarbeiten
- ➢ Konsequentes (Bestands-)Controlling implementieren
- ➢ Zahlendreher / falsches Bereitstellen wird vermieden, System quittiert

Da diese Systeme bekannt sind, müssen sie hier nicht weiter erörtert werden.

Weitere Informationen erhalten Sie z.B.:

DIE STRICHCODE - FIBEL

von der Firma

Datalogic GmbH
Uracher Straße 22

D - 73268 Erkenbrechsweiler

www.datalogic.it

Incl. Hinweise für Online-Realisierungen aller Art

6.3.2 RFID[1] - die berührungslose Datenerfassung in der Logistik

Elektronische / elektromagnetische Warenerfassungs- und Sicherungssysteme

Der Einsatz der Elektronik hält auch in der Warenwirtschaft immer mehr Einzug. Die heute bereits zur Anwendung gelangten Sicherungssysteme (RFID[1] - Labels / -Tags) bieten die Möglichkeit, dass durch automatisches abscannen, z.b. beim Verlassen des Lagers, ohne Sichtkontakt, die entsprechenden Buchungen vorgenommen werden.

Da diese Vorgänge elektronisch, also vollautomatisch ablaufen, ohne irgendwelche händische Eingriffe, sind sie dem Strichcode überlegen und werden ihn längerfristig sicher ablösen. Alleine die hohen Labelkosten sind derzeitig noch für Industrie und Gewerbe für den täglichen Einsatz ein Hindernis.

Im Handel haben die Systeme (auch Transponder genannt) bereits erfolgreich Einzug gehalten und können, je nach Ausprägung, unbegrenzt deaktiviert und reaktiviert werden.

In der Lagerlogistik bieten sich folgende Einsatzgebiete an:

- Inventur per Mausklick / die Bestände sind permanent im Zugriff
- Automatische Paletten- / Behälterverwaltung
- Automatische Erfassung der Zu- und Abgänge durch Identifikation der Gegenstände, Permanente, automatische Inventurerfassung, First in - First out, Chargennummer, Herstelldatum, Verfallsdatum etc.
- Bewegungsprofile / Tätigkeitsprofile, wo befinden sich bestimmte Waren, Fahrzeuge, Aufträge, z.B. Arbeitsfortschrittskontrolle
- Rückverfolgbarkeit durch Abbilden aller Prozesse, vom Lieferant über Wareneingang, Fertigung, bis Fertigwarenlager und Kunde
- Zeiten aller Art, hier z.B. ⌀ Zeit für einen Zugriff oder anderer Tätigkeiten, was die Wirtschaftlichkeit im Logistikbereich auf Dauer weiter verbessert

Da dieses Informationen automatisch, ohne direkte Berührung, sicher von allen RFID[1] - Labels ausgelesen, oder, wenn gewollt, elektronisch verändert werden können, eröffnen sich für die Logistik völlig neue Möglichkeiten zur Optimierung aller Abläufe, Kennzahlengewinnung mit minimalen Kosten.

Über das FIR-Aachen, Bereich Informationsmanagement, www.fir.rwth-aachen.de, können Sie Erfahrungsberichte von Anwendern und Technologieanbietern abfragen, oder direkt bei den wissenschaftlichen Leitern der Fachgruppe:

Dipl.-Wi.-Ing. T. Rhensius   E-Mail: Tobias.Rhensius@fir.rwth-aachen.de

Dipl.-Wi.-Ing. Matthias Deindl   E-Mail: Matthias.Deindl@fir.rwth-aachen.de

Dipl.-Inform. Daniel Dünnebacke   E-Mail: Daniel.Duennebacke@fir.rwth-aachen.de

Oder bekannte Etikettenhersteller, wie z.B. www.Schreiner-Logidata.de
www.Blumsysteme.com
www.Kimball.at   und andere

[1] RFID = Radio Frequenz Identifikationssysteme = Programmierbarer Datenträger Dieser Mikrochip speichert Daten und gibt sie als Information über eine Art Antenne ab. Chips gibt es in den unterschiedlichsten Ausprägungen

6.4 Lagerorganisation / -steuerung - Bereitstellung - Beschicken - Entsorgen

Aufbauend auf den Schemaablauf Zähl- und Registrierbahnhof, sowie der mehrfach dargestellten Bedeutung von geordneten Lägern, sowie einer gezielten Bereitstellung, kann so der Zusammenhang zwischen
- Disposition / Bestandsführung
- Lagerung / Bereitstellen und Buchen von Abgängen
- Fertigen / Einlagern und Buchen von Zugängen
- Bereitstellen und Buchen von Abgängen bis zur Auslieferung der fertigen Waren

dargestellt werden, wobei eine organisatorische Abstimmung **AV-Konzeption zu Werkstatt - Lager- Bereitstellkonzeption incl. Beschicken - Entsorgen** ebenfalls von wesentlicher Bedeutung ist.

Abb.: Schemadarstellung einer Werkstatt- / Lager- und Bereitstellkonzeption für einen Fertigungsbetrieb

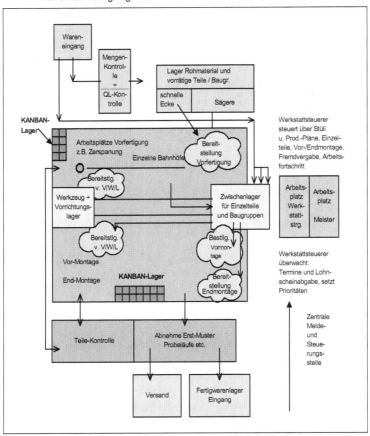

Wobei sauber geführte Bahnhöfe, mit geordneter Ablage als Reihenfolgevorgabe für die Fertigung [1], sowie Trennen von Wareneingang zu Warenausgang, die Transparenz der Logistikabläufe wesentlich verbessert.

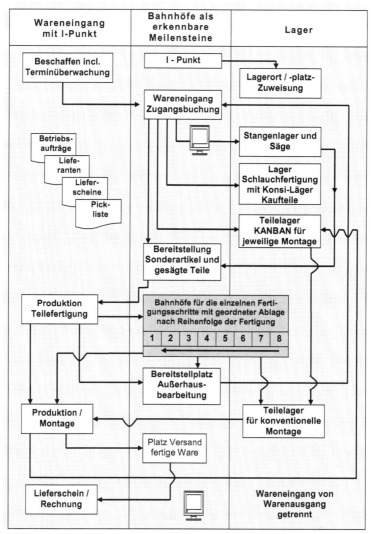

Und dies insbesondere in Verbindung mit einer I-Punkt-Organisation, sowie Liefer- / Verpackungs- / Palettiervorschriften, eine weitere Erleichterung der gesamten Logistikabläufe mit sich bringt.

[1] Bahnhöfe dürfen nicht überlaufen = Vorproduktion drosseln
Bahnhofstellfläche weniger als 30% = Vorproduktion steigern

6.5 Zugriffs- und Wegeoptimierung

Um etwas zu optimieren, muss man erst wissen, wo man steht. Deshalb ist es u.a. wichtig zu wissen, wie viel Zugriffe pro Zeitraum im Lager erbracht werden.

Anzahl Zugriffe / Monat	Einlagervorgänge	
	Auslagervorgänge	
	Umlagervorgänge	
	Insgesamt	

um daraus die durchschnittliche Zugriffszeit, eventuell gewichtet nach Gewicht, Lager- / Hilfsmittelart zu ermitteln.

Formel:	Durchschnittliche Zugriffszeit pro Lagerzugriff / Palette:	$\dfrac{\text{Anzahl Mitarbeiter im Lager in Minuten / Monat}}{\text{Anzahl Zugriffe pro Monat lt. EDV}}$	=	=======

A- / B- / C-Analysen zur Reduzierung der Zugriffszeit

Schnelldreher	=	**A - Zone**
Langsamdreher	=	**C - Zone**
Dazwischen	=	**B - Zone**

Zusammensetzung des Zeitaufwandes für einen Pick (Mann zur Ware):

Tätigkeitsart	Zeitanteil
• Basis- / Rüstzeit, z.B. Pickliste ausdrucken, lesen, Kommissionierwagen holen etc.	ca. 5 %
• Wegezeit	ca. 60 %
• Greifzeit incl. zählen, Kiste in Fach zurück	ca. 20 %
• Nebenzeit, wie z.B. Buchen, Liste abhaken	ca. 5 %
• Verteilzeit, sachlich, persönlich	ca. 10 %
Gesamtzeit	**100 %**

Um also die Zugriffszeit zu minimieren, muss die Wegezeit (höchster Zeitanteil) durch Einteilen der Lagerfläche in eine A-/ B-/ C-Einteilung optimiert werden:

Schnelldreher	=	kurze Wege (liegt vorne)
∅ - Bewegungen	=	im Mittelteil des Lagers
Langsamdreher	=	lange Wege, wird selten benötigt (liegt entfernt)

und „*linkes Teil*" liegt neben „*rechtem Teil*" = 80-20-Struktur

Durchschnittliche Zugriffszeiten im Lager / empirisch ermittelte Richtwerte mittels Prozesskostenanalyse (nicht mit der Uhr gemessen):

Branche	Lager- / Hilfsmittelart	Ø Zeit / Vorgang [1] bzw. Zugriff [1] in Min. ca. Werte
Industriebetrieb Teilelager	Handbedienungsregal Mann muss zu Ware - zu Fuß mittelgroße Teile: Zeit / Zugriff dito Kleinteile: Zeit / Zugriff	3,0 - 4,5 2,0 - 3,0
	Palettenregal Mann zu Ware - per Stapler Zeit / Palette	2,5 - 4,0
	Automatisches Hochregallager mit mannlosem Regalbediengerät Ware zu Mann Zeit / Entnahme	0,8 - 1,4
	Paternoster-[2] / Shuttlesysteme [2] Ware zu Mann je nach Teilegröße und Gewicht	1,0 - 1,6
Industriebetrieb Versandlager	Palettenlager in Reihenstapelung Mann zu Palette per Stapler Zeit / Palette	1,5 - 1,8

„**Pick by Voice**" reduziert die Zugriffszeiten bei manueller Entnahme, um ca. 20% - 30%. Die Vorteile der sprachgesteuerten Entnahme, über Headset, liegen in:

➢ beide Hände sind für das Kommissionieren frei
➢ die Sprachsteuerung bringt die Entnahmevorgänge in eine Wegeoptimierungs-reihenfolge und bildet, sofern sinnvoll, so genannte „Batches". Diese können sein
  − alle Aufträge für einen Kunden / eine Tour
  − Zusammenfassen mehrerer Aufträge in einem Rundgang (Mehrfachkommissionieren) etc.
➢ kein Ausdrucken von Picklisten; eventuelle Wartezeiten am Drucker entfallen
➢ kein Handling / Bearbeitungsaufwand von Picklisten, 1 x grundsätzlich lesen (wie Rüsten zu verstehen), jede Position lesen und abhaken (Erledigungsvermerk)
➢ kein Fertigmelden (buchen am System), bzw. bei Arbeiten mit Barcode, kein abscannen und keine Doppelarbeit durch unleserliche Barcodes
➢ kurze Anlernzeit des Lagerpersonals, weniger Fehler und die so wichtige ON-LINE - Buchung ist sichergestellt

6.5.1 Platz- und Wegezeitgewinn durch Behälter- und Lagerfachoptimierung

Im Laufe der Zeit verändern sich die Bedarfs- / Lagermengen. Dies hat Einfluss auf den Platzbedarf, sowohl in

> Behältnisgröße

als auch im

> Platzbedarf von Regalfächern

Deshalb muss von Zeit zu Zeit mittels *„Kisten- / Lagerfachgrößen-Inventur"* eine Neubestimmung der Teilemengen, in welche Behältnisse, bzw. Lagerfächer gehören sie (optimale Platz- / Volumenausfüllung), durchgeführt werden.

A) Behältertyp 1, bzw. Gitterbox etc.

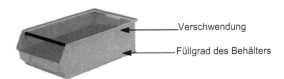

B) Lagerfachgröße zu Inhalt

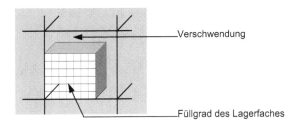

Die Einrichtung eines Umpackplatzes im Wareneingang, für Ware die nicht in der gewünschten Lagermenge und Verpackungsart geliefert wird (Lieferant macht nicht mit), kann sinnvoll sein (oder Fremdvergabe, Umpacken durch?).

Die Erfahrung zeigt, dass, in Verbindung mit gezielten Verschrottungsaktionen, bis zu 30 % freier Lagerplatz geschaffen werden kann. Auch mit dem Lager abgestimmte Liefermengen, in festgelegten Verpackungsgrößen, vereinfachen die Arbeit im Lager

Kein Ein- / Auslagern auftragsbezogen bestellter Ware. Eine schnelle Ecke / Fläche (entsprechend gekennzeichnet), schafft Platz in den Regalen, spart Zugriffe und Wege.

Anliefern von kleineren Mengen (schneller Takt), nach dem 80-20-Prinzip mittels Verpackungsvorschriften, erleichtert eine systematische Lagerfach- und Behälteroptimierung.

Festplatz-Lagerplatz-System, zumindest in Teilbereichen, kann sinnvoll sein. Oberteil liegt neben Unterteil, also Teile liegen in Nähe, was parallel benötigt wird.

ALDI-Prinzip, Wegeoptimierung und Häufigkeit nach Griffhöhe, Teileart. Einfach zu öffnende Verpackung, Gewichtsgrenzen bei Verpackungseinheiten. Große und schwere Ware auf die unteren Plätze der Regale etc., hilft ebenfalls weiter.

6.6 Verbesserung der Prozesse im Lager / Abbau nicht wertschöpfender Tätigkeiten / Vermeidbare Verschwendung

Was sind „nicht wertschöpfende" Tätigkeiten / versteckte Verschwendung?

→ Umfüllen / Umpacken / Beschriften / Unterlagen zuordnen etc.
→ Lieferant liefert nicht ordnungsgemäß an, unvollständige Bezeichnung, unsinnig verpackt, fehlende Unterlagen, ALDI-Prinzip einführen (Fahrer lädt ab)
→ Telefonieren, Rückfragen, unsinniges laufen / transportieren
→ Nacharbeiten / Änderungen durchführen, alles was nicht dem Arbeitsfortschritt direkt dient vermeiden
→ Unscharfe, unklare Aufgabenbeschreibung und Weitergabe, suchen
→ Tätigkeiten die gemacht werden müssen, weil eine Vorabeilung nicht konsequent gearbeitet hat, z.B. Weitergabe nicht vollständig ausgefüllter Unterlagen, nicht ausgepackte Ware, fehlende Angaben, ...
→ zuviel verschiedene Verpackungsmaterialien, Problem Materialtrennung
→ Gewicht / Sendung zu groß, hoher Handlings- / Transportaufwand
→ Zählen vermeiden, Einlagermenge = Auslagermenge
→ Qualitätsproblem, hohe Anzahl Rücklieferungen etc.
→ Auch die Anlieferung von Liefersets (fiktive Baugruppen), sowie Waren von auditierten Lieferanten mit Freipässen (keine Eingangskontrolle notwendig), reduziert den Aufwand in Wareneingang und Lager
→ und als *wertschöpfend* folgende Devise konsequent beachten:
  ▶ mach's gleich richtig (Qualität)
  ▶ mach's gleich fertig (komplett)
  ▶ nur das fertigen was gebraucht wird
  ▶ Engpassbeseitigung durch flexible Mitarbeiter
  ▶ nur i.O. Arbeit weitergeben

und dem „verstehen lernen", was versteckte Verschendung ist:

ALLES WAS FÜR EINE TÄTIGKEIT MEHR ALS EINMAL IN DIE HAND GENOMMEN WIRD, IST VERSCHWENDUNG!

6.7 Bestandstreiber sichtbar machen und eliminieren

1.) Führen Sie eine Artikelanalyse auf Überbestände und Null-Dreher durch, am einfachsten mittels Reichweitenanalyse zu aktuellen Wiederbeschaffungszeiten, z.B. gegliedert nach A-/ B-/ C-Selektion, Disponent sowie getrennt nach Fertigungs- / Kaufteilen und Handelsware

Disponent:	X Y	Kaufteil		Halbzeug		Baugruppe		A	✓
								B	
Handelsware		Fertigungsteil	✓	Einzelteil	✓	Fertig prod.		C	
Artikel-nummer	Bestand in Stück oder in € am Stichtag	⌀-Verbrauch / Mo. der letzten Perioden, z.B. 12 Monate, in € oder Stück		⌀-Reichweite in Wochen		Wiederbeschaffungszeit in Wochen		Überbestand [1] Bestand in Reichweite doppelt so hoch wie die Wiederbeschaffungszeit	
								J	N
1	2	3		4 = 2 : 3 x 4		5		6	7
A	4.000,-- €	1.000,-- €		16 Wo.		6 Wo.		✓	—
B	6.500,-- €	4.000,-- €		6,5 Wo.		6 Wo.		—	✓

2.) Danach je Analyse-Block eine Hitliste erzeugen = höchste Überbestände nach oben, niederste Überbestände nach unten (Null-Dreher nach Jahren letzter Verbrauch gegliedert).

3.) Durchgang der Überbestände nach dem 80-20-Prinzip (im ersten Schritt), zusammen mit den Verantwortlichen *„Wie ist es zu diesen Überbeständen gekommen?"* [1]
Bei den Null-Drehern: *„Warum ist dies ein Null Dreher geworden?"* [1]

4.) Ordnen Sie die Ergebnisse der Analyse, zusammen mit den Fachabteilungen, nach Gründen und stellen Sie die Häufigkeiten der „WARUM?", wieder gegliedert nach Wertigkeiten dar, in einer Statistik geordnet ab, siehe nachfolgend.

5.) Stellen Sie Gründe nach einer Hitliste durch entsprechende Maßnahmen auf Dauer ab.

UND: Reduzieren Sie die Mehrstufigkeit, wie im entsprechenden Abschnitt beschrieben.

---

[1] geordnet nach einem Gründekatalog (eindeutige Merkmale)

Bild 6.3: Analyse nach Bestandstreiber

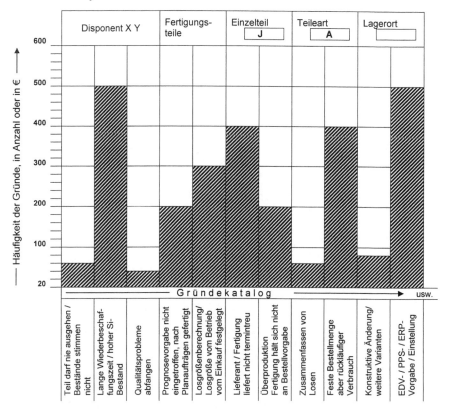

Das Ergebnis ist die Erkenntnis, *„Was sind die Haupt-Bestandstreiber im Unternehmen?"*, die dann Schritt für Schritt in einem Projekt Bestandsreduzierung, Ziel z.B. minus 30 %, bei verbesserter Lieferfähigkeit, im Team gegen Null gebracht werden müssen.

Und denken Sie daran:

Eine Erhöhung des Lieferbereitschaftsgrades von z.B. 95% auf 99%, kann je nach Wiederbeschaffungszeit und nach Streuung der Bedarfe eine Verdopplung des Bestandes bewirken.

Praxis-Tipp:

Eine rein auftragsbezogene Fertigungs- / Beschaffungspolitik senkt Ihre Lagerbestände auf Null! Mehrkosten durch Kapazitätsvorhalt müssen dagegengehalten werden. Meist rechnet es sich. Das oberste Ziel muss also sein:
„Kürzeste Durchlaufzeiten in der Fertigung herstellen und Materialsicherheit auf der untersten Stücklistenebene herstellen".

Null-Dreher / Lagerhüter müssen verschrottet / Räumungspläne eliminiert werden. Ein Vorhalt nach dem Grund „Es kann doch noch irgendwann genötigt werden", ist u.a. bei Berücksichtigung steuerlicher Auswirkungen der teuerste Weg.

Natürlich muss der Erfolg von Maßnahmen, bezüglich Bestandsreduzierung, auch sichtbar gemacht werden. Kennzahlen sind dann das richtige Mittel.

Beispiel: Umschlagshäufigkeit

Bestands- / Teileart			⌀ Umschlagshäufigkeit am Stichtag				
Art des Bestandes	Wertigkeit	Teileart	2008	2009	2010	2011	2012
Fertigware	A	Handelsware	5,0				
		Eigenfertigung	6,3				
	B	Handelsware	4,8				
		Eigenfertigung	4,5				
	C	Handelsware	2,6				
		Eigenfertigung	2,8				
	Kanban/ SCM	Handelsware	16,0				
		Eigenfertigung	19,2				
Baugruppen	A	Kaufteile	3,0				
		Eigenfertigung	6,2				
	B	Kaufteile	3,5				
		Eigenfertigung	4,1				
	C	Kaufteile	2,2				
		Eigenfertigung	1,8				
	Kanban/ SCM	Handelsware	18,0				
		Eigenfertigung	22,0				
Einzelteile	A	Kaufteile	1,9				
		Eigenfertigung	4,4				
	B	Kaufteile	2,2				
		Eigenfertigung	3,0				
	C	Kaufteile	0,9				
		Eigenfertigung	1,6				
	Kanban/ SCM	Kaufteile	17,6				
		Eigenfertigung	20,3				
Halbzeug / Rohmaterial	A	Kaufteile	2,1				
		Eigenfertigung	--				
	B	Kaufteile	1,5				
		Eigenfertigung	--				
	C	Kaufteile	0,8				
		Eigenfertigung	--				
	Kanban/ SCM	Kaufteile	--				
		Eigenfertigung	--				

Formel:

$$\frac{\text{Verbrauch / Jahr in € od. Stck.}}{\text{Bestand am Stichtag in € od. Stck.}} =$$

Block 7 Auftrags- und Terminplanung / Fertigungssteuerung

Die Fertigungssteuerung als Order-Control-Center

Fertigungssteuerung verbessern / Durchlaufzeiten straffen / Flexibilität erhöhen.

Mit den richtigen Werkzeugen zu höherer Termintreue und kürzeren Lieferzeiten.

- Bilden von prozessorientierten Kapazitätsgruppen

- Terminplanung mit reduzierten Durchlaufzeiten und flexiblen Kapazitäten

- Zusammenhänge zwischen Losgröße, Anzahl Aufträge gleichzeitig in der Fertigung, bezüglich Durchlaufzeiten, Bestände und Flexibilität (keine hausgemachte Konjunktur)

- Rückstandsfrei, flexibler produzieren durch eine verbesserte Fertigungssteuerung und nur fertigen was gebraucht wird

- Optimieren des Informationsflusses Kunde - AV - Produktion

- Prioritätenregelungen für eine Fertigungssteuerung mit kurzen Durchlaufzeiten / Engpassplanung

7.1 Die Planungsebenen für einen schnellen Auftragsdurchlauf

Jeder geordnete Auftragsdurchlauf setzt voraus, dass geeignete Unterlagen vorliegen. Dies sind im Wesentlichen Zeichnungen, Stücklisten und Arbeitspläne / -vorschriften. Voraussetzungen für eine effektive Steuerung der Aufträge durch die Fertigung. Ohne richtig aufgebaute Stücklisten können die Teile für die Fertigung und Montage nicht termintreu bereitgestellt werden. Andere Materialien liegen in den Lagern, binden Kapital und führen zu Produktionsstockungen. Die Liquidität wird angespannt.

Liegen im Unternehmen keine korrekten Arbeitspläne vor, ist eine Belegungsplanung nicht möglich. Automatisch müssen hierdurch Kapazitätsengpässe entstehen. Kapazitätsengpässe führen an anderen Stellen des Unternehmens zu nicht ausgenutzter Kapazität, da eine genaue Abstimmung nicht möglich ist.

Zur tatsächlichen Reduzierung von Durchlaufzeiten und der Vermeidung von Kapazitätsengpässen darf man allerdings nicht in den Glauben verfallen, dass nur PPS- / ERP-gestützte Fertigungssteuerungssysteme abhelfen können. Während Basisdaten unabdingbar sind, müssen die weiteren Organisationsschritte sehr genau überlegt und auf den jeweiligen Betrieb zugeschnitten werden, um den gewünschten Effekt zu erzielen. Dazu gehören natürlich auch alle vorbereitenden Maßnahmen, wie die Stammdateneinstellungen, bzw. deren Pflege, sowie die richtigen Durchsetzungssysteme:

AV - Konzeption
Werkstatt, Lager, Bereitstellkonzeption }= AZ / Logistikzentrum

eine schlüssige Fertigungs-
organisation nach dem Fließprinzip }= One - Piece - Flow

Durch eine optimierte Auftragsplanung / Fertigungsorganisation / -steuerung wird die gesamte Abwicklung des Auftrages in der Fertigung beschleunigt. So sind in der Praxis Durchlaufzeitverringerungen von 50 -70% nachgewiesen. Die Auswirkungen auf Kundennähe / Flexibilität / Liefertreue sowie Reduzierung des Working-Capitals sind enorm.

Darstellung der Vorgehensweise:

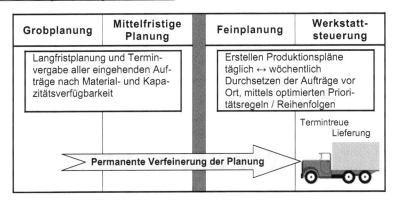

7.2 Grobplanung

ARBEITSVORBEREITUNG

• **GROBPLANUNG**

Prinzip Grobkapazitätsplanung

Auftragsdaten mit dem
Kundenwunschtermin

Abfrage, ob Belegung in der
jeweiligen Woche möglich

| 100 % | 80 % | 100 % | 90 % | 10 % | 75 % |

Angabe des nächstmöglichen Termines
wenn Kundenwunschtermin nicht möglich

Bei Rücksprache mit Arbeitsvorbereitung

Langfristplanung / Grobplanung

Eine Langfrist- / Grobplanung muss vorhanden sein bzw. eingeführt und gegen die echten Kundenaufträge gefahren werden.

Diese Langfristplanung wird in der Auftragsabwicklung in Verbindung mit den Daten der AV geführt. Die Ergebnisdaten an die Geschäftsleitung bzw. den Vertrieb pro Woche / Monat übergeben.

Sie hat folgenden Sinn:
- Darstellung einer Grobauslastung für grobe Terminabgaben
- Frühzeitiges Disponieren von Material und Teilen mit langen Lieferzeiten bzw. hohen Kosten, gemäß dem sich aus der Grobplanung ergebenden Planungshorizont durch Konstruktion, Arbeitsvorbereitung, Fertigung, Abnahme, etc.

Bei der Grobplanung muss unterschieden werden zwischen Einzel- und Serienfertigung

Serien / Variantenfertigung	Einzelfertigung
Vorhersage der Produktion für einen bestimmten Zeitraum, z.B. ein Jahr gegliedert nach einzelnen Perioden (z.B. ein Monat)	**Erfassung der Aktivitäten des Auftragsdurchlaufes (Konstruktion, Einkauf, Arbeitsvorbereitung, Fertigung, Abnahme, Versand).**
Durchführung eine Kapazitätsplanung und Materialbedarfsrechnung für den Gesamtzeitraum. Ziel → Abrufaufträge	Einbringen der Aktivitäten in ein Zeitraster und Erstellung eines Fristenplanes.
Gegenüberstellung des effektiven Auftragseinganges mit den Planungen in den Einzelperioden.	Durchführung einer Grobkapazitätsbelegung. **Abgleich der Kapazitätsplanung, damit Kapazitätsengpässe vermieden werden.**
Berichtigung der Planung der Einzelperioden nach den tatsächlichen eingehenden Aufträgen. Ziel → Punktgenaue Abrufe	Aufbau und Führung der Terminüberwachung über alle Stufen (Konstruktion, Einkauf, Arbeitsvorbereitung, Fertigung).

7.2.1 Grobplanung: Einzelfertiger

Einführung eines so genannten Projektplanes

Basis für eine gesicherte Langfristplanung mit den damit verbundenen positiven Auswirkungen auf die Materialwirtschaft ist

a) bei Serienfertigung die Vorgabe eines Vorcash

b) bei Einzelfertigung die Einführung eines Projektplanes.

Bei Auftragseingang muss über eine Grobterminierung ein so genannter Projektplan erstellt werden. Bei Einzelfertiger sinnvollerweise mittels MS-Projekt.

Bild 7.1: *Projektplan mit wöchentlicher Projektbesprechung, bezüglich Termin, sowie Darstellen des Arbeitsfortschrittes in Prozent und Zeitverbrauch*

PROJEKTPLAN		Kunde: Wolter	Liefertermin: 29. Wo.	Auftrags-Nr. 2604
		Gegenstand:	Spezialfilteranlage	

Lt. Katalog Nr. 2 / 4416 / 22	Projektverantwortlicher: K. Meier
jedoch Leistungsvermögen 500 L	
u. mit Zusatzantrieb 4 / 912 / 45	
u. kundenspezifischer Anschlüsse	

Pos Nr.	Tätigkeiten / Baugruppen	Ko. St.	Bedarf in h	Wochen
1	Techn. Klärung / Vertrieb		20	W1–2
2	TB		140	W3–6
3	AV		50	W7–8
4	EK + WBZ		30	W9–11
5	mech. Fertigung		210	W12–18
6	Vormontage		145	W19–22
7	Endmontage		130	W23–27
8	Probel. + Abnahme		30	W28–29

Der Projektplan muss beinhalten

- grober Terminplan nach *Dauer - Anfang - Ende*

sowie eine

- Zeiteinschätzung Konstruktionsarbeit und Arbeitsvorbereitung
- Zeiteinschätzung Fertigung, Montage und Abnahme.

Diese so erstellten Projektpläne werden ins Netz gestellt, denn die Annahme von Konstruktionsaufträgen zu vorbestimmten Terminen, erfordert mehr als eine grobe Daumenplanung.

- Wer kann und muss zu bestimmten Zeiten welche Tätigkeiten ausführen?
- Wie ist die Auslastung der einzelnen Teams bzw. Mitarbeiter?
- Muss Fremdvergabe eingeplant werden? Sind Terminverschiebungen notwendig?

Zeitschätzkatalog			Positionsspiegel					Auftr.-Nr. Code-Nr.
Kunde: Kraftanlagen				Liefertermin:				
Gegenstand: Beschickungsboxen								
Terminverfolg.	Pos. Nr.	Tätigkeit / Gegenstand Bezeichnung	Endtermin	Zeitaufwand in h je Kostenstelle				
				60	30	40	45	Σ
	01	AV		30				30
X	02	Übersichtszeichnung		405				405
	03	QS		10				10
	04	Doku.		20				20
X {	07	Werksmontage						
{	08	Zwischenabnahme		8				8
	09	Verpackung / Versand		12		10		22
{	90	Transport				20		20
X {	91	Montage - Baustelle			61	61		122
{	92	Endabnahme		10		8		18
X {	10	Box				320		320
{	11	Boxgestell						
X	79	Hubvorrichtung				160		160
X	78	Schieber				360		360
X	77	Beschickungsschleuse				80		80
X	76	Übergangsstück				40		40
X	92	Endabnahme					12	
				495	61	1.059	12	1.615

Kriterien, die einer fundierten Antwort bedürfen. Dabei ist das Wissen um den erforderlichen Zeitbedarf für bestimmte Tätigkeiten und die Auslastung der betroffenen Mitarbeiter Voraussetzung für eine sinnvolle Planung.

Diese Vorgänge können mittels Excel-Tabellen, bzw. speziellen Projektprogrammen, z.B. **MS-Projekt**, oder über entsprechende PPS - Programme durchgeführt werden, die mittels Internet durchgängig bis zum Kunde / Lieferant gestaltet werden können (virtuelles Projektmanagement im Internet).

Eine Kontrolle der Ecktermine erfolgt entweder:

- **a)** im PC mittels manueller Verarbeitung der Rückmeldungen in Excel-Tabellen, bzw. über MS-Projekt, idealerweise mit BDE - Anbindung

- **b)** im PPS- / ERP-System online über permanente BDE - Rückmeldungen

- **c)** wöchentliche Termingespräche mit den Projektverantwortlichen

Die Entlastung der Zeitschätzwerte / Gant - Zeitstrahlgrafiken erfolgt:

- **a)** nach Arbeitsfortschritt gemäß Rückmeldung verbrauchter Stunden

- **b)** nach Arbeitsfortschritt in Prozent gemäß sachlicher Einschätzung durch Projektverantwortlichen

Arbeitsfortschritt tatsächlich in % _____ %	SOLL-MT, bzw. Std.	Arbeitsfortschritt SOLL % lt. Plan
	IST-MT, bzw. Std. (Verbrauch)	Arbeitsfortschritt IST % lt. Zeitverbrauch

Eine Kapazitätsbelegung nach Maschinengruppen erfolgt über die mittelfristige Kapazitätsplanung auf Basis Arbeitspläne. Die Belegung über die Grobplanung wird gelöscht.

Natürlich ist es sehr schwierig, Aufträge zu planen und zu steuern, wenn sich der Inhalt der Arbeiten erst stufenweise bestimmen lässt Daher muss besonderen Wert auf den Informationsaustausch gelegt werden. Bei Terminüberschreitungen müssen durch die beteiligten Mitarbeiter Maßnahmen getroffen werden.

Es ist daher unumgänglich, in bestimmten Abständen, z.B. wöchentlich, bei Termingesprächen die Maßnahmen festzulegen und zu kontrollieren. Einzelmaßnahmen führen zu keinem Erfolg, da alle Entscheidungen Einfluss auf die Folgeabteilungen haben. Daher müssen alle Maßnahmen festgehalten und auf Termineinhaltung kontrolliert werden.

Siehe nachfolgende Schemadarstellung, grundsätzliche Projektschritte / Maßnahmen:

1. Schritt: Projektstrukturplan
• Projektgliederung und -abgrenzung
• Projektziele festlegen
• Teilprojekt- und Aufgabendefinition
  (= Tätigkeits- und Positionsspiegel)
2. Schritt: Projektsteuerung
• Projektorganisation
• Projektverantwortung
• Meilensteine festlegen
• Festlegen von Terminen
• Aufwandsschätzung
3. Schritt: Projektdurchführung
• Projektrealisierung in Einzelschritten
• Verfolgen von Unterprojekten
• Darstellen Arbeitsfortschritt in %
  + Zeitverbrauch
	4. Schritt: Projektcontrolling / wöchentliche Projektbesprechungen
	• Soll - Ist - Vergleich
	• Korrekturmaßnahmen
	• Maßnahmenkontrolle
	• Projektdokumentation
	• Schwachstellenanalyse
	
	5. Schritt: Projektbewertung
	• Projektanforderungen
	• Projektstand
	• Projektqualität
	• Projektbewertung
	• Projektabrechnung

Auch eine wöchentliche Termin- / Arbeitsfortschrittskontrolle mittels e-Mail-Meldung, oder Foto per Internet vom Unterlieferanten an Auftraggeber (wo steht das Projekt terminlich?) hat sich bewährt. (Auch intern machbar.)

Bild 7.2: Muster eines Terminquittier- und Infoblattes für Unteraufträge

Unsere Adresse	
Fax-Nr.	
E-Mail:	
Ansprechpartner:	

TERMINQUITTIER- UND INFOBLATT ZU BESTELLUNG / PROJEKT - NR.

DIE WÖCHENTLICHE MELDUNG, AB PROJEKTSTART SOLL, IST BESTANDTEIL UNSERER AUFTRAGSERTEILUNG

```
                            Starttermin                                    Liefertermin
  TERMINPLAN
     SOLL
                            Wo. 30                                         Wo. 50

                            Heutige Woche bitte eintragen im Zeitraster
  TERMINPLAN
   IST - STAND
                            0 %        Arbeitsfortschritt in %           100 %
                                       gemäß heutiger Woche ☒
```

Bei einer Abweichung von mehr als 5 % gegenüber Plan (Verzug), Bitte um Klärung, was das Unternehmen unternimmt, dass Liefertermin SOLL wie vereinbart gehalten wird.

Datum   Unterschrift

Schemadarstellung: **Projektabwicklung Aufbauorganisation**

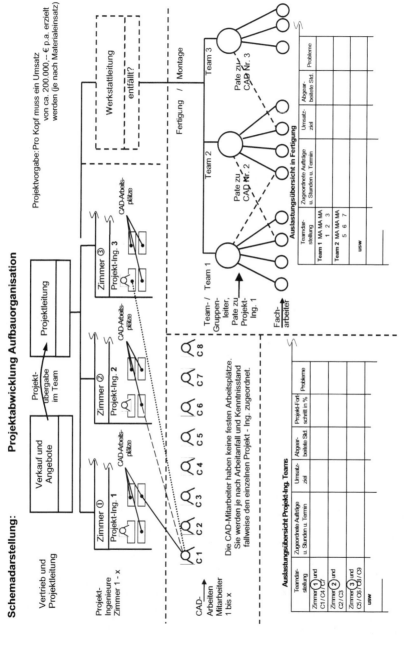

Schemadarstellung Projektabwicklung: Auftrags-/ Projektabwicklung

GROBTERMINIERUNG

- Angebotskalkulation Angebotsabgabe
- Auftragseingang von Kunden
- Übergabe Auftrag / Angebot mit Info an Projektleitung
- Vergabe Angebot an Proj.-MA, Anlegen Projektordner
- Durchführen Projektarbeit 1. Schritt
- Umfang bleibt erhalten ja / nein
  - nein → Ergänzen, Nachträge erstellen Kostenklärung Terminklärung
  - ja →
- Durchführen weitere Projektarbeitsschritte lt. projektplan

Projektterminierung nach Wochen

- Materialauszüge an Einkauf für Zukauf und Lagerabgleich Terminüberwachung
- Aufträge in Produktion für
  - Eigenfertigungsteile
  - Endfertigung

Feinterminierung und Detailabstimmung

- Kontrolle Arbeitsfortschritt
- Bereitstellung Vollständigkeit - Auftrag
- Montage - Planung
- Kunden-Abnahme

VERTRIEB

Übergabe der kompl. Anfrage / Auftragsunterlagen an Projektleitung incl. Übermittlung mündlicher Infos

Projektleiter übergibt Projekt an Projekt MA gemäß Kenntnisse und Kapazitätsmöglichkeiten

MA legt Projektordner an, mit folgendem Inhalt:

1. Fach für Projekt Terminplan
2. Fach für Material – Bedarfsliste
3. Angebotsfach
4. LV – Fach
5. Fach für Unterlagen, Aufmaße
6. Fach für Zeichnungen / Architekt
7. Fach für Nachträge
8. Betriebsaufträge und Zuschnittsunterlagen
9. Fach für Schriftverkehr, Allgemein und Mitteilungen
10. Fach für Termin Schriftverkehr
11. Fach für Kosten – Schriftverkehr
12. Fach für Rechnungskopien
13. Fach für Nachkalkulation

Gesamt Ordner	Gewerke Ordner

Aufträge vom Vertrieb

- Kleinaufträge
- Mittlere Aufträge
- Große, schwierige

→ **Projektleitung = Kümmerer**

Vergabe Projekte an Mitarbeiter gemäß Kenntnisstand und Kapazitätsmöglichkeiten

| MA 1 | MA 2 | MA 3 | MA 4 | Fremdfirma |

Erstellen Projektordner, Terminplan, Gesamtübersicht Arbeitsfortschrittsliste, Aufmaße, Zeichnungen, Materialauszüge, Betriebsaufträge, Projekt – Termin – Kontrolle, Vorabbestellungen, Architekten - Kundenbesprechungen

Einkauf
- Bestellwesen, Preise, Termine
- Terminüberwachung incl. Mahnwesen
- Lagermaßnahmen je Bereitstellung

Fertigung
Fertigen gemäß BA
Prioritäten: Wer macht wann was
Terminüberwachung

- Organisation Wareneingang und Kontrolle
- Bereitstellung Vollständigkeitskontrolle
- Montagesteuerung - Kundenabnahme

Wöchentliche Termin-/Projektgespräche, mit Planungsmitarbeiter und Fertigungsmeister = Arbeitsfortschrittskontrolle durch Projektleiter

Wochenbericht   MAIER KARL   KW

Auftrag	Information / Aufgabe Projektstand	Termin	Zuständigkeit	OK
A04 608 LB Innsbruck	Deckleisten - Nachfertigung für EG → zurückgestellt, bis alle anderen verleistet ■ Lichtkästen - Nachtragsangebot ■ Colt - Leistungen RWA ■ Türelemente 15 Stück mit Stufengläser etc. zur Zeit in der AV ■ Transport von 2 Glasscheiben nach Innsbruck, für Schiebetüre	KW 02 KW 04 KW 02 KW 04	PL PL AV Stahlbau	

Projektleitung			K & E			Arbeitsvorbereitung			Fertigung Stahlbau			Fertigung Alubau			Montage		
L Wo	Ist	N Wo	L Wo	Ist	N Wo	L Wo	Ist	N Wo	L Wo	Ist	N Wo	L Wo	Ist	N Wo	L Wo	Ist	N Wo
97 %	97 %	98 %	99 %	99 %	99 %	98 %	98 %	99 %	99 %	99 %	99 %	90 %	90 %	92 %	94 %	95 %	95 %

Auftrag	Information / Aufgabe Projektstand	Termin	Zuständigkeit	OK
A04 648 MK KKH Mühldorf	Anstehende Arbeiten ■ 2 Stück Stahlfassaden zur Zeit in der AV ■ 2 Aluelemente ■ Zukauf: Lamellenelemente, Eternitplatten ■ Geländer	KW 02 KW 03 KW 03 KW 02	AV AV PL K + E	

Projektleitung			K & E			Arbeitsvorbereitung			Fertigung Stahlbau			Fertigung Alubau			Montage		
L Wo	Ist	N Wo	L Wo	Ist	N Wo	L Wo	Ist	N Wo	L Wo	Ist	N Wo	L Wo	Ist	N Wo	L Wo	Ist	N Wo
65 %	70 %	75 %	80 %	80 %	85 %	40 %	40 %	50 %	0 %	0 %	0 %	60 %	60 %	60 %	45 %	45 %	50 %

Auftrag	Information / Aufgabe Projektstand	Termin	Zuständigkeit	OK
A04 645 MH Schule Aying	2. Teil der Stahlfassade in der AV - Produktion bis zur KW 06 Einsatztüren ebenfalls Aufmassbleche ab KW 03	KW 52 KW 02 KW 03	AV AV K + E	

Projektleitung			K & E			Arbeitsvorbereitung			Fertigung Stahlbau			Fertigung Alubau			Montage		
L Wo	Ist	N Wo	L Wo	Ist	N Wo	L Wo	Ist	N Wo	L Wo	Ist	N Wo	L Wo	Ist	N Wo	L Wo	Ist	N Wo
70 %	70 %	75 %	85 %	90 %	95 %	40 %	50 %	90 %	50 %	50 %	60 %	0 %	0 %	0 %	35 %	35 %	40 %

Auftrag	Information / Aufgabe Projektstand	Termin	Zuständigkeit	OK
S 04 647 MK Max-Planck I	1. Teil abgeschlossen, 2. Teil ab Ende Februar zum Aufmass	KW 08		

Projektleitung			K & E			Arbeitsvorbereitung			Fertigung Stahlbau			Fertigung Alubau			Montage		
L Wo	Ist	N Wo	L Wo	Ist	N Wo	L Wo	Ist	N Wo	L Wo	Ist	N Wo	L Wo	Ist	N Wo	L Wo	Ist	N Wo
50 %	50 %	50 %	50 %	50 %	50 %	50 %	50 %	50 %	50 %	50 %	50 %	50 %	50 %	50 %	50 %	50 %	50 %

Auftrag	Information / Aufgabe Projektstand	Termin	Zuständigkeit	OK
S 04 667 MK Max-Planck II	Türen und Trennwände: Material komplett bestellt ■ Glas, Schichtstoffplatten Zukauf Produktion ab KW 03 - gesamt ca. 213 Stunden Montagebeginn: ab spätestens KW 05	KW 52 KW 52 KW 03 KW 05	AV AV, PL Stahlbau Montage	

Projektleitung			K & E			Arbeitsvorbereitung			Fertigung Stahlbau			Fertigung Alubau			Montage		
L Wo	Ist	N Wo	L Wo	Ist	N Wo	L Wo	Ist	N Wo	L Wo	Ist	N Wo	L Wo	Ist	N Wo	L Wo	Ist	N Wo
60 %	60 %	70 %	100%	100%	100%	70 %	100%	100%	0 %	5 %	25 %	0 %	0 %	0 %	0 %	0 %	0 %

Legende: L Wo = Lieferwoche, Soll-Arbeitsfortschritt in Prozent
   Ist   = geschätzter Arbeitsfortschritt in Prozent
   N Wo = geschätzter Stand nächste Woche in Prozent

7.2.2 Schätzzeitkataloge als Basis für eine geordnete Projektausplanung

Basis für die Einführung einer in etwa abgesicherten Grobkapazitätsplanung ist der Aufbau von z.b.

→ Kennzahlensystem, was kann in etwa pro Woche/ Monat gefertigt werden, ausgelegt nach Warengruppen / Fertigungslinien

bzw. bei Projektarbeiten

→ Aufbau von Schätzkatalogen mittels folgend beschriebenen Auftragsnummern und Zeiterfassungslogik mittels Tätigkeits- und Positionsspiegel

Aufbau eines Zeit-Schätzkataloges für die Langfristplanung

Musterbeispiel: Aufbau einer Auftrags-Nummernvergabe mit Positionsspiegel für Zeiterfassung zur Bildung eines Schätzzeitwert-Kataloges

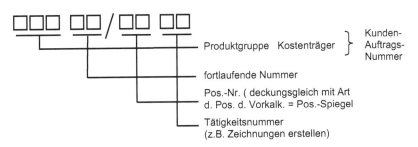

Wie der Auftrags-Nummernschlüssel für Unteraufträge ab der Stelle 6 + 7 aufgebaut werden kann (als klassifizierender Schlüssel) soll nachfolgendes Beispiel verdeutlichen:

Pos.-Nr. - Schlüssel für Zeit- und Kostenerfassung   6. + 7. Stelle

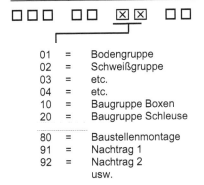

01 = Bodengruppe
02 = Schweißgruppe
03 = etc.
04 = etc.
10 = Baugruppe Boxen
20 = Baugruppe Schleuse

80 = Baustellenmontage
91 = Nachtrag 1
92 = Nachtrag 2
    usw.

Tätigkeitsschlüssel für Zeit- und Kostenerfassung   8. + 9. Zeile

Wie ein Tätigkeitsschlüssel für die Zeit- und Kostenerfassung aufgebaut sein kann, soll folgendes Beispiel zeigen:

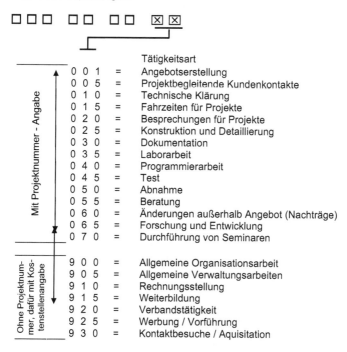

Dies bedeutet, dass hinter jeder Nummer, Stelle 8 + 9, sich eine Tätigkeit verbirgt, bezogen auf einen ganz bestimmten Unterauftrag und darauf die Zeiterfassung erfolgt.

Die Zeiterfassung der einzelnen Mitarbeiter erfolgt im Regelfalle über BDE - Erfassung mittels Bildschirm / Scanner oder separater Zeiterfassung (Excel).

Ziel des Schlüssels ist es, eine saubere Gliederung der gebrauchten Zeiten, nach den verschiedenen möglichen Tätigkeitsarten / Unteraufträgen zu bekommen, die nach

A) für die Nachkalkulation
  > produktive Auftragstätigkeit und
  > nicht weiter verrechenbare Gemeinkostentätigkeiten zu erhalten (nur Kostenstellen zuzuordnen)
  > so weit wir möglich auch Gemeinkosten sachbezogen den Projekten zuordnen zu können

B) mittels Regressionsrechnung etc. zu Zeitschätzwerten / -katalogen für Projektarbeiten und einer realistischen Kapazitäts- und Belegungsplanung

ausgewertet werden können.

Bild 7.3: Zeiterfassung von Dienstleistungstätigkeiten am Bildschirm bzw. manuell nach Tätigkeitsarten

A) **Bildschirm:** Erfassen von Tätigkeitsarten für z.B. Programmiertätigkeiten

```
─                        Zeiterfassung v. 1.2        (wr   O)
```

Optionen Drucken
Tätigkeit am: 28.10.xx   Zeitbedarf 01:00   Version   Kostenstelle:
                                                              25060 F&E Software Spezial

Projekt:	Unterauftrag:	Tätigkeitsart:
LAB-Software	Belastungssteuerung	Dokumentation
Hardware/Firmware	Benutzerparameter	Einführungsmaßnahmen
		Stückliste
Mechanik	Bronchialer Reaktionstest	Kostenplanung/Projektplanung
Test - Anlage	Compliance	Kundenbetreuung
EOS	Compliance, Resistance für Babi	Lastenhefterstellung
Sensorik		ohne
Toennies SW		Layouterstellung

Kommentar:

| Speichern | Ändern | Löschen |

Pos.	Datum	Kostenst.	Gruppe	Projekt	Zeitart	Version	Dauer	Kommission
1								
2								
3								
4								
5								
6								
7								

Ausgewählt: Lab-Software   Benutzerparameter   Kostenplanung/Projektplanung

B) **Manuell:**

Name		WEBER		RAINER	Monat	1	2	3	4	5	6
						7	8	9	10	11	12
Pers.-Nr.	1111	Stamm - Kostenstelle		00500	Woche	1	2	3	4	5	

Datum	Projekt-nummer oder Kostenstelle	Tätigkeits-nummer	Positions-nummer	gebrauchte Zeit in Std. (0,25 Std. genau)	Spesenabrechnung			Bemer-kungen
					km á	Tages-spesen €	Nacht-spesen €	
19.10.xx	4721	045		4,50				
19.10.xx	4820	020		3,50				
20.10.xx	5031	030		2,00				
20.10.xx	4721	045		5,00				
20.10.xx	700	900		1,00				
21.10.xx	700	920		1,50				
21.10.xx	4721	015		5,00	60			
21.10.xx	5031	030		3,00				
22.10.xx	4721	050		3,50				
22.10.xx	4820	025		4,50				
22.10.xx	5031	015		2,50	22			
23.10.xx	5031	030		1,00				
23.10.xx	6020	010		4,00				
23.10.xx	700	900		0,50				
SUMMEN				41,50	82			
Projekt - Bezeichnung		Projekt - Nummer		Arbeitsfort-schritt in	Diese Woche		Plan nächste Wo.	
					Ist %	Soll %	Ist %	Soll %

Erfassen / Auswerten von IST-Zeiten als Basis für die Ermittlung von Zeit- / Richtwerte

Nach diesen Vorgaben

→ wird die Ist-Zeiterfassung durchgeführt, in einem entsprechenden Excel-Programm erfasst und systematisch nach Einflussgrößen und Produktgruppen / Schwierigkeitsklassen o.ä. ausgewertet. Mittels statistischer Auswertungen, wie z.B. Korrelations- und Regressionsrechnungen können somit die Ist-Zeiten in Formeln gebracht werden,

- pro Tätigkeitsart
- je Produktgruppe / Schwierigkeitsklasse und
- je Position lt. Positionsspiegel

und eine saubere Nachkalkulation durchgeführt werden.

Bild 7.4: *Auswerten von Ist-Zeiten nach Auftragsnummer, Kostenträgern, Positionsspiegel und Tätigkeitsarten*

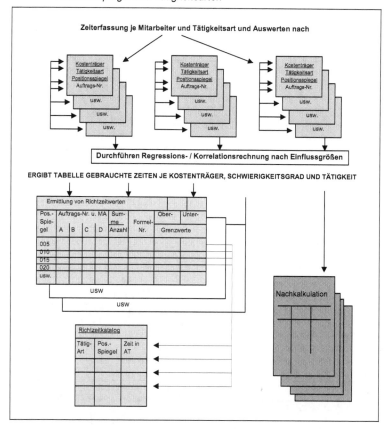

7.2.3 Grobkapazitätsplanung für Serien- / Variantenfertiger

Als Schnell-Info für den Vertrieb hat sich, insbesondere bei mehrstufigen / komplexen Produkten, eine Lieferübersicht nach Warengruppen und Füllgrad der Fertigung / der Konstruktion bewährt.

Die AV pflegt wöchentlich diese Excel-Tabelle, stelle sie neu ins Netz. Der Vertrieb kann so schnell und einfach dem Kunden eine Terminzusage, gemäß aktueller Auslastung geben.

Bei Sonderfällen, kurzfristigen Wünschen, wird immer erst eine Einzelanfrage in der AV notwendig sein.

Die Praxis hat gezeigt, dass bei „nicht lagerfähig", bzw. „Einteilteile nur teilweise vorrätig" und notwendiger Vorlaufkonstruktion etc., eine schnelle Ermittlung einer möglichen Lieferzeit aus den Daten des PPS- / ERP-Systems für den Vertrieb selten möglich ist.

Bild 7.5: GROBKAPAZITÄTSPLANUNG: SERIENFERTIGER
Wöchentliche Anpassung gemäß Füllgrad

Datum:
Name:
Stand:

Katalogkapitel	Warengruppe	Fertigungslinie / Kostenstelle	Lagerhaltig	Nicht lagerhaltig DLZ ohne Kapazitätsproblem		Nicht lagerhaltig DLZ mit Kapazitätsberücksichtigung		Sondermaterial
		x = J — = N		Fertigung (x) [1]	mit Konstruktion	Fertigung (x) [1]	mit Konstruktion	mit Materialbeschaffung
2	Rohrleitungsteil > DN100 - DN300	3	X	5 Tage	+3 Tage	+ 5 Wo		
2	Rohrleitungsteil > DN300 - DN600	4	X	6 Tage	+3 Tage	+ 9 Wo	+ 1 Wo.	Rücksprache mit Einkauf / Disposition
2	Rohrleitungsteil > DN800 - DN1000	4	--	7 Tage	+3 Tage	+ 2 Wo		
3	Kugelhähne, Druckhalteventile (Glasteil + Montage)	1/2 + 5	X	10 Tage	+4 Tage	+ 3 Wo	+ 0,5 Wo.	
4	Gefäß ≤ DN100 / ≤ 5 L - Kugel	2	X	4 Tage	+3 Tage	+ 3 Wo		
4	Gefäß DN150 - 300 / ≤ 50 L - Kugel	3	X	4 Tage	+3 Tage	+ 5 Wo		
4	Gefäß > DN300 - DN600 / ≤ 200 L - Kugel	4	X	5 Tage	+3 Tage	+ 9 Wo	+ 2 Wo.	
4	Gefäß > DN800 / 200 L - DN1000 / 500 L - Kugel	4	--	8 Tage	+3 Tage	+ 2 Wo		
5	Absperrschieber DN40 - 100	2	X	5 Tage	+3 Tage	+ 3 Wo		
5	Absperrschieber DN150 - 450	2 + 5	X	7 Tage	+3 Tage	+ 3 Wo	+ 2 Wo.	
5	Absperrschieber DN600	2	--	10 Tage	+3 Tage	+ 3 Wo		
6	Flach- / Rundhaube DN 80 - 100	2	X	4 Tage	+4 Tage	+ 3 Wo		
6	Flach- / Rundhaube > DN 100 - 300	3	X	4 Tage	+4 Tage	+ 5 Wo	+ 3 Wo.	
6	Flach- / Rundhaube DN 450 - 600	4	--	6 Tage	+4 Tage	+ 9 Wo		
6	Flach- / Rundhaube DN 800 - 1000	4	--	9 Tage	+4 Tage	+ 2 Wo		
7	Pumpen klein	2 + 5	--	6 Tage	+3 Tage	+ 3 Wo	+ 4 Wo.	
7	Pumpen groß	1/2 + 5	X	8 Tage	+3 Tage	+ 3 Wo		

[1] **Allgemeine Hinweise:** Angaben beziehen sich auf Standardartikel und standardnahe Sonderteile
Alle Angaben = ca. Werte bis Lagerausgang
Fertigungsstückliste, Zeichnung Arbeitsplan vorhanden
(= Zeitbedarf für Konstruktion nicht berücksichtigt)
Aufträge mit großen Stückzahlen → Rückfrage Logistikzentrum
Sonderteile Konstruktion / Planung und auftragsbezogene Beschaffung erforderlich, Rückfrage erforderlich

7.3 Die Zeitwirtschaft als Grundlage für die Auftrags- und Terminplanung / Kapazitätswirtschaft / Feinplanung / Kalkulation

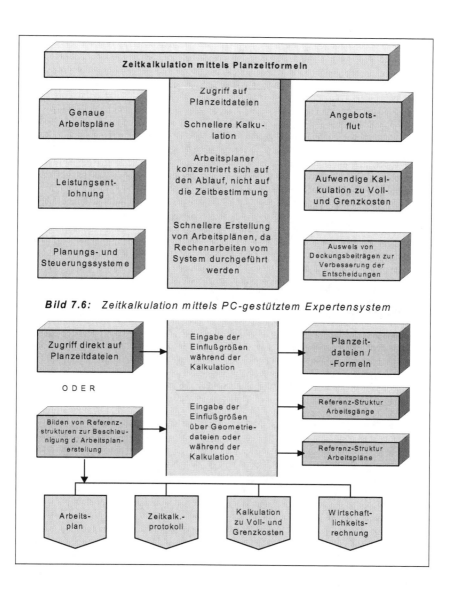

Bild 7.6: Zeitkalkulation mittels PC-gestütztem Expertensystem

Wirtschaftlichkeitsbetrachtungen für die Zeitkalkulation

Auch die Zeitvorrechnung ist, wie alle unternehmerischen Planungsaufgaben, unter dem Aspekt der Wirtschaftlichkeit durchzuführen.

Die Relation vom Aufwand zum Nutzen hat auch hier ihre Gültigkeit, allerdings unter Berücksichtigung der Genauigkeit.

Aussage: Je genauer bei manuellen Verfahren die Zeitwerte erforderlich sind umso höher belaufen sich die Kosten der Vorkalkulation.

Für die reine Angebotskalkulation mit dem Ziel *„Weg von reinen Schätzungen"* bzw. *„Kopfkartei"* sollte somit auf:

    a)   BDE - Erfassung mit entsprechender statistischer Auswertung

oder besser

    b)   auf so genannte IT-gestützte Richt- / Planzeitwerte, ermittelt nach Einflussgrößen und / oder Verfahrensbausteine (= eine für das Unternehmen einheitliche Wissensbasis),

zurückgegriffen werden.

Bild 7.7: *Verwendungszweck und Genauigkeit von Richt- und Planzeitwerten*

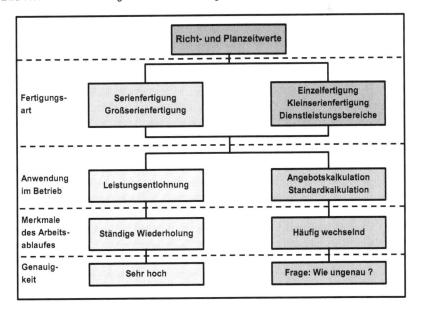

7.3.1 Automatische Zeitkalkulation und Arbeitsplanerstellung

PC-gestützte Excel-Expertensysteme [1] sind einfache und preiswerte Hilfsmittel, um eine schnelle und stimmende Zeitwirtschaft einrichten zu können. Sie basieren auf Regressions- und Korrelationsrechnungen anhand der Zeit bestimmenden Einflussgrößen für Fertigungsarbeitsgänge und / oder Teilefamilien. Die von diesen Systemen vollautomatisch ermittelten Zeitformeln können im Regelfalle ohne Probleme in die vorhandenen PPS-Systeme eingebaut werden und errechnen dort, gemäß den hinterlegten Einflussgrößen, die richtigen Stück- und Rüstzeiten. Je Einflussgröße sind Kleinst- / Größtwerte hinterlegt, da ein extrapolieren nicht zulässig ist.

Darstellung der Funktionsweise:

Beim Erstellen des Arbeitsplanes fragt das System in den Stammdaten alle hinterlegten Einflussgrößen ab und rechnet dann die te und tr Zeiten je Arbeitsgang aus, macht den Arbeitsplan fertig. Bei Montagearbeiten wird meist mit Festwerten je Stücklistenposition gerechnet.

Sollten Einflussgrößen im Stammdatensatz fehlen, so werden diese bei der Arbeitsplanerstellung separat abgefragt und einzeln eingegeben.

Automatische Arbeitsplanerstellung mit Vorgabezeitkalkulation

Länge - Rohmaterial	Außendurchmesser	Steigung	Anschliff Endmaß	Winkel	Anzahl Einstiche
▼	▼	▼	▼	▼	▼

Für Produktgruppe Rohrbögen

AG	AG Kurztext1	BE-Bezeichnung	tr min	te min	Formel
12	Rohling drehen	CNC - Drehen Masch.-Nr.	20,00	0,60	5
110	Schaft fräsen	CNC - Fräsen Masch.-Nr.	30,00	1,69	28
8999	Reinigen	System 23 Einstellung 4	0,00	0,10	Festwert
420	Härten	Anlage 140 Vorschrift 28	45,00	5,00	36
8999	Schleifen	CNC - Junkers Masch.-Nr.	20,00	2,60	68
	etc.				

---

[1] Adressen siehe jeweils aktuelle Fachzeitschrift des REFA-Verbandes Industrial-Engineering, Refa Darmstadt, Wittichstr. 2, www.REFA.de

Wobei, je nach Einzelfall, „einzelne Arbeitsgänge" oder „alle Arbeitsgänge" nach Teilefamilien geordnet, kalkuliert werden können.

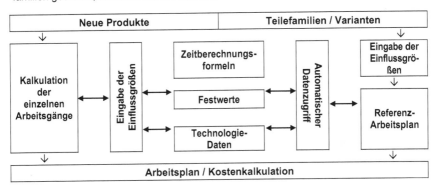

Formelfindung nach Zeitbestimmenden Einflussgrößen

Excel-Eingabetabelle für die systematisch zu erfassenden Ist-Zeiten oder Werte aus einzelnen Zeitstudien, als Ausgangsdaten für die Regressionsrechnung:

Teilefamilie: EA				1	2	3	4	5	6	7	8
				Umgerechnete	Gewicht	Breite	Dicke	Länge	Steigung	Anzahl	Anzahl Einstiche	Endmaß
Datum	Schicht	Auftrag	Sorte	min	kg	mm	mm	mm	(Grad)	Löcher	stiche	maß
16.01.xx	1	L000216-002	EA	7,20	1380	1	1,00	589	20	1	4	500
16.01.xx	1	L000216-003	EA	8,40	1525	1	1,00	589	8	1	3	500
16.01.xx	1	L000216-001	EA	17,40	4355	3	1,00	589	10	3	9	500
16.01.xx	1	L000216-002	EA	6,00	1390	1	1,00	589	30	1	3	500
17.01.xx	1	L000216-002	EA	75,58	20270	14	1,00	589	30	14	42	490
17.01.xx	1	L000216-003	EA	15,60	4220	3	1,00	589	20	3	9	500
↓	↓	↓	↓	↓	↓	↓	↓	↓	↓	↓	↓

Mittels Regressionsrechnungen, geordnet nach Teilefamilien, werden Formeln ermittelt die zur Berechnung der Leistungseinheiten ausreichen.

Die gewollte Genauigkeit kann im System hinterlegt werden und zeigt an, ob für die vorgegebene Genauigkeit der Zeitberechnungsformeln, z.B. 95 % / 90 % / 85 % etc. die Basisdaten in Häufigkeit und Anzahl Einflussgrößen ausreicht, oder ob weitere Basisdatenerhebung notwendig ist.

Schemabild: Auswertung der Ergebnisse mittels Regressions- und Korrelationsrechnung

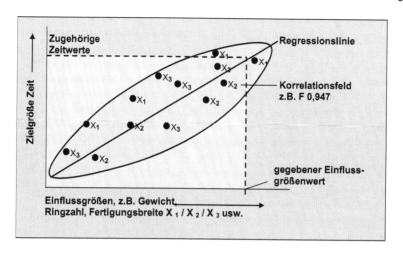

Regressionsformel Ergebnis der Regressionsrechnung					
Y = 6,52734	+	0,00027433	* X 1	+ 0,98972	* X 3
	−	0,0094335	* X 4	+ 0,21859	* X 7
	+	0,0042155	* X 8		

Bestimmtheitsmaß B = 89,594 %	Multiple Korrelation R = 0,947	Anzahl Messwerte n = 386

Dies sind die Zeitbestimmenden Einflussgrößen lt. Regressionsrechnung
   X 1 = Gewicht in kg   X 3 = Dicke in mm
   X 4 = Einsatzbreite in mm   X 7 = Anzahl Ringe kpl. an Lager geliefert
   X 8 = Laufmeter

Die so gebildeten Formeln werden jetzt in Excel oder im ERP- / PPS-System hinterlegt und so für eine automatisierte Zeitberechnungen und Arbeitsplanerstellung verwendet.

Im Rahmen der Weiterentwicklung der Systeme, wird u.a. an einer Zusammenführung der CAD- und CAP-Programme gearbeitet, so dass parallel zur Konstruktionsarbeit vollautomatisch ein Arbeitsplan entsteht.

7.4 Kapazitätsterminierung / Durchlaufzeiten / Flexibilität

Leitsatz: Kapazitäten schaffen - nicht verwalten !
Durchlaufzeiten radikal verkürzen !

ARBEITSVORBEREITUNG

• **MITTELFRISTIGE PLANUNG**

Terminvergabe nach:
- **Kapazitätsterminierung**
- Materialterminierung

für alle Aufträge, die im Hause sind

Ergebnis = Willenserklärung / Auftragsbestätigung

KAPAZITÄTSPLANUNG OPTIMIEREN

Auslastungsübersichten

kurzfristige Steuerung

Flexible Arbeits- / Betriebszeiten
Fremdpersonal
wettbewerbs- und mitarbeiterorientiert!

MATERIALWIRTSCHAFT

Reservierungen

Bestandsentwicklung

Maximal-
Mindestbestand
Unterdeckungen
Reichweiten

Bestellungen bei Lieferanten

Fertigungsaufträge

Umterminierung / Kapazitätsgrenzen öffnen

Produktionspläne

Aufbau der mittelfristigen Planung / Kapazitätswirtschaft

Wie schon angeführt, hat die mittelfristige Planung das Ziel, die termingerechte Ausführung vorzubereiten. Daher bezieht sie sich auf die Kapazitäts- und Materialplanung

Abbildung: *Vorgehen und Auswirkungen bei der mittelfristigen Planung*

Vorgehen	Maßnahmen	Auswirkungen
<u>Schritt 2</u> Durchführen der Kapazitätsplanung	Belasten der Arbeitsplatzgruppen mit dem Kapazitätsbedarf lt. Fertigungsauftrag. Überprüfung der Kapazitätsbelegung. Evtl. Umdisposition der Aufträge zum Kapazitätsausgleich	Schaffung der Voraussetzungen, dass zur Abwicklung der Aufträge keine Kapazitätsengpässe entstehen (Kapazitäten schaffen, nicht verwalten). Frühzeitiges Erkennen von Auslastungsschwierigkeiten, bzw. Hereinholen von Fremdaufträgen oder zusätzliches annehmen von Aufträgen zu Deckungsbeiträgen, sofern möglich.
Durchführen von Materialbedarfsplanung	Ermittlung des Nettobedarfes an Material in den einzelnen Perioden (Wochen / Tage). Auslösen der Beschaffung des Materials mit Terminüberwachung	Schaffen von Voraussetzungen, dass für die termingerechte Auftragsdurchführung das Material vorhanden ist.

Leitsatz: **Radikale Verkürzung der Durchlaufzeit und Verbesserung der Reaktionsfähigkeit ist heute ein „MUSS".**

Untersuchungen haben einen direkten Zusammenhang zwischen kurzen Lieferzeiten und entsprechend steigender Anzahl erhaltener Aufträge, besserer Preis aufgezeigt.

Bild 7.8: Darstellung - Am Markt erzielbarer Preis / Anzahl erhaltene Aufträge in Abhängigkeit der Lieferzeit

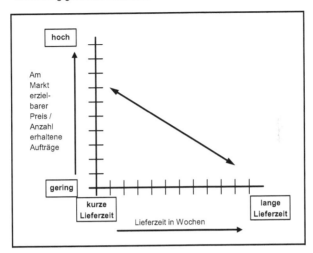

Die Durchlaufzeiten beeinflussen die Höhe der Bestände / die Flexibilität wesentlich. Erfahrungswerte zeigen, dass bei einer Durchlaufzeit von z.B. 20 AT nur ca. 10 - 15 % = 2 - 3 AT wertschöpfende Tätigkeiten im Sinne des Arbeitsfortschrittes sind.

Also Straffung der Produktionsprozesse durch Überarbeitung der ERP- / PPS - Einstellungen und der Prozesse vor Ort. Linienfertigung verringert die Zersplitterung von Arbeitsvorgängen und sichert eine termintreuere Fertigung. Das Auftragsseil muss strammer gezogen werden.

Was zu folgender Grundsatzphilosophie führt:

- Kurze Lieferzeiten sind genau so wichtig wie der Preis
- Der Kunde bestimmt was produziert wird
- Der Kunde bezahlt nur den wertschöpfenden Anteil am Produkt
- Ein Kunde kauft kein Produkt, sondern nur
  - ▶ Kapazität und
  - ▶ Know-how
    - ⇨ Know-how ist das Produkt
    - ⇨ Kapazität ist die Anzahl Maschinen / Mitarbeiter über die gesamte Herstellprozesskette
- Hohe Liquidität ist auch Leistung

Daran hat sich alles auszurichten.

Schemabild: Das Auftragsseil muss strammer gezogen werden, Liegezeiten, Warteschlangen minimieren

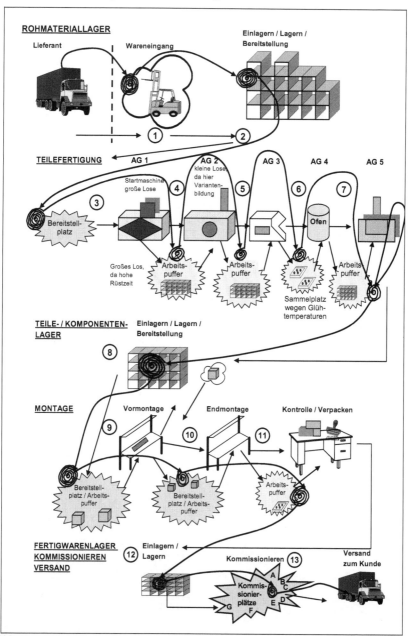

Was zu folgender Zielsetzung / Fertigungsphilosophie für einen Produktionsbetrieb führen muss:

- Minimieren aller nicht wertschöpfenden Tätigkeiten. Abbau von Blindleistungen und versteckter Verschwendung, insbesondere in den fertigungsnahen Dienstleistungsbereichen
- Abbau überholter Wirtschaftlichkeitsbetrachtungen. Es zählt nur das Gesamtoptima, nicht das Einzeloptimum
- Ein abgespeckter ERP- / PPS-Einsatz erzeugt Freiräume und vermindert Blindleistungen und nicht wertschöpfende Tätigkeiten in der Fertigung und in den angegliederten Dienstleistungsbereichen
- Optimieren des Material- und Informationsflusses - Vom Kunden bis zum Lieferant - prozessorientiert durch Abkehr vom Push- zum Pull-System
- Lieferanten sind Partner im Prozess
- Reduzieren von Schnittstellen und Transportwegen. Die Produktion muss fließen, also Segmentieren der Fertigung prozessorientiert als Linienfertigung / Röhrensystem
- Kapazitäten schaffen und nicht verwalten / Hohe Mitarbeiterflexibilität
- Nur fertigen was gebraucht wird / Reduzierung der Werkstatt- und Lagerbestände durch KANBAN
- Nicht so viele Aufträge in der Fertigung wie möglich, sondern so wenig, dass die Ware fließt, aber keine Abrisse entstehen
- Einfache Steuerungsinstrumente „Engpassplanung im Fertigungsrohr- / Segment" durch KANBAN und Linienfertigung
- Feinsteuerung vor Ort, durch mitarbeitende Produktmanager = KANBAN - Pate je KANBAN - Regelkreis / Fertigungslinie
- Materialbereitstellbahnhöfe mit Reihenfolgenkennzeichnung für die Fertigung
- Verbesserung der Transparenz durch den Einsatz von TOP - Kennzahlen, die die tatsächliche betriebliche Leistung widerspiegeln und an denen abgeleitet werden kann „Wie atmet die Fertigung?"

7.4.1 Bilden von Kapazitätsgruppen

Voraussetzung für jede geordnete Auftrags- und Terminplanung, Kapazitätswirtschaft und Arbeitsplanorganisation ist der Aufbau einer sauberen Arbeitsplatz- / Kapazitätsgruppengliederung.

A) Dies kann sein: Ein Maschinen- / Arbeitsplatzgruppenschlüssel (kostenstellen- / abteilungsunabhängig), der einen sofortigen Hinweis auf Ausweichkapazitäten zulässt, sofern tayloristisch gearbeitet wird.

Bild 7.9: Kapazitäts- / Arbeitsplatzgruppenschlüssel / technologieorientiert ausgerichtet
(konventionelle Betrachtungsweise / Taylorismus)

		ARBEITSPLATZ - NUMMERNPLAN						Kostenstelle-Maschinengruppe Arbeitsplatz Arb.-Gang-Abkürzung		
	Unter-gruppe	Einteilung nach Arbeitsplatz- / Maschinengruppen je Technologiebereich								
	Haupt-gruppe	00	01	02	03	04	05	06	07	08	09
T E C H N O L O G I E G R U P P E	1 Drehasch.	Drehm. dre	große Drehm. dre	kleine Revolv. re-dre	gro. Revolv. re-dre	CNC-Stangendr. nc-dre	große Kopierdr. ko-dre	Automat A 25 au-dre	Automat TB 42 au-dre	CNC-Drehautom. cnc-dre	Turnomat au-dre
	2 Fräsmasch.		gr.horiz. Fräsm. h-frae	Daton DNC DNC-Da	gr. vert. Fräsm. v-frae	Universalfrä. u-frae	Handhebel-frä. frae	ho-riz.Fräsma gesteuert frae	Wzg.Fräsm. frae	CNC-Fräsm. u. Bear-beitz. cnc-frae/ cnc-bea	gr.Bohrw. frae
	3 Bohr-masch.	Säulen-bohrm. bo	Reihen-bohrm. rei-bo		Radialbohrm. ra-bo				Borheinheit f.Messerschn. bo	CNC-Bohrm. cnc-do	CNC-Bear-beitz. cnc-bea
	4 Schleif-masch.	Rundschleifm „Fortuna" schlei	Rundschleifm.„XY" schlei		Spitzen-losschlei. spschl	Flach-schleifm. fischl	Wzg.Schleifm „Haas" schlei	Band-schleifma. baschl	Stähle-Schleif. schlei		
	5 Sonst. Masch.	große Kreissäge absae	Bandsäge absae	kleine Kleissäge absae	Räummasch. raeum	Hydrau. Presse bieg/praeg	Honmasch. hon	Kunststoff-Spritz-masch. kuspri	Gußputzplatz verpu	Scheuern scheu	
	6 Sonst. Masch.	Schlagschere zuschn	Kurvenschere auschn	Abkant-masch. CNC cnc-abkan	Exzent.-presse stan		Elektr. Schweiß. schwei	Punkt-schweiß. puschw	Autogen-schw. auschw/loet	Hydr. Abkantpr. abkan	Rund-masch. rund
	7 Montage	Gruppen-mont. mont	Bandmes-serma. mont	Bandmesser-fertigung anfert	Rolltisch-montage mont	Kleinmasch. Fertigmont. mont	Masch.-Einlauf einlau		Lackiererei lacki	Horiz.Band-messerma. mont	Montage CRA mont
	8										

Für jede einzelne Gruppe muss eine verfügbare Kapazität ermittelt werden, z.B.:

CNC - Drehautomat XY	Nr. 1.07
Anzahl Anlagen	3
Anzahl Schichten	2
Anzahl Std. / Schicht	8
Kapazitätsminderungsfaktor	0,75
= verfügbare Kapazität	36 Std.

Das Ergebnis muss nun in den Betriebskalender eingestellt werden, je Woche und Tag (Feiertage, Urlaubszeiten, Schichtänderungen etc. in der Zeitachse berücksichtigen).

B) Oder besser, die Kapazitätsgruppen werden PROZESSORIENTIERT, z.B. nach Produkt- / Warengruppen, oder große Teile / kleine Teile, Blechteile etc. gegliedert, was die Kapazitätsplanung wesentlich vereinfacht, da nur der jeweilige Engpass ausgeplant wird. Und die Durchlaufzeit in der Fertigung wird wesentlich verkürzt, da bei dieser Organisationsform Schnittstellen und Warteschlangen vor den einzelnen Arbeitsplätzen minimiert werden.

Bild 7.10: *Kapazitätsgruppen nach Warengruppen / Fertigungslinien ausgerichtet (Fließfertigung - prozessorientiert)*

Kapazitätsgruppe prozessorientiert nach Warengruppen und Teilearten		Kapazität in Anzahl Personen	Kapazität in Anzahl Maschinen / Anlagen	Möglicher Engpass im Team
Nr.	Bezeichnung			
1125	WZB / Draht- und Flachformfedern, Federspielgeräte	12 Pers.	20 Masch.	Personal
1126	Schaubenfedern Industrie < 12 mm Ø (incl. KFF), Förderspiralen	14 Pers.	20 Masch.	Personal
1127	Schraubenfedern Industrie > 12 mm Ø kaltgeformt	10 Pers.	16 Masch.	Personal
1199	Warmverformung (n. d. Formgebung vergütet)	8 Pers.	10 Anlagen	Anlagen
2125	Schraubenfedern Fahrwerk	15 Pers.	25 Plätze	Personal
2130	Motorsport	18 Pers.	22 Plätze	Personal
2131	Stabilisatorenfertigung	12 Pers.	16 Masch.	Personal
3132	Produktion Werk xx (Riemenspannfedern)	20 Pers.	26 Masch. / Plätze	Personal
5199	Beschichten / Bedrucken	8 Pers.	11 Masch.	Maschinen
6135	QS	3 Pers.	---	---
7137	Versand			
9142	Ext. Lohnarbeiten	beliebig	---	

Engpässe / Auftragsspitzen an bestimmten Arbeitsplätzen werden durch den wechselweisen Einsatz der Mitarbeiter untereinander selbst gelöst (Trennen der Maschinenzeiten von der Menschzeit / Anwendung flexibler Arbeits- und Betriebszeiten, sowie Umsetzen von Mitarbeitern aus anderen Kostenstellen / Fertigungsgruppen[1]), auf eine detaillierte Kapazitätsauslastungsübersicht pro Arbeitsplatz / Maschine im PPS- / ERP- System also verzichtet werden kann. Kapazitätsengpässe werden also nicht mehr verwaltet, sondern vor Ort durch selbstständiges, verantwortungsvolles Handeln, durch die Mitarbeiter und Vorgesetzten aufgelöst.

---

[1] Oder Einsatz von angelernten „Freiberuflern", z.B. für Zusatzschichten

7.4.2 Ermittlung der verfügbaren Kapazität

Ermittlung der Planungsfaktoren zur Ermittlung der verfügbaren Kapazität je Maschinen- / Arbeitsplatzgruppe für die Kapazitätsplanung

Von der theoretisch möglichen Kapazität kann man bei allen Betrachtungen über zur Verfügung stehende Fertigungskapazitäten nicht ausgehen. Die theoretische Kapazität wird in der Praxis positiv bzw. negativ durch verschiedene Einflussgrößen verändert. Siehe nachfolgende tabellarische Berechnung der durchschnittlich verfügbaren Kapazität.

Einflussgröße	Ermittlung über	Veränderung der Kapazität
1.) Mitarbeiter		
- Minderleistung oder	Produktivitätsfaktor je Abteilung	+ oder -
- Mehrleistung der Mitarbeiter (bei Leistungslohn)		-
- Krankheit / Unfälle wenn keine Ersatzperson	Getrennte Fehl- und Ausfallzeitenstatistiken der Personalabteilung, Arbeitsvorbereitung, bzw. Produktivitätsübersichten	-
- Urlaub (wenn keine Ersatzperson)		-
- Sonstige Fehlzeiten		-
- Wartezeiten / Nacharbeiten		-
- Reinigung des Arbeitsplatzes		
2.) Betriebsmittel		
- Wartung und Reparatur	Statistiken des Betriebes, z.B. mit Nutzungsschreiber oder gemäß Produktivitätsübersichten	-
- Wartezeiten durch - Materialmangel - Auftragsmangel - Personalmangel - fehlende Betriebsmittel		-
Ergebnis	100 % - x % lt. Pos. 1 + 2	= z.B. __75 %__

Die Einflussgrößen sind laufend zu überwachen und der Planungsfaktor ist bei Kapazitätsveränderungen zu pflegen, oder das PPS-System, die Kapazitätswirtschaft wird geöffnet, also ohne Kapazitätsgrenze geführt und mittels universell einsetzbarem Personal und Zusatzpersonal / -schichten wettbewerbsorientiert gearbeitet, also:

Kapazitäten schaffen und nicht verwalten!

7.4.3 Die Arbeitsplan-Organisation

Der Arbeitsplan enthält, vollständig und eindeutig geordnet nach dem Arbeitsablauf, sämtliche Angaben, die zur Fertigung eines Erzeugnisses benötigt werden: Werkstoffbedarf, Werkstoffart, Werkstoffabmessungen, Reihenfolge und Art der Arbeitsgänge, die für die einzelnen Arbeitsgänge benötigten Maschinen, Werkzeuge und Vorrichtungen, Programme, QS-Hinweise. Weiterhin Abteilung, Kostenstelle und Maschinengruppe, in der die Arbeit verrichtet wird. Sowie Zeitbedarf für jeden Arbeitsgang, unterteilt nach Rüst- und Stückzeit je Einheit, gegebenenfalls Hinweise auf das Verhältnis Taktzeit zu Personalzeit (Personalbelegungsfaktor) und eventuell Personalqualifikationshinweise.

Bild 7.11: Arbeitsplan - Definition

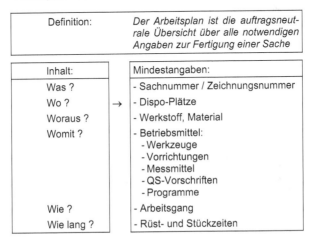

Bei wiederholter Fertigung werden diese Angaben „auftragsneutral" erstellt. Nach dem erarbeiteten Konzept wird das Arbeitsplanstammoriginal im PPS- / ERP-System abgestellt. Bei Eröffnung eines Werkstattauftrages werden nach Zugabe der auftragsgebundenen Daten, wie z.B. Auftragsnummer, Mengen, Start- und Endtermin, folgende Belege für die Fertigung erstellt:

- Terminkarte
- Laufkarte / Werkstattauftrag
- Rohmaterial / Entnahmestückliste
- Arbeits- / Lohnbeleg je Arbeitsgang
- Rückmelde- / Fertigstellbeleg
- Bereitstellbelege für Werkzeuge etc.
- QL-Quittierbeleg

Oder beleglos, mit entsprechenden Darstellungen am Bildschirm, vor Ort im Betrieb

wobei im Rahmen, Abbau von nicht wertschöpfenden Tätigkeiten und durch die Einführung von Teamarbeit, auf eine zu detaillierte Gliederung immer mehr verzichtet wird. **Zu beachten ist auch: Je feiner die Arbeitspläne gegliedert sind, je länger wird die Durchlaufzeit, die das PPS- / ERP-System erzeugt.**

Zusammenfassen von Arbeitsgängen (grobe Gliederung) erzeugt kürzere Durchlaufzeiten.

Bild 7.12: Muster eines Arbeitsplanes

Laufkarte/Arbeitsplan			Woche: 48	Datum 26.11.		Blatt:
‖‖‖‖‖‖ 217593			Kd-Best-Nr.:			
z-Nr	Auftrags-Nr	Starttermin	Endtermin	Zchn/Werkstoff		Prio
Projekt	217593	03.12. / 49 Bezeichnung	21.12. / 51	109490/H Kundenauftrag Kunde		2
Erzeugnis	PLAGER	Bezeichnung		0 Menge	ME Lager	Ausschuß/Grund
	109490.2.1	Einzelleitung Klammer weiß	IST:	1500,000	St 1	

Typ	Nr.	VZ Arbeitsplatz	ZA-Nr.	tr M LG	te ~ %	AAP	Start/Ende

‖‖‖‖‖‖ 213045

A 290 40 MG MT29   32698   10,00   10,00   0 N   03.12.
              PUR-Ausgießmaschien mit Band   21.12.
              2.S. Gehäuse ausgießen

‖‖‖‖‖‖ 213046

A 300 40 MG MT06   4200   10,00   6,16   130 N   03.12.
              Stecker u. Buchsenautomat PP3   21.12.
              1.S. Stecker anschlagen, prüfen 10 %

‖‖‖‖‖‖ 213047

A 310 40 MG MT55   4538   10,00   44,69   130 J   03.12.
              Lötarbeitsplätze (Absaugung)   21.12.
              1.S. Klammer einlegen, Stecker und
T   Leitung positionieren und anlöten
P   WZ 6.387   Lötvorrichtung (Drossel an Kon

‖‖‖‖‖‖ 213048

A 320 40 MG MT02   4193   10,00   12,04   130 N   03.12.
              Handhebelpressen in Montage   21.12.
              1.S. Deckel aufdrücken
P   WZ 6.710   Montagevorrichtung

7.4.4 Terminplanung mit reduzierten Durchlaufzeiten und flexiblen Kapazitäten

Bei allen Planungen müssen Termine gesetzt werden für die Einzelaktivitäten. Für die mittelfristige Planung ist es daher sehr wichtig, die Durchlaufzeiten des Betriebes zu kennen. Die Durchlaufzeiten müssen sämtliche Zeiten im Materialfluss enthalten. Dies sind insbesondere Belegungszeiten, Liege-, Kontroll- und Transportzeiten. (Konventionelle Betrachtungsweise)

Bild 7.13: Tabellarische Darstellung der Durchlaufzeiten in Abhängigkeit von Mengen und Zeitdaten pro Arbeitsgang *(konventionelle Betrachtung)*

Durchlaufzeiten-Plan

te in Min / Menge	1	2	3	4	5	6	7	8	9	10	12	14	16	18	20	23	26	29	32	36	40	45	50	55	60	80	100	125	150	175	200	250	300	350	400	450	500	550	600	650	700	750	800	850
																										= DL - in Tagen																		
5	1	1	1	1	1	1	1	1	1	1	1	1	1	1	2	2	2	2	2	3	3	3	3	3	3	4	4	4	4	5	5	5	5	5										
10	1	1	1	1	1	1	1	1	1	2	2	2	2	3	3	3	3	3	3	3	3	4	4	4	4	5	5	5																
15	1	1	1	1	1	1	2	2	2	2	3	3	3	3	3	3	3	3	3	3	4	4	4	4	5	5	5																	
20	1	1	1	1	1	2	2	2	2	3	3	3	3	3	3	3	3	3	3	3	4	4	4	4	4	5	5	5																
25	1	1	1	1	2	2	2	2	3	3	3	3	3	3	3	3	3	3	4	4	4	4	4	5	5	5	5																	
30	1	1	1	2	2	2	3	3	3	3	3	3	3	3	3	4	4	4	4	4	4	5	5																					
35	1	1	2	2	2	3	3	3	3	3	3	3	3	3	4	4	4	4	4	4	4	5	5	5																				
40	1	1	2	2	2	3	3	3	3	3	3	3	3	4	4	4	4	4	4	4	4	5	5	5																				
45	1	1	2	2	3	3	3	3	3	3	3	3	4	4	4	4	4	4	4	4	5	5	5																					
50	1	1	2	2	3	3	3	3	3	3	3	3	4	4	4	4	4	4	4	4	5	5	5	5																				
55	1	2	2	3	3	3	3	3	3	3	3	4	4	4	4	4	4	4	4	5	5	5	5																					
60	1	2	2	3	3	3	3	3	3	3	3	4	4	4	4	4	4	4	5	5	5	5																						
65	1	2	2	3	3	3	3	3	3	3	4	4	4	4	4	5	5	5	5	5																								
70	1	2	3	3	3	3	3	3	3	3	4	4	4	4	4	5	5	5	5																									
80	1	2	3	3	3	3	3	3	3	4	4	4	4	4	5	5	5	5	5																									
90	1	2	3	3	3	3	3	4	4	4	4	4	5	5	5	5	5																											
100	1	2	3	3	3	3	4	4	4	4	4	5	5	5	5																													
125	2	3	3	3	3	4	4	4	4	4	5	5	5	5																														
150	2	3	3	3	4	4	4	4	4	5	5	5	5																															
155	2	3	3	3	4	4	4	4	4	5	5	5	5																															
160	2	3	3	3	3	4	4	4	4	5	5	5	5																															

Aus dieser tabellarischen Übersicht ergibt sich:

Je größer die Anzahl Arbeitsgänge im Arbeitsplan, je länger die Durchlaufzeit.

Je mehr Aufträge gleichzeitig in der Fertigung, je länger die Durchlaufzeit.

Um die Anzahl Aufträge die sich gleichzeitig in der Fertigung befinden zu verringern und die Durchlaufzeiten weiter zu verkürzen, werden im PPS - ERP- / System die Übergangszeiten auf Null gesetzt, also herausgenommen. Jeder Auftrag wird somit wie ein **Eilauftrag** behandelt. Und was wichtig ist:

Es funktioniert bestens!

Auch die spätmöglichste Erstellung der Arbeitspapiere (max. 1 AT vor Einsteuerung der Aufträge in die Fertigung), mit der nachfolgend dargestellten Engpassplanung im Röhrensystem „Fließfertigung", reduziert die DLZ weiter.

Siehe nachfolgende Schemadarstellung.

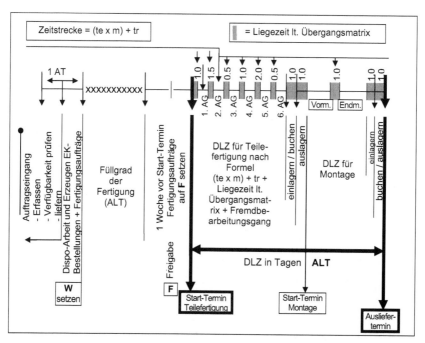
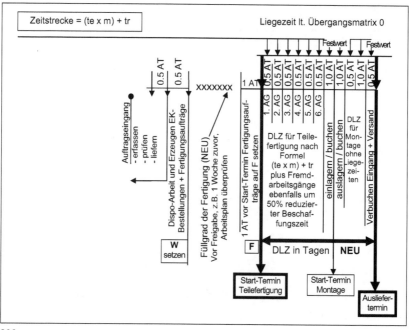

Deshalb ist es wichtig, das Verhältnis Fertigungszeit zu Durchlaufzeit immer wieder neu zu ermitteln, mit Ziel „Reduzierung der Durchlaufzeit", mittels zeitgemäßer Fertigungsphilosophie.

Das Verhältnis Fertigungszeit (es entsteht Wertschöpfung) zu Durchlaufzeit (Auftrag eingesteuert → bis → Auftrag fertig gestellt) sagt aus, wie flexibel oder unflexibel Ihre Fertigungsorganisation aufgestellt ist.

Große Lose und viele Aufträge gleichzeitig in der Fertigung verstopfen die Fertigung, erzeugen lange Durchlaufzeiten mit vielen ungeplanten Umrüstvorgängen und Sonderfahrten wegen Lieferprobleme.

$$\text{FORMEL:} \quad \frac{\text{Durchlaufzeit in Tagen}^{1)} \text{ eines Betriebsauftrages}}{\text{Summe der Fertigungszeit dieses Betriebsauftrages in Tagen}^{1)}}$$

Bild 7.14:   *Ergebnis einer Erhebung DLZ in Abhängigkeit Anzahl Arbeitsgänge*

Verhältnis Fertigungszeit zu Durchlaufzeit	Anzahl Arbeitsgänge																
	1	2	3	4	5	6	7	8	9	10	11	12	13	14	15	16	17
Faktor [1)] 2 : 1			III	I		III	II										
3 : 1						I	I		I								
4 : 1						I	I	I									
5 : 1			I	II	I			I		I							
6 : 1					I	I			II	I							
8 : 1						III	I	II	IIII								
10 : 1						I	II	II	II	I		I					
12 : 1													II	II	II		
14 : 1							II	I	II	I	II	I					
16 : 1													I				
18 : 1										I		I					

Ergebnis: Durchschnittliche DLZ im Erhebungszeitraum $\frac{9}{1}$

Auf einen Arbeitstag Fertigungszeit kommen 8 Arbeitstage Liegezeit (völlig unflexibel) und zu viel Working-Capital im Umlauf

Faktor 2 : 1 bedeutet, auf einen Arbeitstag Fertigungszeit kommt ein Arbeitstag Liegezeit (hoch flexibel), 3 : 1 bedeutet, auf einen Arbeitstag Fertigungszeit kommen zwei Arbeitstage Liegezeit hinzu.

[1)]   oder Anzahl Schichten

7.4.4.1 Kapazitätsplanung / -belegung

Auf Grund dieser Durchlaufzeiten wird eine Kapazitätsplanung durchgeführt. Dabei werden die einzelnen Fertigungsstellen mit den jeweiligen Belegungszeiten belastet. Das Ergebnis ist ein Auslastungsprofil, das die Kapazitätsengpässe und Auslastungsschwierigkeiten aufzeigt.

Bild 7.15: Arbeitsplatz- / Kapazitäts-Belegungsplan

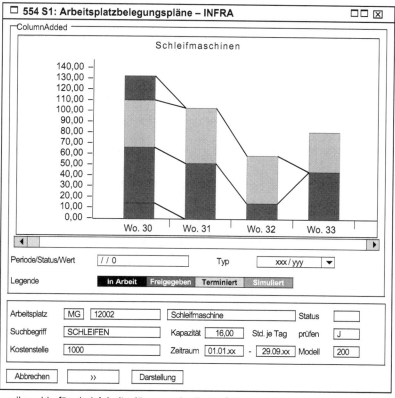

Grundlage hierfür sind Arbeitspläne, sowie die im System verwalteten Aufträge. Der Arbeitsplan ist gleichzeitig das Bindeglied zur Kostenrechnung / Kalkulation und Leistungslohnabrechnung, sowie Arbeitsfortschrittskontrolle, Terminüberwachung.

Durch diese Art der Darstellung, *„Welche Auswirkungen entstehen durch die Einlastung dieses Auftrages zu dem gewünschten Endtermin in den relevanten Maschinen- / Arbeitsplätzen (= Kapazitätsbereiche)"*, kann der Sachbearbeiter sofort erkennen, ob es sinnvoll ist, so oder anders zu verfahren.

Oder es gilt der Satz:
**Kapazitäten schaffen und nicht verwalten
mit flexibler Arbeits- und Betriebszeit**

Mittels dieser PPS- / ERP-Stammdaten-Einstellungen, wird die Nachschubautomatik geregelt und für jeden Fertigungsauftrag wird ein Start- und Endtermin, u.a. in Abhängigkeit der Auslastung der Fertigung berechnet (Rückwärtsterminierung).

Heute ist es jedoch üblich, die Kapazitätsgrenzen in der Grobplanung mindestens um eine Schicht zu öffnen, da nicht sicher ist, ob ein terminierter Fertigungsauftrag tatsächlich auch gefertigt werden muss. Was fließt tatsächlich über die Kundenaufträge ab? Wie groß ist die Reichweite der Vorräte? Wie häufig wird der Kundenauftrag in Menge und Termin geändert? Daher kann aus Praktikersicht durchaus mehr eingelastet werden, als theoretisch gefertigt werden kann und *„Eine Firma muss wachsen"*.

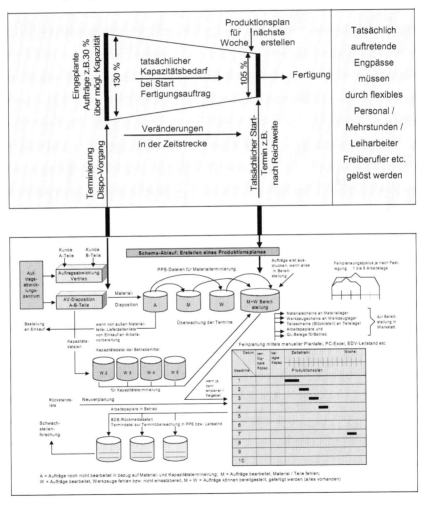

Sofern Kapazitätsgrenzen geöffnet werden, ist erforderlich die flexible Arbeitszeit für den Kunden zu nutzen und / oder der Einsatz von Fremdpersonal / Zusatzpersonal (Leihkräfte bzw. Mitarbeiter die auf Rechnung arbeiten) wird gezielt angewendet. (Einrichten eines Personalpuffers der fallweise abgerufen werden kann.)

Bild 7.16: Flexible Arbeits- und Betriebszeit / Einsatz von Fremdpersonal

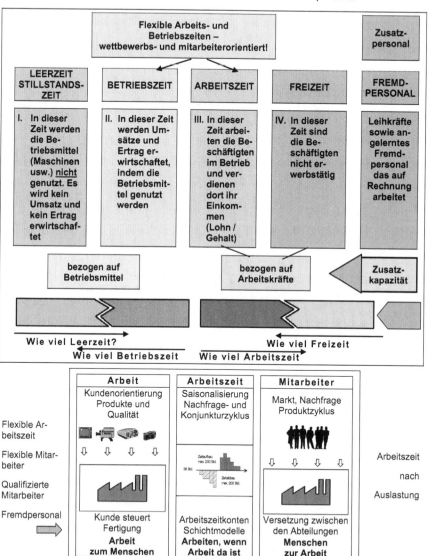

Quelle: Prof. Dr. Horst Wildemann, München und Arbeitgeberverband Ges.-Metall, Köln, Betriebliche Zeitgestaltung für die Zukunft

Neben den Kapazitätsbelastungen müssen natürlich die Materialeingänge so gesteuert werden, dass sie für den Betrieb zu den gewünschten Terminen zur Verfügung stehen. Daher sind die Materialdisposition und die Terminüberwachung in einer Hand. Am einfachsten mittels Kanban-System zu Lieferant, also Einbindung in die gesamte Logistikkette, oder der Lieferant disponiert für uns anhand der echten Bedarfe mittels ERP-System oder per E-Business, SCM-System.

Bild 7.17: Checkliste – Maßnahmen in Bezug auf Kapazitätsabgleich

Masch.-Gruppe	Kapazitätsübersicht Kapazitätsabgleich				Stand: Datum: Bearb.:									Name / Erledig. Termin
	Kapazität				Geplante Maßnahmen (Std.)									
	Rückst.	Stand in 4 Wo.	verf. Kap.	Fehl-std.	Flexi-Zeit	Über-zeit	Umbesetzt von	Umbesetzt nach	Zweite Schicht	Außer Haus	Fremd per-sonal	Ter-min versch.	sonst.	
111														
112														
113														
114														
115														
118														
121														
122														
123														
124														
131														
↓														
usw.														
Summe														
verfüg-bare Mitar. Kap.														
Differenz														

Das Ergebnis ermöglicht:

a) Frühzeitige Änderungen von Terminen mit einem Minimum an Aufwand.

b) Fest eingeplante und mit Durchlaufterminen versehene Fertigungsaufträge, die realisierbar sind, bzw. wenn nicht verschoben werden kann, die dadurch entstehenden Auswirkungen einer Lösung zugeführt werden müssen

c) Die Ermittlung von Prioritätenkennungen

Die EDV errechnet aus dem Verhältnis:

- eigentliche Durchlaufzeit lt. Rückwärtsterminierung

zu

- verfügbarer Durchlaufzeit lt. Vorwärtsterminierung
oder
- nach Reichweitenanalysen bei Vorratsteilen

eine so genannte Prioritätennummer. Sie stellt die Dringlichkeit des Auftrages für die Fertigung / Werkstattsteuerung dar und wird auf allen Arbeitspapieren mitgeführt.

Vorteile:

- Transparenz der Gesamtsituation durch ein umfassendes und aussagefähiges Auskunftssystem.
- Kapazitätsengpässe werden frühzeitig erkannt und die erforderlichen Maßnahmen können bei der Auftragsannahme veranlasst werden, oder
- Kapazitätsengpässe können mittels flexibler Arbeitszeit, Leihpersonal oder Fremdpersonal das auf Rechnung arbeitet, rechtzeitig gelöst werden
- Gezielte Umdisposition mit sofortiger Rückmeldung der Auswirkungen.
- Eine Abstimmung der Materialanlieferung zur verfügbaren Kapazität wird möglich (Just in time).
- Kein starrer Ablauf, die letzte Entscheidung liegt beim Sachbearbeiter. Er hat die Möglichkeit, korrigierend und steuernd einzugreifen.
- Ermittlung realistischer Fertigungstermine gemäß Kapazitätsbelegung.
- Die umfangreichen Termin- und Kapazitätsrechnungen werden maschinell abgewickelt.
- Durch die automatisch ermittelten Prioritätennummern in Abhängigkeit der zur Verfügung stehenden Durchlaufzeiten, hat die Fertigungs- / Werkstattsteuerung die geeigneten Unterlagen / Hinweise für eine termingerechte Fertigung.

7.5 Feinplanung / Erstellen von Produktionsplänen

Leitsatz: Nivellieren und Glätten der Produktion / Reihenfolgen optimieren

---

ARBEITSVORBEREITUNG

- **FEINPLANUNG / ERSTELLEN VON PRODUKTIONSPLÄNEN**
- **DER ENGPASS / DER TAKTGEBER BESTIMMT DIE AUSBRINGUNG**

Feinplanung z.B. über

3 AT oder

5 AT

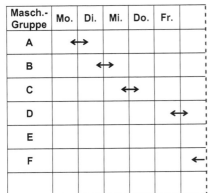

Ergebnis:

Produktionsplan für z.B. 1 Woche

Jede Woche Donnerstag neu erstellen. Aufträge werden komplett durchgeplant.

Nur bei spanloser Fertigung und Mehrschichtbetrieb hier Reihenfolge festlegen, sonst nur die effektive Kapazität ausplanen ohne Reihenfolge.

7.5.1 Zusammenhänge zwischen Losgröße, Anzahl Aufträge gleichzeitig in der Fertigung, bezüglich Durchlaufzeiten, Bestände und Flexibilität

Große Lose und viele Aufträge gleichzeitig in der Fertigung, verstopfen die Fertigung, erzeugen lange Lieferzeiten, beeinträchtigen die Flexibilität, treiben die Bestände in die Höhe.

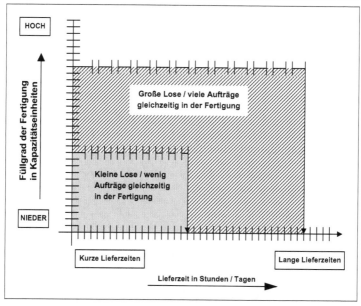

Kleinere Mengen fertigen ergibt geringe Lagerbestände. Weniger Aufträge gleichzeitig in der Fertigung ist ebenfalls von Vorteil. Vor jedem Arbeitsplatz maximal 2 - 3 Stück bzw. für einen Arbeitstag, erzeugt → **niederes Working-Capital** → **hohe Flexibilität** → **kurze Durchlaufzeiten.**

$$\text{Kennzahl} = \frac{\text{Durchlaufzeit in Tagen eines Betriebsauftrages}}{\text{Summe der Fertigungszeit dieses Betriebsauftrages}}$$

Die Kennzahl sagt aus, wie flexibel / unflexibel reagiert werden kann.

$\frac{5}{1}$ = Sehr unflexibel - Auf 1 Arbeitstag Fertigungszeit kommen noch zusätzlich 4 Arbeitstage Liegezeit

$\frac{2}{1}$ = Sehr flexibel - Auf 1 Arbeitstag Fertigungszeit kommt maximal 1 Arbeitstag Liegezeit

Und denken Sie daran:

Leistung ist nur, was produziert und umgehend verkauft werden kann - NICHT was an Lager geht.	UND	Kurze Lieferzeiten, hohe Termintreue sind heute genauso wichtig wie der Preis

Darstellung der Zusammenhänge an einem Rechenbeispiel:

Basiszahlen / Mengengerüst

⇒ 9 verschiedene Technologien
⇒ 3 Lagerstufen
⇒ 12 Schnittstellen (ohne Kommissionieren, Versand)
⇒ 80 gleichzeitig im Betrieb befindliche Aufträge
⇒ durchschnittlich 5 Arbeitsgänge / Auftrag
⇒ Durchschnittliche Fertigungszeit eines Auftrags
über alle 5 Arbeitsgänge (te x m) + tr = 40 Stunden
(= 8 Std. / Arbeitstag)
⇒ Arbeitszeit 1-schichtig = 8 Stunden
⇒ Anzahl Arbeitsplätze in der Fertigung: 50
⇒ Anzahl Mitarbeiter in der Fertigung produktiv: 40
⇒ Verhältnis Mitarbeiter – Maschinen 1 : 1
(ein Mitarbeiter bedient eine Maschine)

		Füllgrad Fertigung				Kapazität pro Tag		ERGEBNIS
Anzahl gleichzeitig in Fertigung befindliche Aufträge	Ø Anzahl Arbeitsgänge	Ø - Zahl gleichzeitig in Fertigung befindliche Arbeitsgänge	Ø Fertigungszeit pro Arbeitsgang in Stunden	Ø - Zahl gleichzeitig in Fertigung befindliche Arbeit in Stunden	Anzahl Mitarbeiter in Fertigung	Ø Arbeitszeit pro Mitarbeiter	Ø verfügbare Kapazität pro Arbeitstag in Stunden	Verhältnis Fertigungszeit zu Durchlaufzeit als Faktor [4]
1	2	1 x 2 = 3	4	3 x 4 = 5	6	7	6 x 7 = 8	5 : 8 = 9
Ist	80	5	400	8	3200	40	8	320	ca. 10 : 1
Soll	30 [1]	5	150	4 [2]	600	40	8	320	ca. 2 : 1 [3]

Praxistipp:

Damit die Mitarbeiter in der Fertigung informiert sind, wie viel Arbeit insgesamt in ihrem Bereich vorhanden ist, ist es sinnvoll, wöchentlich eine Übersicht über die Gesamtauslastung in Form von Grafiken auszuhängen oder die Übersichten können direkt am Bildschirm / BDE - Terminal abgerufen werden.

Problem „*Arbeit strecken*" darf nicht auftreten!

---

[1] Reduzierung der gleichzeitig in der Fertigung befindlichen Aufträge auf jetzt 30 Stück
[2] Reduzierung der Losgrößen um ca. 50 % -
[3] Auf einen Tag Fertigungszeit kommt im Durchschnitt nur noch ein AT Liegezeit
[4] Kennzahl sagt aus wie flexibel / unflexibel die Fertigungsorganisation ist

7.5.2 Erstellen von Produktionsplänen

Gemäß Terminvergabe nach

- Kundenwunsch
- Kapazitätsterminierung und
- Materialterminierung

und den sich daraus ergebenden Startterminen der Fertigungsaufträge, müssen nun täglich oder wöchentlich [1], für festgelegte Planungszeiträume, Produktionspläne festgelegt werden, damit innerhalb der Fertigung eine Reihenfolgeoptimierung stattfinden kann.

Für die Zusammenstellung der Fertigungsprogramme ist die Fertigungssteuerung zuständig.

Über das PPS- / ERP-System wird der Arbeitsvorrat mit Startterminen festgelegt.

A) Das AZ / das Logistikzentrum / die Fertigungssteuerung erstellt den Produktionsplan für die einzelnen Fertigungsbereiche

B) Oder Meister / Teamleiter erstellen sich am Bildschirm in der Fertigung ihre Produktionspläne selbst, aus dem Arbeitsvorrat lt. PPS, innerhalb eines vorgegebenen Zeitfensters.

C) Die Werkstattsteuerung / die Fertigungsgruppen bringen den Arbeitsvorrat in die richtige Reihenfolge und Ordnung, gemäß Prioritäten und kurzfristigen Informationen.

Diese Optimierung bedeutet die Bildung abarbeitungsgerechter Reihenfolgen. Der einzelne Auftrag wird mit einer Prioritätennummer belegt und jeder Mitarbeiter / Meister / Teamleiter kann anhand der Prioritätennummer erkennen, ob ein Auftrag vorzuziehen ist oder nicht. Kurzfristiges Umsteuern erfolgt über Infos an Flipcharts, Multimediatafeln oder täglichen Maschinenbelegungslisten aus den elektronischen Plantafeln.

Wichtige Aufträge laufen so, ohne große Liegezeiten durch die Fertigung. Füller oder weniger wichtige Fertigungseinheiten werden automatisch hinten angestellt. Am Ende einer Planperiode müssen aber alle eingeplanten Fertigungsaufträge erfüllt sein. Ansonsten werden sie vor dem nächsten Planungslauf in eine Rückstandsliste übernommen und während der nächsten Produktionsabstimmung ggf. neu terminiert.

- Organisationsmittel für die kurzfristige Steuerung sind:
  - Plantafeln
  - Excel-Übersichten
  - EDV-gestützte Leitstandsysteme / Feinplanungsprogramme

  oder bei dezentralen Fertigungssteuerungssystemen
  - Verantwortliche Produktmanager / Teamleiter in der Produktion und Multimediatafeln, bzw. Beamer, auf denen die Reihenfolgen / Prioritäten dargestellt sind

---

[1] je flexibler die Firma sein muss, je öfters müssen die Produktionspläne erstellt werden

Arbeitspapiere

Die Fertigungssteuerung / das AZ erstellt alle für die Auftragsabwicklung erforderlichen Papiere. Dies sind:

⇨ Betriebsauftrag
⇨ Terminkarte
⇨ Materialkarte
⇨ Entnahmestücklisten
⇨ Bereitstellbelege, Programme / Werkzeuge / Vorrichtungen
⇨ Lohn- / Zeiterfassungsbelege
⇨ Kontrollbelege

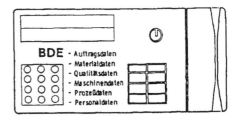

Oder es erfolgt eine beleglose Übergabe in die vor Ort installierten Bildschirme / BDE - Systeme.

Fertigungsaufträge

Die Erstellung eines Fertigungsauftrages erfolgt über das PPS- / ERP-System, gemäß den dort hinterlegten Regularien. Es empfiehlt sich, das späteste mögliche Verfahren für den Druck der Papiere zu wählen.

Das System ergänzt die Arbeitspapiere mit den für die Fertigung so wichtigen Daten, wie z.B.

⇨ Starttermin

⇨ Endtermin

⇨ Zwischentermine nach Meilensteinen

⇨ Prioritätennummern gemäß Dringlichkeit auf Basis Reichweite oder dem Verhältnis Soll-Durchlaufzeit zu Ist-Durchlaufzeit

Wobei bei der Erstellung des Produktionsplanes auch auf Rüstzeitminimierungselemente geachtet werden muss. Basis hierfür ist eine Verkettungsnummer. Dies bedeutet, für einen begrenzten Zeitraum können Aufträge zusammengefasst, also vorgegriffen werden. Siehe auch *Abschnitt „Verkettungsnummer"*.

| Hinweis: | Bei einer EDV-gestützten Feinplanung mittels elektronischer Plantafeln / -Leitständen, müssen die Arbeitspläne vor jeder Freigabe eines Fertigungsauftrages zwingend auf Aktualität geprüft werden. |

Bereitstellprüfung

Vor dem Erstellen eines Produktionsplanes bzw. der Einsteuerung erfolgt die Bereitstellungsprüfung für

- Material
- Vorrichtungen / Werkzeuge

durch körperliches Bereitstellen 1 - 3 AT vor Starttermin, oder durch entsprechende Prüfvorgänge in der EDV.

Erst danach erfolgt die Erstellung eines Produktionsplanes für die einzelnen Fertigungsbereiche über einen Fertigungs- / Produktionsplan (Zyklus 1 - 3 AT, max. 5 AT).

Es können nur Aufträge eingeplant werden, wo über die körperliche Bereitstellung auch sichergestellt ist, dass die Bereitstellung auch tatsächlich erfolgen kann [1] (geschlossenes Lager). Es hat sich bewährt, wenn z.b. das Materiallager und die Maschinengruppe für den ersten Arbeitsgang einen terminlichen Verantwortungsbereich darstellen, z.B. Drehen / Fräsen, steuert Sägen.

MATERIALPRÜFUNG

Auftrags-Nr.: 72000 Datum: 13.06.xx
Kunden-Nr.: 10531

Pos.	Artikel-Nr.	Menge	Liefereinteil. von	bis	Termin KW
1	30,0834,0	100.00	1	1	KW9999
					KW9999

Teile-Nr.	Bezeichnung	Lagerbestand	Bedarf	Differenz	!!
317.0031.0	SPK UI 30/16.5/2ST/WZ.6870/2ST TYP 561 POS.1.3.6.8	380.000	200.00	180.00	
800.0053.0	CU-DRAHT 1 L V 0.118 GE/SP.K 125	6.940	2.75	4.19	
800.0105.0	CU-DRAHT 1 L V 0.250 GE/SP.K 200	393.110	2.85	390.26	
360.0051.0	KERNBLECH UI30 ARMCO OHNE LOCH VM 111-35A UNGEGLUEHT	-39295.000	4700.00	-43995.00	= Fehlbestand
372.0015.0	VERGUSSHAUBE BLAU UI 30/16.5 WZ.6843	1405.000	100.00	1305.00	
808.0001.0	ELEKTROGIESSHARZ PU 2 K 1145 HARZ 3 GWT., HAERTER 1 GWT.	-4733.370	2.50	-4735.87	= Fehlbestand
650.0006.0	STYROPORVERPACKUNG FUER UI 30 UND UI 39	2676.090	4.80	2671.29	

---

[1] Ausnahmen wird es immer geben

7.5.2.1 Methodik der Produktionsplanung

Einführung einer so genannten Verkettungsnummer zur Bildung von Teile- / Rüstfamilien, reduziert Rüstzeiten wesentlich

Bildschirme / Auslastungsübersichten vor Ort, in der Werkstatt je Fertigungsgruppe, die den permanenten Abruf des freigegebenen Auftragsbestands ermöglichen, haben sich bewährt, insbesondere um Rüstzeiten zu minimieren, also dass alle Betriebsaufträge hintereinander angezeigt werden, damit sie zu so genannten Fertigungslosen zusammengefasst werden können. Die Einführung einer so genannten Verkettungsnummer als Suchkriterium für das Bilden von Fertigungslosen nach Teile- / Rüstfamilien hat sich bewährt.

Diese Verkettungsnummer läuft neben der Artikelnummer als völlig separate Nummer mit und gibt folgende Hinweise:

a) **Dem Disponenten**
Welche Teile sollen zusammen aufgelegt werden (z.B. welche verschiedenen Teile werden aus dem gleichen Rohling gefertigt?)

b) **Der Fertigungssteuerung**
Welche Teile sollen gleichzeitig bzw. miteinander in die Fertigung eingesteuert werden, damit die Fertigung eine Chance hat, Verkettungen zu ermöglichen?

c) **Der Fertigung**
Welche Teile haben zur Rüstzeitminimierung und Beschleunigung der Durchlaufzeit die gleichen Grundrüstwerkzeuge / Vorrichtungen und sollen direkt hintereinander gefertigt werden?

Bild 7.18: *Bilden von Rüstfamilien in der Fertigung durch die Mitarbeiter selbst*

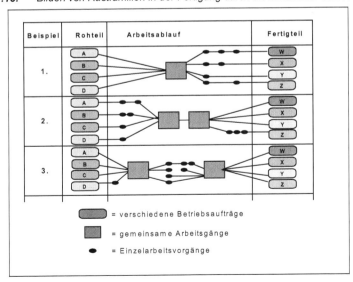

Wie können Verkettungsnummern auf einfachste Weise eingerichtet werden:

A) Da in Industriebetrieben meist auftragsbezogen die Werkzeuge vorgerüstet bereitgestellt werden und somit mit Artikelnummern versehen sind, ist der Aufbau einer EDV - gestützten Verkettungsnummer ohne großen Aufwand möglich.

Beispiel:

Die Zusammenstellung (EDV-gestützt) kann erfolgen nach,

> - Maschine
> - der Maschine zugeordnete Werkzeuge / Werkzeugträger etc., gemäß Werkzeugbereitstellstücklisten
> - mittels Filter und Prio-Vorgabe, jetzt Programm starten, welche Artikel haben z.B.
>   ↳ gleiche Werkzeugträger
>   ↳ gleiche Werkzeuge
>   ↳ gleiche Spannelemente
>   ↳ etc.

B) Oder es wird in den Arbeitsplan-Stammdaten eine vor Ort, von den Praktikern, festgelegte Verkettungsnummer vergeben, für Arbeitsgänge an Engpassmaschinen, welche idealerweise zusammen in einer Folge gefertigt werden müssten, z.B.

> 10 Teile mit verschiedenen Artikelnummern, aber gleiches Werkzeug / Spannart, erhalten die Verkettungsnummer AA
>
> 8 Teile mit verschiedenen Artikelnummern, aber gleiches Werkzeug / Spannart, erhalten die Verkettungsnummer AB
>
> usw.

nach deren Bezug sowohl die Dispositionsvorgänge, als auch die Erstellung der Produktionspläne mit ausgerichtet werden (wenn es die Terminsituation zulässt).

Diese Verkettungsnummer wird in den Stammdaten hinterlegt und dient als Suchbegriff für den entsprechenden Anwendungszweck.

Große Lose verstopfen die Fertigung, erzeugen lange Lieferzeiten, beeinträchtigen die Flexibilität

Ist Leistung die Herstellung großer Stückzahlen mit geringem Rüstzeitanteil die an Lager gehen, oder ist Leistung, dass das produziert wird, was der Kunde will und sofort Rechnungen geschrieben werden können ? Und wie wirken sich kleine Losgrößen auf die Rüstzeit aus, a) pro Auftrag?, b) pro Jahr? Siehe Abbildung Punkt Ⓒ

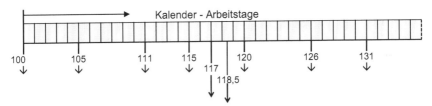

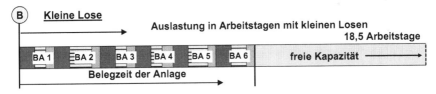

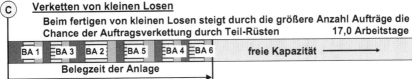

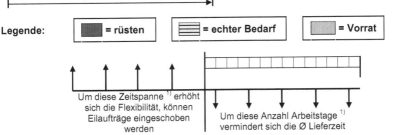

[1] Bezogen auf ein Kalenderjahr kann sich bei B bzw. C die Gesamtsumme aller Rüstvorgänge in Stunden erhöhen. Dem muss der Gewinn an Flexibilität gegenübergestellt werden und weniger Abwertung / Verschrottung am Jahresende (vermiedene Kosten).

7.5.3 Kurzfristige Steuerung / Feinplanung

Die Steuerung der Aufträge durch den Betrieb muss die Aufgabe erfüllen, sämtliche Bereitstellungsfunktionen termingerecht auszulösen. Jeder Praktiker weiß, welche enormen Auswirkungen es hat, wenn Material, Werkzeuge, Vorrichtungen, Auftragsunterlagen nicht termingerecht am Arbeitsplatz bereitgestellt werden können. Die Folgen liegen in der schlechten Produktivität und in der Verlängerung der Durchlaufzeiten. Die Auslösung der Bereitstellung erfolgt wie beschrieben, mit Bereitstellunterlagen für Material, Werkzeuge, Vorrichtungen usw.

Als Steuerungsinstrument dient, je nach EDV-Einsatz und Qualität des PPS- / ERP-Programms, entweder das IT-System mit dem entsprechenden Softwaremodul, oder Plantafeln / Excel-Tabellen etc., in denen die einzelnen Arbeitsfolgen terminlich richtig eingeplant werden. Neben dieser Einplanung muss die eigentliche Arbeitsverteilung organisiert werden. Hierunter versteht man die Weitergabe der Arbeitsunterlagen an die Mitarbeiter und die Zuweisung der Arbeit an einen bestimmten Arbeitsplatz.

Die Arbeitsverteilung kann entweder durch den Meister erfolgen (Einplanung und Arbeitsverteilung), oder über ein zentrales Leitstandsystem oder durch die Fertigungsgruppen direkt. Diese Möglichkeiten müssen für den jeweiligen Betrieb genau bestimmt werden:

a) **mittels EDV-gestützter Systeme, wie z.B. elektronische Plantafeln / Leitstände** = zentrale Fertigungssteuerung

oder

b) **Selbststeuerung durch die Meister / Fertigungsteams nach dem Saugprinzip, also vom Versand / Montage rückwärts**

oder

c) **Selbststeuerung durch die Produktmanager (für das termintreue Durchsetzen verantwortlich gemachte Mitarbeiter aus der Fertigung), ebenfalls rückwärts nach dem Saugsystem, prozessorientiert auf die vorhandenen Engpässe ausgerichtet**

= dezentrale Fertigungssteuerung

Jeweils unter Berücksichtigung der möglichen Teile- / Rüstfamilienbildung vor Ort, im Rahmen der terminlichen Möglichkeiten der jeweiligen Planungsperiode.

Die Einsteuerung selbst, erfolgt nach tatsächlich verfügbarer Kapazität (+ 10%) und

a) Start-Termin und
b) Reichweitenbetrachtung bei Vorratsaufträgen, bzw.
c) Prio-Nr. gemäß Formel IST- zu SOLL-DLZ und Restfertigungszeit bei reinen Kundenfertigungsaufträgen, bzw. Einzel-Priorisierung
d) Unter Berücksichtigung der Materialverfügbarkeit J / N, sowie, *„Können Fertigungsaufträge zu Rüstfamilien verketten werden?"*

Diese Einsteuerungsregeln sind wichtig, denn heute wird im Regelfalle bei der Auftragsannahme eine Überlast gefahren, da nicht sicher ist, ob die eingeplanten Fertigungsaufträge auch tatsächlich zu dem ursprünglich vorgesehenen Termin gefertigt werden müssen. Was fließt tatsächlich über die Kundenaufträge ab? Wie groß ist die Reichweite der Vorräte? Wie häufig wird der Kundenauftrag in Menge und Termin geändert?

Schemadarstellung: *Startterminermittlung*

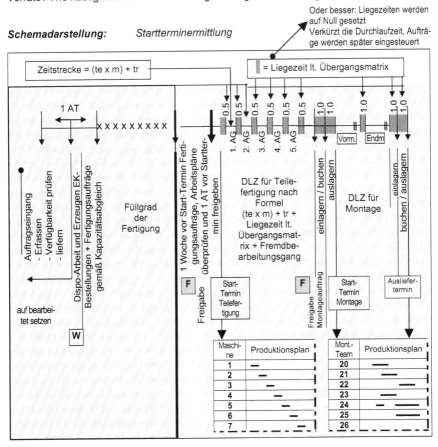

Bild 7.19: *Gesamtübersicht Disposition / Kapazitätsplanung / Fertigungssteuerung als Schemabild*

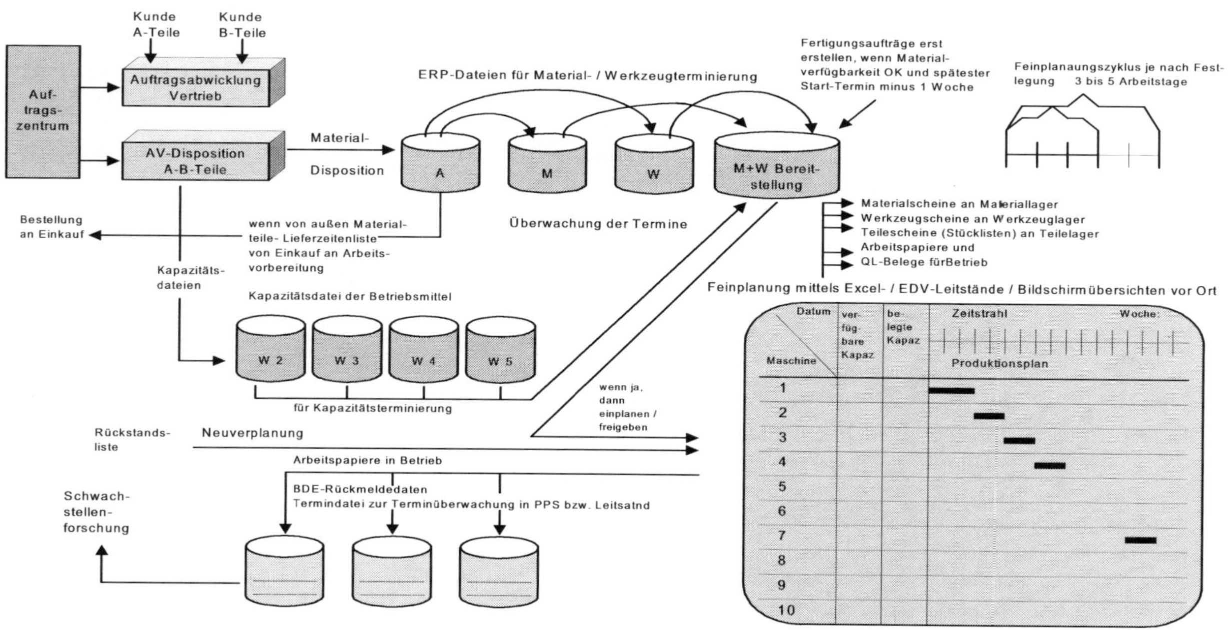

A = Aufträge noch nicht bearbeitet in bezug auf Material- und Kapazitätstermineirung; M = Aufträge bearbeitet, Material / Teile fehlen;
W = Aufträge bearbeitet, Werkzeuge fehlen bzw. nicht einsatzbereit, M + W = Aufträge können bereitgestellt, gefertigt werden (alles vorhanden)

Feinplanung mit Excel

	KW 30 Juli					KW 31 Juli / August					KW 32 August					KW 33 August					KW 34 August					KW 35 August / September				
	24	25	26	27	28	31	1	2	3	4	7	8	9	10	11	14	15	16	17	18	21	22	23	24	25	28	29	30	31	1
	Mo	Di	Mi	Do	Fr	Mo	Di	Mi	Do	Fr	Mo	Di	Mi	Do	Fr	Mo	Di	Mi	Do	Fr	Mo	Di	Mi	Do	Fr	Mo	Di	Mi	Do	Fr
CNC: Drehz.	H5445-01			H5445-01			L1372				S2616-01																			
CNC: Fräsz.		L1353		H5448B-04		H5448B-07	S2616-03	L1347		L1346		L1373	L1374		H5445-01		H5445-8	H5445-11	H5445-05		H5445-03									
	H5445-10	L1331		H5445-11.1	H5445-11	H5448A-02											H5445-11.1	H5445-11.2												
					H5445-11.2	H5448A-06	S2616-04																							
	Sappert 19-24 Juli						Sappert 1 August - 8 August																							
CNC: Bohrw.		H5445-02		L1367	L1366	L1351	H5448B-03	L1354			L1367		L1366		L1355		L1357				L1370			L1371		L1367	L1366	H5445-02		H5445-0
				WICHTIG			H5448B-01																							
	Sprecher 2 Wochen nach Geburt																													
Vega						L1352		S2542	S2542																					
							L1350	Kantenfräser																						
AXA	H5444B-03		S2581-05		S2581-03				S2616-01	S2616-02		S2616-01				L1356					L1369			L1368		L1294			L1326	
	L1326																													
																Kaatz 14 - 25 August														
Bridgeport	H5448A-04	H5445-04		L1294		L1305		L1333-01		L1327			L1357		L1367		L1366		L1372		S2542	H5445-04		L1372						
	H5448A-03		L1349							H5448B-04		L1354			S2621-01															
																			Pann 25 - 29 September											
Hedelius	H5445-08			S2581-01 nur Hedelius			S2581-05		S2581-03		S2579						L1348		S2621-02	S2621-03	S2621-04			L1348			L1349	L1348	L1349	H5445-08
		S2581-04					fraglich, vielleicht nur AXA																							
						Hauber 31. Juli 18. August																								

Arbeitsfortschrittsüberwachung

Die Rückmeldung an die Fertigungssteuerung erfolgt über Barcode-Systeme bzw. Belegrückmeldung der Mitarbeiter mit sep. Erfassung am Bildschirm, oder automatisch mittels RFID - System (Transponder) oder bei ins Netz gestellten Excel-Plänen durch die Meister / Teamleiter selbst.

- Rückmeldung der fertigen Arbeitsgänge zur Arbeitsfortschrittskontrolle und Kontrolle der ordnungsgemäßen Abgabe aller Zeiten bzw. über BDE - Systeme (Abgleich mit Anwesenheitszeit).

- Überwachung der Aufträge = Fortschrittsüberwachung per EDV am Bildschirm (real time)

Daraus werden die Rückstandslisten erstellt. Rückstandslisten sind die Basis für das Setzen entsprechender Prioritäten bzw. Ergreifen von Maßnahmen.

Bild 7.20: BDE - Rückmeldung - Fertigungscontrolling

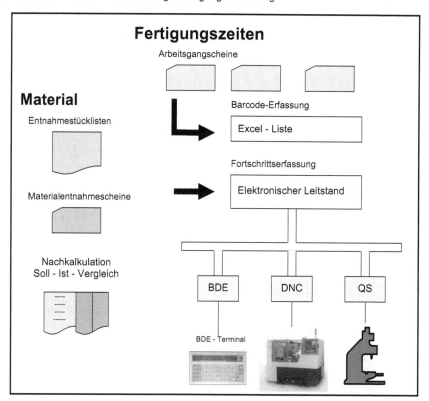

Terminüberwachung / BDE - Rückmeldungen nach Tätigkeits- / Nutzungsdaten

Eingabeterminal für mobile und stationäre Erfassungsaufgaben in Industrie und Dienstleistung

BDE- / MDE-Meldungen

Personalzeit PZE	Auftragszeit BDE	Maschinendaten MDE	Sonstige Daten
• Anwesenheitszeit	• Beginn / Ende	• Mengen	• Vorarbeitertätigkeit
• Fehlzeiten	• Unterbrechungen	• Laufzeit / Standzeit	• Transport
• Fehlgründe	• Störungen	• Maschinenzustand	• Schulung
• Schichten	• Mengen	• Nutzungsgrad	• Betriebsversammlung
• Überstunden	• SOLL / IST	• Taktzeiten	• Lagerarbeit
• Zuschläge	• Gruppenarbeit	• Störzeiten	• ~
• Lohnarten	• Leistungsgrad	• ~	• ~
• Kostenstellen	• ~	• ~	• ~

Rückstandslisten / Fehlteilelisten

Mit dem Führen / Pflegen von Rückstandslisten und Fehlteilelisten wird der Organisationsablauf perfektioniert. Der Ablauf sichert

- eine Fertigung mit wenig organisatorisch bedingten Störungen, so dass die Führungskräfte sich ihren eigentlichen Aufgaben widmen können,
- einen geordneten und jederzeit kontrollierbaren Ablauf in der Arbeitsvorbereitung,
- dass die Geschäfts- und Fertigungsleitung über die Dinge, bei denen sie eingreifen muss, kontinuierlich informiert ist,
- dass Fehlendes rechtzeitig erkannt wird und gezielt nachgefasst werden kann

Verfallene Termine werden, nach Gründen geordnet, aufgelistet:

a)	materialbedingt	–	Einkauf
b)	bestandsbedingt	–	Dispo-Lager
c)	betriebsbedingt	–	Fertigungsleitung
d)	konstruktionsbedingt, z.B. fehlende Zeichnungen	–	Konstruktion
e)	vertriebsbedingt	–	Vert.-Ltg. Eilaufträge eingeschoben
f)	werkzeugbedingt	–	Werkzeugbau
g)	kundenbedingt	–	fehlende technische Spezifikationen

und daraus Überlegungen angestellt werden:

a) Wie die Rückstände in sinnvoller Weise ausgearbeitet werden können ?
b) Und wie diese Schwachstellen gezielt abgestellt werden können.

Bild 7.21: *Muster einer Rückstandsliste*

Fa.		Rückstandsliste			Gründekatalog-Nr.: ____		Woche:		Blatt:	
Be-nen-nung	Zeichnungs-Nr.	Auf-trags-Nr.	Termin		Menge		Grund des Rückstandes	Maßnahme durchgeführt (bis wann erl.)	f. Betrieb neuer Termin		Erle-digt (Grund)
			Start	Ende	Start	Ende			Start	Ende	

7.6 Durchsetzen der Aufträge in der Fertigung

- AUF MEISTEREBENE MANUELL
- NACH PRIORITÄTEN EDV-GESTÜTZT
- MITTELS PRODUKTMANAGER VOR ORT DURCH DIE MITARBEITER SELBST *„TEAMORGANISATION"*
- MITTELS LEITSTÄNDE EDV-GESTÜTZT

„Meister" oder
„Produktmanager"

und / oder

Elektronische Plantafel

Durchsetzen des
Produktionsplanes
in der Fertigung

Setzen von

- Prioritäten
- Reihenfolgen
- Wer macht was
- Qualität
  etc.

Ergebnis:

    **Termintreue
  Lieferung**

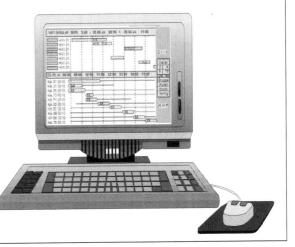

Rückstandsfrei, flexibler produzieren durch eine verbesserte Fertigungssteuerung und nur fertigen was gebraucht wird

In welcher Form letztlich die eigentliche Fertigungssteuerung erfolgen soll, ist dem Unternehmen freigestellt und richtet sich meist nach Branche, Organisationsgrad und Unternehmensgröße.

Dies kann **DEZENTRAL** oder **ZENTRAL** sein.

Wichtig ist nur, dass die zuvor genannten Denkansätze auch umgesetzt werden, wie z.B.:

- kleine Lose fertigen (80% - 20% - Prinzip)
- Übergangszeiten auf Null setzen
- So spät wie möglich einsteuern
- Bei Vorratsteilen Reichweite abprüfen bevor eingesteuert wird
- Abrufaufträge erst nach Rücksprache mit Kunde freigeben
- Keine Aufträge ohne Materialprüfung einsteuern
- Die Produktion nach Fertigungslinien als Röhrensystem organisieren und nur soviel einsteuern, was der jeweilige Engpass im Prozess leisten kann, „Engpassplanung"
- Prio - Regelungen für eine optimierte Reihenfolge in der Fertigung festlegen, mit Info-System für die Mitarbeiter (Multimedia-Tafeln / Belegungslisten / Bildschirme vor Ort etc.)

Und wenn bei der Fertigungsneustrukturierung auch gleichzeitig vom Push- zum Pull-System übergegangen wird, also die Feinsteuerung vor Ort über die Montage / den Versand rückwärts erfolgt (Ansprechpartner der jeweilige Meister / Produktmanager / Vorarbeiter je Linie), steigt die Termintreue und die Durchlaufzeit wird weiter verkürzt.

Das Richtige wird zum richtigen Zeitpunkt fertig und die Bestände, das Working-Capital wird erheblich reduziert.

7.6.1 Organisationsformen der Werkstattsteuerung

Die Werkstattsteuerung ist durch zwei grundsätzliche Erscheinungsformen gekennzeichnet:
- a) Die dezentrale Werkstattsteuerung
- b) Die zentrale Werkstattsteuerung.

Die dezentrale Werkstattsteuerung sieht eine Zuordnung der Dispositionskompetenz auf die Führungskräfte in der Werkstatt „Meister / Gruppe" vor. Basis hierfür ist der Produktionsplan.
Bei einer zentralen Werkstattsteuerung erfolgt die Dispositionskompetenz mittels Leitstandsystem. Die Aufgabe des Leitstandes ist es, die Aufbereitung der vom PPS-System periodisch erstellten Fertigungsaufträge in kurzfristige, detaillierte Reihenfolgen für die Fertigung, unter Berücksichtigung der aktuellen Situation, zu bringen. Der wesentliche Vorteil einer zentralen Werkstattsteuerung ist die hohe Transparenz und schnelle Reaktionsfähigkeit. Nachteilig ist der Führungs- und Pflegeaufwand. Voraussetzung: Stimmende Arbeitspläne

Mittels geeigneter Werkstattsteuerungssysteme, die je nach Branche und Organisationsgrad des einzelnen Unternehmens

- dezentral   oder   • zentral

organisiert sein können, lassen sich die Durchlaufzeiten wesentlich verkürzen und die Flexibilität sowie Termintreue wesentlich erhöhen.

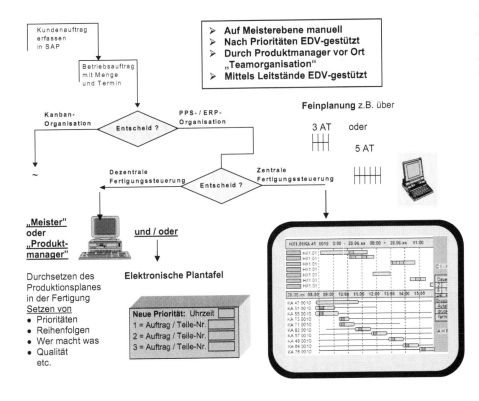

231

7.6.1.1 Die dezentrale Fertigungs- / Werkstattsteuerung

Das Bindeglied zwischen Fertigungssteuerung und Arbeitsplatz.

Wie funktioniert das System:

Die Fertigungssteuerung übernimmt die aus dem PPS- / ERP-System ermittelten Start-Termine und plant diese z.b. in einer Excel-Liste ein, die ins Netz gestellt wird. Sie dient dem entsprechenden Produktmanager / Meister / Teamleiter als verbindliche Vorgabe. Der Produktmanager / Meister / Teamleiter führt, aufbauend auf diesen Vorgaben, die kurzfristige Planung und Steuerung der Fertigung vor Ort abteilungsübergreifend durch. Durch die Rückmeldung, z.b. über Excel, durch die Verantwortlichen kann die Fertigungssteuerung die Einhaltung der Termine überwachen.

Sofern ein Produktmanager / Meister / Teamleiter bereits im Vorfeld erkennt, dass die Vorgabedaten nicht eingehalten werden können, muss über „vertikale" Kommunikation mit der Betriebsleitung die Auflösung der Konfliktsituation, durch Personalumbesetzung etc., erfolgen. In einer atmenden Fabrik geht man davon aus, dass die Vorgaben durch entsprechende Flexibilität der Mitarbeiter in der Fertigung eingehalten werden können. Nur in Einzelfällen wird die Fertigungssteuerung für eine Neuabstimmung gefordert.

Wobei durch das Saugprinzip (Pull-System) <u>rückwärts</u> von Engpass bzw. von Montage oder Versand, viele Probleme erst gar nicht entstehen, da die Produktmanager und die Mitarbeiter dann das produzieren was man sofort braucht, und nicht das, was zwar auf den Arbeitsbelegen steht, aber erst später benötigt wird.

Prioritätenregelungen

Zwei Arten der Prioritätenregelungen haben sich durchgesetzt (fallweise Kunden - Prio)

A)   Nach Dringlichkeit, gemäß Durchlaufzeit - bei reiner Auftragsfertigung

$$\frac{\text{Ist-Durchlaufzeit in Wochen}}{\text{Soll-Durchlaufzeit in Wochen}} = \underline{} - 1 = \underline{} \times 10 = \text{Prioritäten - Nr.} \underline{}$$

Beispiele:

1.) Ist DL in Wochen (8) entspricht SOLL - DL in Wochen (8)	2.) Ist DL in Wochen (6), also 2 Wochen später eingesteuert und SOLL-DL = 8 Wochen
$\frac{8 \text{ Wochen}}{8 \text{ Wochen}}$ = 1 - 1 = 0 x 10 = 0 = Prioritäten - Nr. 0	$\frac{6 \text{ Wochen}}{8 \text{ Wochen}}$ = 0,75 - 1 = 0,25 x 10 = 2,5 = Prioritäten - Nr. 3
3.) dito Position 2, aber IST - DL nur noch 4 Wochen	4.) dito Position 2, aber IST - DL nur noch 1 Woche
$\frac{4 \text{ Wochen}}{8 \text{ Wochen}}$ = 0,5 - 1 = 0,5 x 10 = 5,0 = Prioritäten - Nr. 5	$\frac{1 \text{ Woche}}{8 \text{ Wochen}}$ = 0,125 - 1 = 0,875 x 10 = 8,75 = Prioritäten - Nr. 9

B)   Nach Reichweitenbetrachtung - bei Vorratsfertigung

Festlegung der Prioritätennummer nach aktueller Infos aus Vertrieb, Fertigung, Ersatzteil- oder Montagebereich (z.b. nach Reichweite, wie viel Tage reichen Vorräte noch, je weniger Tage, je höher die Prioritätennummer) = Saugsystem

Wenn Prioritätssetzung lt. Punkt B) wichtiger ist, wird Berechnung lt. Punkt A) überschrieben, also gemäß B) geändert.

Alle Betriebsaufträge / Laufkarten / Transport- / Zählbelege etc., erhalten jetzt diese Prioritätennummer:

9 = höchste Priorität	z.B. gemäß Reichweitenberechnung der noch vorrätigen Teile in Tagen (je niederer die Reichweite in Tagen, je höher die Priorität)
1 = niedrigste Priorität	
0 = reiner Füllauftrag	

Nach dieser Prioritätenkennzeichnung je Betriebsauftrag wird die Feinplanung nach effektiver Kapazität und jetzt nach tatsächlichem Bedarf korrigiert und daraus der eigentliche Produktionsplan erstellt.

Jeder Mitarbeiter / Vorgesetzte kann anhand der Prioritätennummer erkennen, ob ein Auftrag vorzuziehen ist oder nicht. Wobei bei Losgrößen die nur zu einem Teil gefertigt werden sollen / können, nur nach fest vorgegebenen Teilmengen lt. Zählzettel gefertigt bzw. aufgeteilt werden darf. Ergibt feste Lose je Transporteinheit (produzieren im Takt).

Hinweis:

Gut bewährt hat sich bei reinen Auftragsfertigern und manueller Werkstattorganisation auch folgende visuelle Unterstützung der Werkstattbelege:

Erstellung der Auftragspapiere ist die Start-Termin-Woche

Jede Woche erhält eine andere Farbe der Arbeitspapiere (Basis Starttermin) somit ist in der Fertigung visuell sichtbar wie viel Wochen bereits ein Auftrag unterwegs ist.

ODER

Es wird papierlos gearbeitet, die Mitarbeiter können anhand von Bildschirmen / BDE - Geräten erkennen was die nächsten Aufträge sind, die abgearbeitet werden müssen.

Zusätzliche Kennung für kurzfristige Umsteuerung / Erhöhung der Flexibilität durch Einsatz von Multimedia-Tafeln in der Fertigung

Bei vielen PPS- / ERP-Systemen wird mit hohem Aufwand die Material- und Kapazitätsterminierung durchgeführt, ohne dass letztendlich mit Sicherheit eintretende Änderungen, vor oder während der Auftragsdurchführung, z.B. Mengen- / Termin- / Prioritätenänderungen oder Abweichung effektive Kapazität zu verfügbarer Kapazität entsprechend berücksichtigt werden [1]. Werden in dieser statischen Betrachtungsweise zusätzlich noch falsche oder unrealistische Zeitdaten als Planungsgrundlage verwendet, sind die Ergebnisse dieser Feinplanung unrealistisch und die Auftragsabwicklung in der Fertigung läuft dann nach eigenen Regeln und Gesetzmäßigkeiten ab. Von termintreuer Fertigung kann keine Rede sein.

Bewährt hat sich deshalb folgendes, einfaches Info-System:

Ein kurzfristiges Umsteuern kann über eine übergeordnete Prioritätennummer mittels Multimedia-Tafel [2], die in jedem Fertigungsbereich optimal sichtbar angebracht ist, einfach und ohne Aufwand bewerkstelligt werden.

```
Neue Priorität:   Uhrzeit    [      ]

1 = Auftrag / Teile - Nr. [      ]

2 = Auftrag / Teile - Nr. [      ]

3 = Auftrag / Teile - Nr. [      ]
```

Die Steuerung dieser Multimedia-Tafel [2] erfolgt durch die Fertigungssteuerung mittels manuellem Eingriff (= Bypass), also nicht über das PPS- / ERP-System.

Als Alternativen können Flipcharts und / oder einfache Schilderkennzeichnungen die mit den Nummern 1 / 2 / 3 versehen werden und an den Warenkisten / Paletten durch 2 x tägliche Rundgänge (Produktmanager / Fertigungssteuerung) aktualisiert werden. Die Schilderkennzeichnung 1 / 2 / 3 ersetzt die Prioritätennummer auf den Auftragspapieren.

Die Durchsetzung vor Ort, erfolgt durch so genannte „*Produktmanager / Teamleiter*" je Fertigungszelle- / -linie

---

[1] hoher Arbeitsaufwand, wenn die Fertigungsaufträge bereits freigegeben sind
[2] oder mittels Beamer an PC angeschlossen

Bei Umbau der Fertigungsorganisation von dem bisher üblichen Push- (= Bringsystem) in ein so genanntes Pull-System (= Saugsystem), was aus Sicht des Autors zu empfehlen ist, können die Prioritäten außer der Fertigungssteuerung auch vom

> Versandleiter
> Montagepersonal gesetzt werden

oder von so genannten

> Produktmanagern (dies sind Mitarbeiter aus der Fertigung die für den termintreuen Durchsatz über alle Fertigungsstufen für bestimmte Artikelgruppen verantwortlich sind)

Wichtige Aufträge laufen so ohne große Liegezeiten durch die Fertigung, da nur das produziert wird, was über die Engpässe auch machbar ist. Füller, oder weniger wichtige Fertigungseinheiten, werden automatisch hinten angestellt, also gar nicht begonnen, und dadurch das Umlaufkapital minimiert. Eilaufträge überholen andere Aufträge.

Am Ende einer Planperiode müssen aber alle eingeplanten Fertigungsaufträge erfüllt sein. Ansonsten werden sie in eine Rückstandsliste übernommen und während der nächsten Produktionsabstimmung ggf. neu definiert.

Die Vorteile dieses vereinfachten / verbesserten Werkstattsteuerungssystems liegen auf der Hand:

- Verbessern und Wiederherstellen der durch den IT-Einsatz teilweise verloren gegangenen Verantwortlichkeit und Motivation aller an Ausführung und Disposition Beteiligten

- Radikales Senken der benötigten Durchlaufzeiten / der Bestände und des Umlaufkapitals bei wesentlicher Verbesserung der Reaktionsfähigkeit

- Es werden genau die Aufträge zuerst gefertigt, die die höchste Priorität haben, gemäß neuester Information

- Vereinfachen von Abläufen, Beleg- und Informationsflüssen und damit Erhöhung der Transparenz in der Werkstatt

- Nutzen der Steuerungsmöglichkeiten auf Werkstattebene, damit Verminderung der Steuerungs-, Abwicklungs- und IT-Kosten

- Leichte Durchschaubarkeit, da Engpässe konsequent, nach sinnigen Reihenfolgen von den Teamleitern / Produktmanagern ausgeplant werden

- Keine Auswirkung auf die heute üblichen Verfahren zur Produktionsplanung und Steuerung (PPS- / ERP-gestützt).

Bild 7.22: Zusammenhang Feinplanung - Werkstattsteuerung - Durchsetzen auf Meister- / Gruppenebene, bei einer dezentralen Werkstattsteuerung

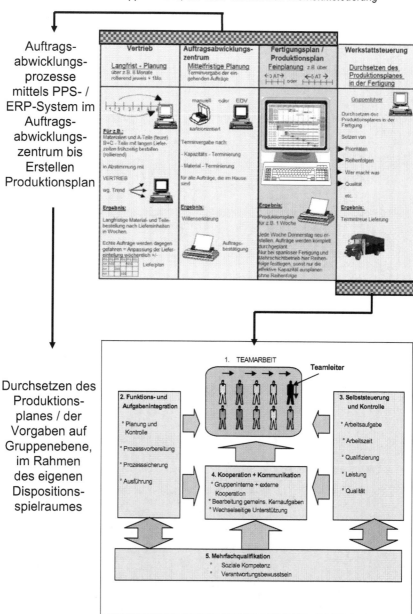

7.6.1.2 Zentrale Werkstattsteuerung, Leitstände / Elektronische Plantafeln

Anstatt der zuvor beschriebenen dezentralen Lösung kann auch ein zentrales Steuerungssystem, wie z.B. ein elektronisches Leitstandsystem (ELS), eingesetzt werden.

Bei der zentralen Organisationsform übernimmt die Fertigungssteuerung alle Aufgaben der Planung, das heißt sowohl Grob- als auch Feinplanung. Der Meister / Teamleiter fungiert lediglich als „Empfänger", der die Planvorgaben der Fertigungssteuerung durchsetzt. Eine eigenständige Planung vor Ort ist nicht möglich. Infolgedessen wirken sich jegliche Störungen im Betrieb unmittelbar auf die Fertigungssteuerung aus, weshalb diese zu häufigen Umplanungen gezwungen wird. Die Ergebnisse dieser täglichen Planläufe sind dann zur Durchsetzung wieder in Form von Belegungslisten bzw. Bildschirme an den Arbeitsplätzen sichtbar.

Unter Wegfall des hohen manuellen Arbeitsaufwandes bieten somit „elektronische Plantafeln" die Möglichkeit die Fertigungssteuerung aktiv zu nutzen. Das ELS-System liefert hierzu ONLINE am Bildschirm folgende Informationen:

- Belastungsprofile der Kapazitätsgruppen / der Arbeitsplätze gemäß Vorwärtsterminierung
- Auftragsdurchläufe / Reihenfolgeplanung gemäß Prioritäten
- Arbeitsvorrat der Arbeitsplätze mit optimierten Arbeitsreihenfolgen
- Arbeitsfortschritt / Transportorganisation

Wobei vom übergeordneten PPS-System alle freigegebenen Fertigungsaufträge gemäß Priorisierung und Starttermine, mittels Vorwärtsterminierung, auf Basis aktueller Arbeitspläne in das ELS-System übernommen und eingeplant werden. Bei Überlast wird gemäß den hinterlegten Formeln der Prioritätenregelungen verfahren.

Eine Produktionsfeinplanung [1] mittels elektronischen Plantafeln / Leitständen, ist in jedem Fall zu empfehlen, sofern der Erstellungs- und Pflegeaufwand der erforderlichen Arbeitspläne in einer vertretbaren Größe gehalten werden kann.

Nachteile der EDV-gestützten Leitstandsysteme sind:

> der Betreuungs- / Führungsaufwand des Systems selbst, und

> die dem System zugrunde liegenden Arbeitspläne mit den darin enthaltenen Rüst- und Stückzeiten / Arbeitsplatzzuordnungen müssen stimmen,

was sich häufig in einem Mehraufwand an AV-Personal niederschlägt.

---

[1] Nur die Feinplanung. Wenn alle Aufträge eingeplant werden, also auch die, die erst Wochen später gefertigt werden sollen, stellen die Systeme eine Scheinwelt dar, da sich bis zur Start-Terminierung, noch zu viel verändert. Dafür gibt es in den ERP-Systemen die Grobplanung.

Der Aufwand muss aber zum Erfolg sorgfältig abgewogen werden.

Abb.: Schemadarstellung - Funktionsweise eines elektronischen Leitstandes bei zentraler Werkstattsteuerung

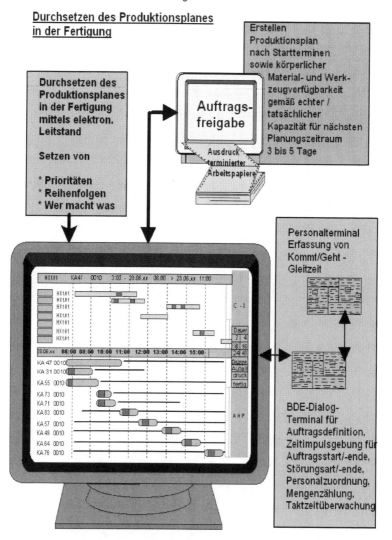

Oder besser, an den Arbeitsplätzen sind Bildschirme installiert, wo der (die) nächste(n) Auftrag (Aufträge) der (die) gefertigt werden muss (müssen) angezeigt wird (werden), incl. aller notwendigen Infos für Material- und Werkzeugbereitstellung.

Bild 7.23: Elektronische Plantafel / Leitstand für die Feinplanung / Werkstattsteuerung

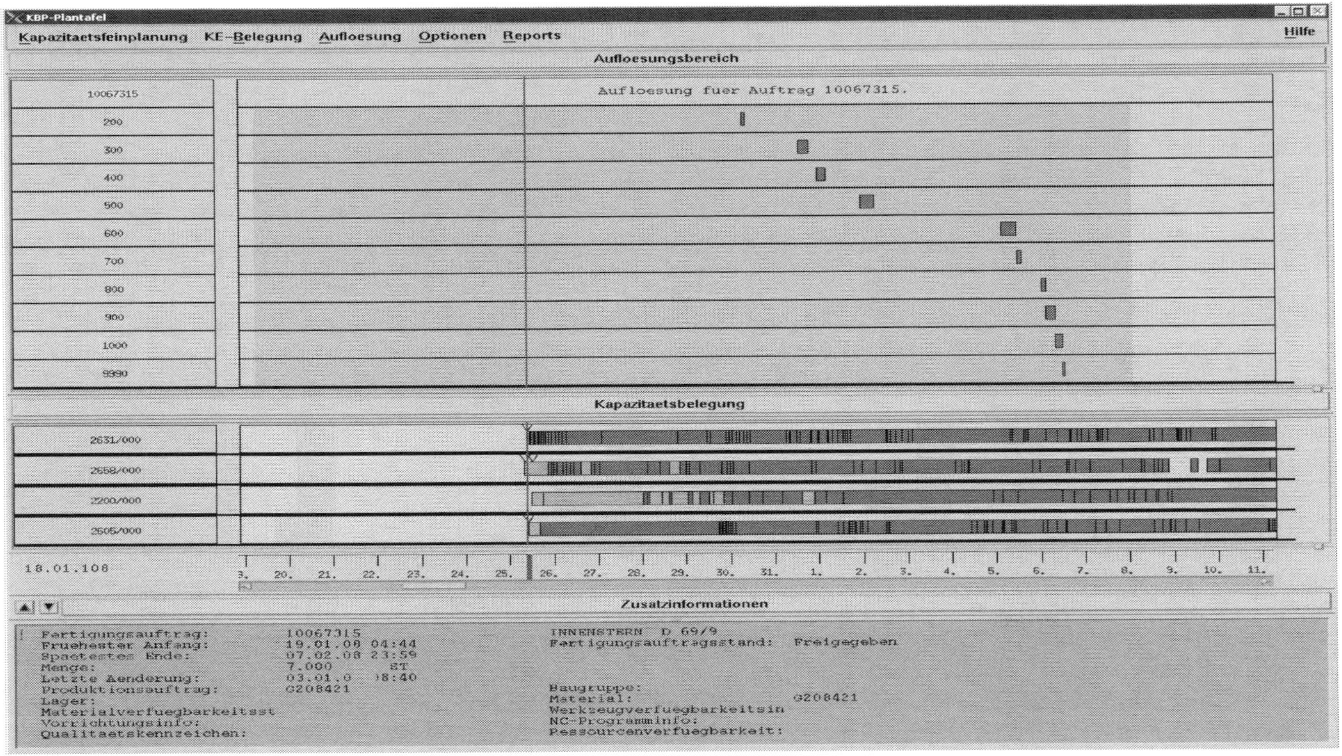

Daraus entstehen Maschinenbelegungs- / Terminabstimmungslisten

Fa.	MASCHINENBELEGUNGSLISTE FÜR ANLAGE NR.					Tag: 04.08.xx		Seite 1		
						Lfd. Nr.: 162940		von 2		
Auftrags-Nr.	Artikel-Nr.	Bezeich-nung	Arbeits-plan - Nr.	AG-Nr.	AG-Bezeichnung	Menge	Fertigstell-termin AG	Fertigstell-termin Auftrag	Beleg-zeit n	Priorität	Vorarbeitsgang fertig gemeldet
XXXXY	52.1346	Deckel	12345	10	Schruppen	40	21.07.xx	26.07.xx	10,9	9	J
XXYYY	60.1729	Flansch	16729	20	Kompl. drehen	3	19.07.xx	19.07.xx	1,2	9	J
ZZZZZ	44.8290	Welle	9760	40	Kegel drehen	65	16.07.xx	18.07.xx	13,4	8	N
ZZZZZ	71.9856	Zwischenst.	5670	30	Schlichten / bohren	20	24.07.xx	30.07.xx	6,0	8	N
RRFLMO	60.2983	Flansch	12956	20	Kompl. drehen	10	28.07.xx	29.07.xx	2,9	7	J

Liste wird nach jedem Leitstandlauf neu erzeugt und an den Anlagen ausgehängt.

Der Warentransport von Anlage zu Anlage erfolgt durch Staplerfahrer über Bahnhöfe und Hinweisbelege „Nächste Kostenstelle", oder in der Prozesszeit durch die Mitarbeiter selbst.

Für die Meister / mitarbeitende Produktmanager / Terminverantwortliche vor Ort können bei Bedarf so genannte Terminabstimmungslisten ausgedruckt werden. Druckfolge *„von Auftrag* _____ *, bis Auftrag* _____ */ von Termin* _____ *, bis Termin* _____ */ von Anlage* _____ *, bis Anlage* _____ *"nach Wahl

Oder an den Arbeitsplätzen sind Bildschirme installiert, wo der (die) nächste(n) Auftrag (Aufträge) der (die) gefertigt werden muss (müssen) angezeigt wird (werden), incl. aller notwendigen Infos für Material- und Werkzeugbereitstellung (beleglose Fertigungssteuerung).

Bild 7.24: Nächster Auftrag

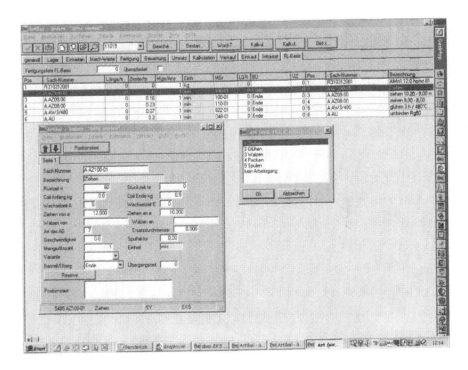

Warum ist eine Schnittstelle von Push- zu Pull-System auch bei einer Leitstandorganisation notwendig

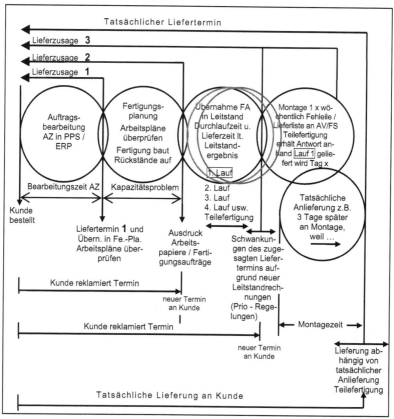

Durch die ständig steigende Anzahl Betriebsaufträge, die täglich in die Fertigung eingesteuert werden, verbunden mit der ebenfalls stetig steigenden Anzahl Änderungen der Prioritäten, sowie Menge und Termin, ist auch bei einer noch so optimalen ERP - Leitstandgestützten Fertigung nicht mehr sichergestellt, dass das Richtige zum richtigen Zeitpunkt „punktgenau" in der Montage / dem Versand ankommt.

Ein Zahlenbeispiel soll dies verdeutlichen:

Anzahl täglich einzusteuernde Betriebsaufträge	Anzahl Arbeitsgänge	Durchlaufzeit in Tagen	Anzahl zu steuernde Arbeitsgänge
10	10	10	1.000
100	10	10	10.000

Daher muss auch die Montage / der Versand Einfluss auf die Priorisierung der einzelnen Fertigungsaufträge haben.

Wodurch sich folgende Gesamtkonzeption für einen schnellen, termintreuen Auftragsdurchlauf mit niederem Working-Capital ergibt

Schemadarstellung:

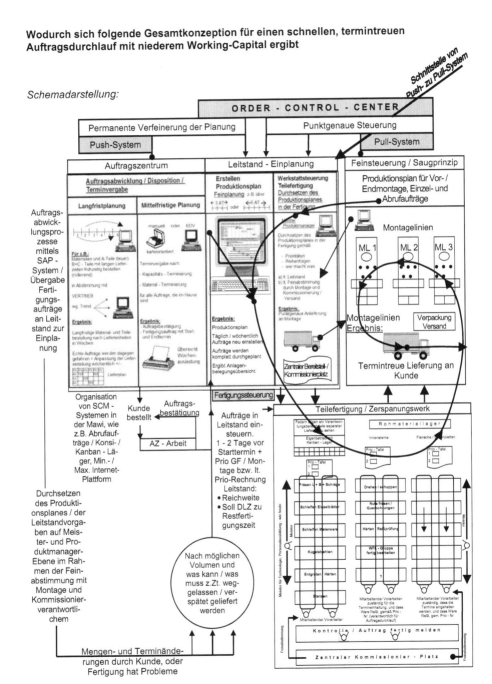

Mit folgendem Ergebnis:

- Durchlaufzeiten verkürzen / Zeitreserven in den Planungs- und Steuerungsläufen eliminieren
- Fertigungsaufträge später einsteuern / Flexibilität und Termintreue erhöhen
- Engpassplanung und optimierte Priorisierungen einführen

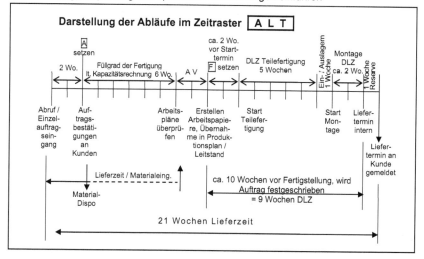

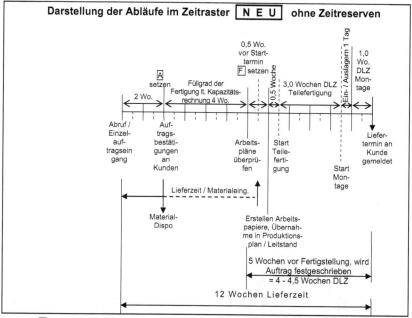

A = Auftrag Kapazität und dispositiv bearbeitet   F = Auftrag freigegeben

7.7 Kapazitätsvorhalt erhöht die Flexibilität und reduziert Bestände

Was will das Unternehmen?

? Kostenführerschaft,
dann 7 Tage Produktion á 3 Schichten, mit Ergebnis
geringe Flexibilität - hohe Bestände

? Absolute Kundennähe,
dann müssen einzelne Maschinen, insbesondere bei hoher
Variantenvielfalt auch mal stehen, mit dem Ergebnis
hohe Flexibilität - niedere Bestände - kurze Lieferzeiten

Beispiel:

Es wird eine neue, effizientere Anlage gekauft
Sie würde vier alte Anlagen ersetzen. Der Cashflow ist sichergestellt, z.B. 1,8 Jahre

Tayloristische Denkweise - Einzeloptima:

Vier alte Anlagen verschrotten / verkaufen - Arbeitsplaner muss schnellstmöglich die Arbeitspläne auf die neue Anlage umstellen, damit der Ratio-Erfolg „kalkulationsrelevant" wird, mit folgendem Ergebnis:

> Früher konnten vier verschiedene Aufträge parallel gefertigt werden.
> Jetzt nur noch hintereinander - es entstehen Reihenfolgeprobleme.

> Nach ca. 4 - 6 Monaten ist die neue Anlage ein Engpass und erzeugt in der termintreuen Lieferung Probleme.

Lean - Denkweise - Gesamtoptima:

Wenn Platz vorhanden, die vier oder drei alten Anlagen behalten. Möglichst für Teile die in großen Stückzahlen benötigt werden, eingerüstet stehen lassen und für diesen Zweck nutzen, bzw. wenn auf neuer Anlage Engpässe entstehen, bestimmte Artikel auf den alten Anlagen fertigen.

„Engpässe entzerren"

Entstehen durch das Fertigen auf solchen Reserveanlagen wirklich Mehrkosten? (Nachkalkulation) Oder ist dies nur Papiergeld, weil z.B. die Maschinen abgeschrieben sind, bzw. welche Mehrkosten entständen durch Sonderfahrten zum Härten / Lackieren außer Haus, Konventionalstrafen wegen zu später Lieferung? Wie gehen solche Mehrkosten in eine Nachkalkulation ein?
Richtig ist natürlich, dass in der Stillstandzeit keine Wertschöpfung erzeugt wird und Platz vorhanden sein muss.

Block 8 — Schlanke und flexible Produktionsprozesse / vom Push- zum Pull-System

Leitsatz: Kurze Durchlaufzeiten sind gefordert. Reduzieren von Schnittstellen und Transportwegen. Die Produktion muss fließen, also Segmentieren der Fertigung prozessorientiert als Linien- / Fließfertigung

TERMINTREUES DURCHSETZTEN DER AUFTRÄGE IN DER FERTIGUNG

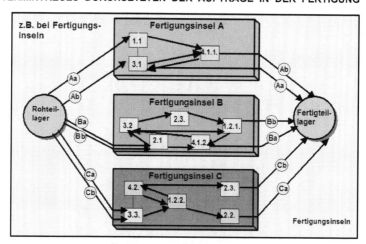

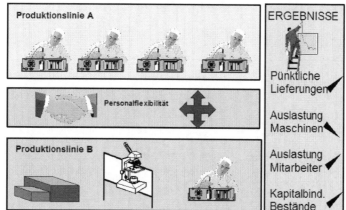

Was bringt eine hohe Einzelleistung / ein hoher Nutzungsgrad einer Maschine, wenn die Teile anschließend nicht weiter bearbeitet werden können, weil z.B. die nachfolgende Anlage Engpass ist?

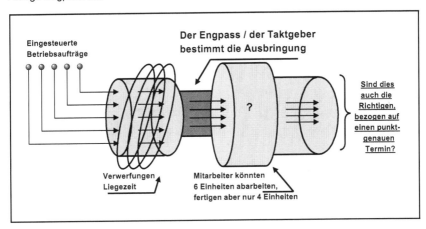

Welche(r) Arbeitsplatz / Anlage ist der Taktgeber? Nur dieser(r) bestimmt die Ausbringung über den gesamten Prozess, die Mitarbeiter vor / nach dem Engpass richten sich bewusst / unbewusst in ihrer Leistung nach dem Taktgeber.
Daher Glättung der Fertigung durch flussorientierte Fertigungskonzepte, prozessorientiert, mit flexiblen Mitarbeitern und Pull-System, z.B. Drehen / Fräsen steuert Säge und gegebenenfalls Bahnhöfe mit festgelegten Fertigungsreihenfolgen.

Bild 8.1: Die atmende Fabrik, auch RAUPENFERTIGUNG genannt

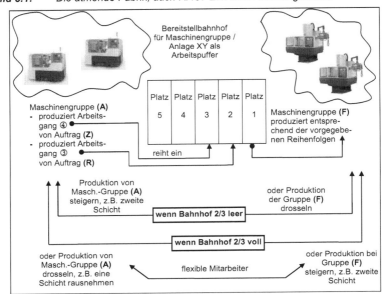

Je tayloristischer / zersplitteter gefertigt wird, je länger werden die Durchlaufzeiten in Tagen, durch Addition der Wartezeiten vor den Maschinen / Arbeitsplätzen. Je zersplitteter gefertigt wird, je unproduktiver wird die Fertigung, durch Addition der nicht wertschöpfenden Handlingsarbeiten (aufnehmen - ablegen, heben - senken, transportieren etc.).

Deshalb, Straffung der Produktionsprozesse durch verdichten der Arbeitsinhalte und Neugestaltung der Fertigungs- und Montageabläufe durch Linienfertigung / Personalqualifizierung und Teamarbeit und saubere Bahnhöfe.

Bild 8.2: Fertigungs- und Liegezeiten in Prozent zur Gesamtdurchlaufzeit

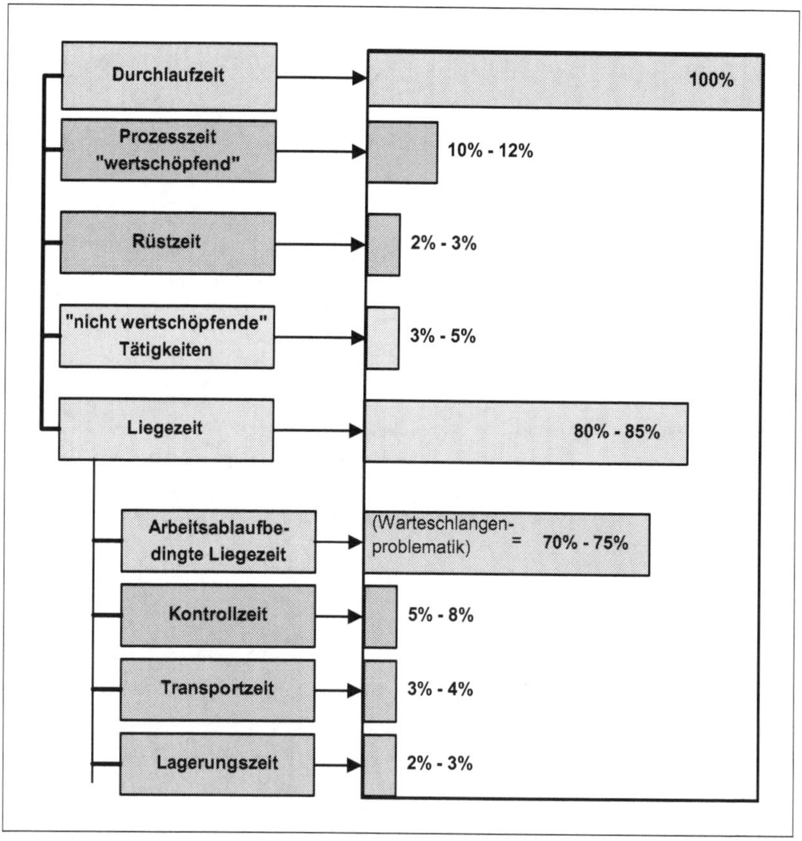

Durchlaufzeit	100%
Prozesszeit "wertschöpfend"	10% - 12%
Rüstzeit	2% - 3%
"nicht wertschöpfende" Tätigkeiten	3% - 5%
Liegezeit	80% - 85%
Arbeitsablaufbedingte Liegezeit	(Warteschlangenproblematik) = 70% - 75%
Kontrollzeit	5% - 8%
Transportzeit	3% - 4%
Lagerungszeit	2% - 3%

Die Reduzierung der Durchlaufzeiten ist einer der Hauptansatzpunkte zur Bestandsverminderung / Erhöhung der Flexibilität / Liquidität und Verkürzung der Lieferzeiten.

8.1 Fließprinzip / Linienfertigung ein Erfolgsrezept zur Verkürzung der Durchlaufzeiten / Reduzierung des Working-Capital

Um das Ziel „Kurze Durchlaufzeiten, hohe Produktivität, niedere Bestände" zu erreichen, muss die Fertigung vom Verrichtungsprinzip in ein Fließprinzip umgestellt werden, das prinzipiell auf zwei verschiedenen Regelkreisen aufbaut.

Bild 8.3: **Regelkreis 1** - *Schemadarstellung Fertigungszelle Teilefertigung mit unterschiedlichen Fertigungstechnologien ausgerüstet*

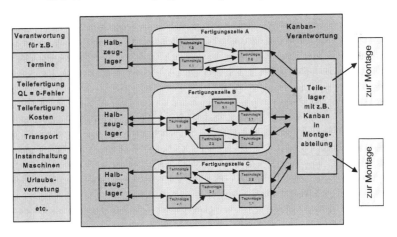

Bild 8.4: **Regelkreis 2** - *Schemadarstellung Montagelinie = Linienfertigung Vor- / Endmontage verkettet*

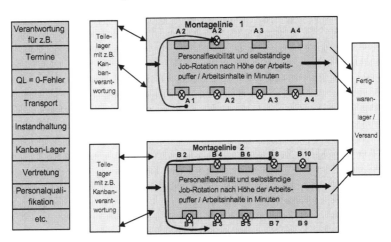

Innerhalb dieser Fertigungszellen / -linien wird es möglich, die Abarbeitung der Betriebsaufträge von dem Verrichtungsprinzip in ein Fließprinzip umzukehren, indem der zuständige Produktmanager / Teamleiter für den termingerechten Arbeitsablauf eines Fertigungsauftrages zuständig ist.

Dieser Lean - Ansatz beschleunigt die Durchlaufzeit in der Fertigung wesentlich (Abbau von Warteschlangen und Liegezeiten vor den Arbeitsplätzen). Außerdem wird eine Produktivitätssteigerung erreicht, da die Mitarbeiter jetzt im Rahmen des Produktionsplanes Aufträge verketten, Rüstzeiten sparen, terminteuer arbeiten können, also genau auf die Vorgänge positiv Einfluss nehmen, die bezüglich *„was ist Leistung"* und Reduzierung des Working-Capital wesentlich sind. Siehe nachfolgende Schemadarstellung.

Umbau einer tayloristisch organisierten Endlossägeband-Herstellung (Kleinserie) in eine Fließfertigung, mit Ergebnis: Durchlaufzeitverkürzung 70%, Produktivitätssteigerung 20%.

Bild 8.5: *Ist-Zustand Tayloristischer Ablauf*

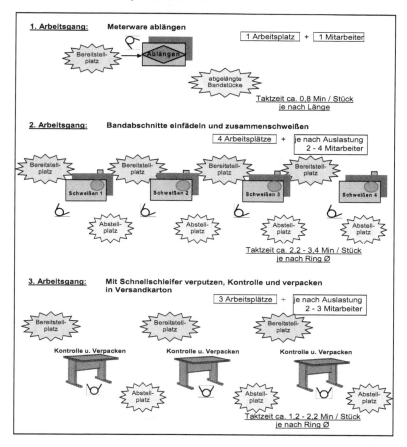

Bild 8.6: Arbeitsplätze verketten / Linienfertigung einführen / Abbau nicht wertschöpfender Tätigkeiten

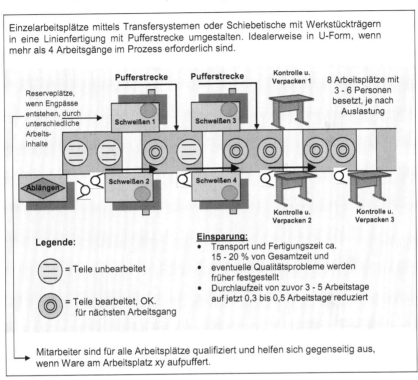

6 x Heben → senken, aufnehmen → ablegen → 3 x transportieren - entfällt und es wird gezielt ein Auftrag nach dem anderen abgearbeitet. Die Pufferstrecken fangen Taktzeitabweichungen der verschiedenen Varianten auf. Die Mitarbeiter sind mehrfach qualifiziert und können durch Arbeitsplatzwechsel sich gegenseitig helfen und dadurch entstehende Engpässe / Staus abbauen. Voraussetzung: Es gibt entsprechende Reservearbeitsplätze innerhalb der Linien. Die Ware wird zum Fließen gebracht.

Auch die Qualität wird verbessert, da Produktionsfehler frühzeitig beim Folgearbeitsgang erkannt und der Vorstufe gemeldet werden können. Und die Kapazitätsplanung wird einfacher und aussagekräftiger, da innerhalb dieser schlüssigen Fertigungsrohre nur über den jeweiligen Engpass geplant und gesteuert wird und mit einfachen Mitteln / Simulationsvorgängen kann das Produktionsprogramm gebildet werden / erkannt werden was z.B. ein Riesenauftrag anrichtet und Großaufträge, Rennerprodukte *„Schnelldreher"*, werden nicht durch viele Klein- und Kleinstaufträge zu *„Langsamdreher"* gemacht (auch Schneckensyndrom genannt).

Senkt die Bestände, erhöht den Umsatz und die Liefertreue!

8.1.1 Linienfertigung / Fließprinzip verkürzt die Durchlaufzeit und steigert die Produktivität

Engpässe / Auftragsspitzen an bestimmten Arbeitsplätzen werden durch den wechselweisen Einsatz der Mitarbeiter untereinander, durch die Gruppe selbst gelöst (Trennen der Maschinenzeit von der Menschzeit durch die Anwendung flexibler Arbeits- und Betriebszeit, sowie Umsetzen von Mitarbeitern aus anderen Kostenstellen / Fertigungsgruppen). Auf eine detaillierte Kapazitätsauslastungsübersicht je Maschinengruppe kann im PPS-System verzichtet werden. Kapazitätsengpässe werden also nicht mehr verwaltet, sondern vor Ort durch selbstständiges, verantwortungsvolles Handeln, durch die Mitarbeiter / Produktmanager / Teamleiter aufgelöst.

Schemabild: Produktmanager / Teamleiter steuern die Aufträge nach dem Saugprinzip durch die Fertigung

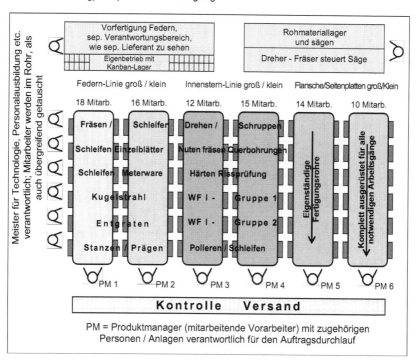

PM = Produktmanager (mitarbeitende Vorarbeiter) mit zugehörigen Personen / Anlagen verantwortlich für den Auftragsdurchlauf

Die Übergangszeiten im PPS- / ERP-System werden auf Null gesetzt. Die Durchlaufzeit ist nur noch die reine Fertigungszeit TA + 1 AT für Bereitstellung und Kontrolle.

Was sich auch im PPS- / ERP-System in einfachen, prozessorientiert ausgerichteten Kapazitätsgruppen widerspiegelt. Nach Produkt- / Warengruppen, oder große Teile / kleine Teile, Blechteile, etc. gegliedert.

Beispiel: *Kapazitätsgruppen nach Warengruppen / Fertigungssegmenten gegliedert*

Kapazitätsgruppe prozessorientiert nach Warengruppen und Teilearten		Kapazität in Anzahl Personen	Kapazität in Anzahl Maschinen / Arbeitsplätze	Möglicher Engpass im Segment
Nr.	Bezeichnung			
100 = PM 1	Federnfertigung groß	18	22	Personen
120 = PM 2	Federnfertigung klein	16	20	Personen
130 = PM 3	Innenstern-Fertigung groß	12	15	WF I - Anlagen 3-schichtig
140 = PM 4	Innenstern-Fertigung klein	14	18	Personen
• • •	• • •	• •	• •	• •
300 EZ 1	Vorfertigung Federn	Eigenbetrieb arbeitet nach KANABN - Prinzip, muss nicht ausgeplant werden		

Praxistipp:	Der Engpass ist der Taktgeber und bestimmt die Ausbringung, daher: Lieber grob richtig, als fein, zeitaufwendig und eventuell doch falsch!

Wie können Fertigungslinien gebildet werden:

Im ersten Schritt wird nach dem 80-20-Prinzip eine theoretische Segmentbildung vorgenommen. Gleichartige Teile / Warengruppen werden nach logischen / fertigungstechnischen Gesichtspunkten zusammengefasst und die Arbeitspläne entsprechend in einer Tabelle hinterlegt.

Im zweiten Schritt werden Auftragsmengen angenommen und dann, entweder in Excel oder im ERP-System, durchsimuliert nach der Methode: *„Was wäre, wenn diese, eine andere Menge, oder wenn so oder so zusammengefasst produziert würde"*. Die Entscheidungen bezüglich Kapazitätsbedarf je Linie, mit Erkenntnis *„Sind weitere Vorrichtungen / Anlagen etc. für eine Realisierung vor Ort notwendig J / N?"*, ergibt sich durch die Simulation von selbst und es wird eine einfache Engpassplanung möglich.

Grob-Kapazitätsbedarfsrechnung / Engpassanalysen für die geplante Linienfertigung in der mechanischen Fertigung auf Basis aktueller Mengen und Arbeitspläne, nach Warengruppen aufgeteilt

	Zu produzierende Stück pro Tag	Kapazitätsbedarf Minuten pro Tag	Kapazitätsbedarf Stunden pro Tag	Kapazitätsbedarf Stück pro Monat bei 21 AT	Kapazitätsbedarf Minuten pro Monat bei 21 AT	Kapazitätsbedarf Stunden pro Monat bei 21 AT	Benötigter Kapazitätsbedarf bei 128 prod. Std./ Mo. (80% v. 160 Std.)	Aufteilung der Anlage Verfügbare Kapazität / Monat	Ergebnis	Bemerkung
LINIE 1 Warengruppe (A)										
Drehen konventionell		1.078,71	17,98		22.652,91	377,58	2,95	3	✓	
CNC-Drehen		2.168,95	36,15		45.547,95	759,15	5,93	6	✓	
CNC-Rundschleifen		1.098,43	18,31		23.067,03	384,51	3,00	3	✓	
Summe	360,00	4.346,09	72,44	7.560,00	91.267,89	1.521,24	11,88	12	✓	
LINIE 2 Warengruppe (B)									Theoretische Linie 2 + 3 zu einer Linie zusammenfassen	
Drehen konventionell		118,29	1,97		2.484,09	41,37	0,32	zu Linie 3	–	
CNC-Drehen		12,35	0,21		259,35	4,41	0,03		–	
CNC-Rundschleifen		158,09	2,63		3.319,89	55,23	0,43		–	
Summe	41,00	288,73	4,81	861,00	6.063,33	101,01	0,79			
LINIE 3 Warengruppe (F)										
Drehen konventionell		836,94	13,95		17.575,74	292,95	2,29	2	✓	
CNC-Drehen		1.100,35	18,34		23.107,35	385,14	3,01	3	✓	
CNC-Rundschleifen		1.017,51	16,96		21.367,71	356,16	2,78	3	✓	
Summe	342,00	2.954,80	49,25	7.182,00	62.050,80	1.034,25	8,08	8	✓	
LINIE 4 Warengruppe (K)									Theoretische Linie 4 + 5 zu einer Linie zusammenfassen	
Drehen konventionell		83,20	1,39		1.747,20	29,19	0,23	zu Linie 5	–	
CNC-Drehen		40,36	0,67		847,56	14,07	0,11		–	
CNC-Rundschleifen		2.445,36	40,76		51.352,56	855,96	6,69		–	
Summe	852,00	2.568,92	42,82	17.892,00	53.947,32	899,22	7,03			
LINIE 5 Warengruppe (M+N)										
Drehen konventionell		122,54	2,04		2.573,34	42,84	0,33	1	✓	
CNC-Drehen		402,81	6,71		8.459,01	140,91	1,10	1	✓	
CNC-Rundschleifen		179,14	2,99		3.761,94	62,79	0,49	7	✓	
Summe	123,00	704,49	11,74	2.583,00	14.794,29	246,54	1,93	9	✓	
Summe aller Linien										Abweichungen werden über Schichtbetrieb bzw. Zukauf geregelt
Drehen konventionell		2.239,68	37,33		47.033,28	783,93	6,12	6		
CNC-Drehen		3.724,82	62,08		78.221,22	1.303,68	10,19	10		
CNC-Rundschleifen		4.898,53	81,65		102.869,13	1.714,65	13,40	13		
Summe	1.718,00	10.863,03	181,06	36.078,00	228.123,63	3.802,26	29,71	29		

Ideal ist, wenn die Röhrenorganisation innerhalb eines Bereiches als separates Fertigungssegment aufgebaut werden kann.

Aus vielerlei Gründen ist dies in der Praxis aber häufig nicht möglich. Daher werden die Teams auch raum- bzw. kostenstellenübergreifend gebildet.

Um die „Abrechnungseinheiten" optisch zusammenzuführen, obwohl sie untereinander nicht in Sichtweite sind, empfiehlt es sich:

a) Alle Maschinen / Arbeitsplätze, die zu einem Fertigungsrohr gehören, farblich zu kennzeichnen (mittels farbiger Magnetschilder)
b) Die zu diesem Team gehörenden Mitarbeiter erhalten entsprechend farbig angepasste Ausweise, die offen zu tragen sind
c) Entsprechende Bahnhöfe einzurichten (farblich gekennzeichnet)

Somit ist das Patendenken, wer gehört zu wem, sichergestellt.

Eventuell auftretende Engpässe in den Röhren, werden durch Farbwechsel gelöst. Mitarbeiter und Maschinen / Arbeitsplätze werden einer anderen Fertigungslinie zugeordnet.

Durch Zuordnen von Kapazitäten (ausleihen von Kapazitäten) werden atmende Rohre geschaffen, die für begrenzte Zeiträume unterschiedliche Kapazitäten besitzen.

Hinweis:

**Es wird also nicht die Arbeit in ein anderes Rohr gegeben, sondern Kapazitäten werden neu zugeordnet.
Das erleichtert die Auftrags- und Terminplanung, Kapazitätswirtschaft und Fertigungssteuerung wesentlich.
Die Feinsteuerung selbst, läuft über den Teamleiter
des Fertigungsrohres;
Basis Prio-Nummern lt. Multimediatafel /
Flipchart oder Beamer**

Eine wichtige Voraussetzung, dass die gewollte Flexibilität

a) innerhalb der einzelnen Fertigungsrohre
b) zwischen den Fertigungsrohren

reibungslos funktioniert ist, dass die Mitarbeiter bei einem

1-Schichtbetrieb zwischen 3 und 5 verschiedenen Tätigkeiten [1]
2-Schichtbetrieb zwischen 4 und 6 verschiedenen Tätigkeiten [1]
3-Schichtbetrieb zwischen 5 und 7 verschiedenen Tätigkeiten [1]

beherrschen, also Mehrfachqualifikation vorhanden ist.

[1] Prozessorientiertes Anlernen muss das Ziel sein

Bild 8.7: Durchlaufzeit bei Verrichtungsprinzip zu Unterschied bei Fließprinzip

A) **DLZ bei Verrichtungsprinzip mit Übergangszeiten** DLZ = 7 AT

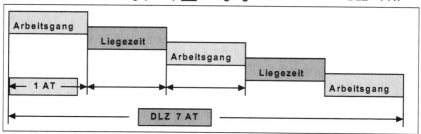

B) **Fließprinzip innerhalb einer Fertigungszelle ohne Übergangszeiten**
DLZ = 3 AT

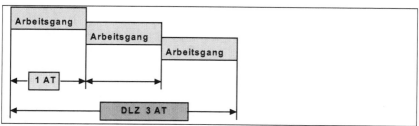

Oder noch besser überlappende Arbeitsgänge unterschiedlicher Fertigungstechnologien durch Zusammenfassung von verschiedenen Arbeitsgängen innerhalb eines Fertigungsrohres durch die Gruppe / das Team selbst. (Das Team organisiert dies selbst.)

C) **Fließprinzip innerhalb eines Fertigungsrohres, es wird überlappt gearbeitet**
DLZ = 1,5 AT

Die Durchlaufzeit reduziert sich bei Teamarbeit auf den längsten Arbeitsgang.

D) **Die Einführung von Schichtbetrieb verkürzt die DLZ nochmals um 50 %**

Siehe auch nachfolgende Schemadarstellungen
- Umbau einer Vorfertigungsabteilung in eine Fertigungszelle
- Umbau einer Vor- / Endmontage in nach Produktgruppen gegliederte Linienfertigungen

8.2 Vereinfachen der Arbeitspläne und auf Null setzen der fixen Liegezeiten im PPS- / ERP-System verkürzt die Durchlaufzeiten wesentlich

Wie aus Bild „*Darstellung der Durchlaufzeitberechnung mit Übergangszeiten*" ersichtlich, werden die Durchlaufzeiten in einem PPS- / ERP-System wie folgt berechnet:

Rüstzeit + (Stückzeit x Fertigungsmenge) = X AT plus z.B.
1 AT Liegezeit je Arbeitsgang
(den das ERP-System gemäß hinterlegten Regeln in einer so genannten Übergangsmatrix von Kostenstelle zu Kostenstelle automatisch einsetzt)

Dies bedeutet, je mehr Arbeitsgänge ein Arbeitsplan beinhaltet, umso länger wird automatisch die Durchlaufzeit, und umso früher werden die Betriebsaufträge in die Fertigung eingesteuert.

Insbesondere in den letzten Jahren hat aus Sicht des Autors bei der Arbeitsplanerstellung eine Unsitte Einzug gehalten, die Arbeitspläne immer detaillierter, also prozessorientiert auszurichten, also nicht nur mehr Meilensteine im Arbeitsplan zu hinterlegen, sondern die Arbeitsgänge aufzubröseln, in z.B.

- linke Seite drehen
- rechte Seite drehen
- Einstechen
- etc.

anstatt, den Arbeitsgang so festzulegen:

Drehen komplett nach Zeichnung [2]

Außer einem größeren Zeitaufwand bei der Erstellung der Arbeitspläne (= Blindleistung, mit der Chance, dass die Pläne auch noch falsch erstellt sind), führt dies im PPS- / ERP-System [1] dazu, dass durch die steigende Anzahl Arbeitsgänge die Durchlaufzeiten immer länger werden und die Betriebsaufträge immer früher eingesteuert werden, mit dem katastrophalen Ergebnis:

▶ es sind immer mehr Aufträge gleichzeitig in der Fertigung, die vor den einzelnen Arbeitsplätzen / Maschinen liegen

▶ die Fertigung leidet an Verstopfung

▶ es wird das Falsche zum falschen Zeitpunkt gefertigt.

Mittels Teamarbeit und Linienfertigung, oder KANBAN - Organisation, können die Arbeitspläne auf ein unbedingtes Minimum reduziert werden, bis hin zum Sinnvollsten, dass der Arbeitsplan / die KANBAN - Karte nur noch einen Arbeitsgang beinhaltet:

Fertigen komplett nach Zeichnung / Montageanweisung

und die Richtzeit / die Fertigungszeit GESAMT, über alle Arbeitsgänge addiert, als ein Wert ausgewiesen wird.

---

[1] Sofern die Prozesse kapazitätsrelevant und nicht rein als Textbausteine hinterlegt sind
[2] Sofern man mit Facharbeiten arbeitet

8.3 Fertigungssegmente als Eigenbetriebe organisieren

Sofern ein Umbau der Fertigung vom Verrichtungsprinzip (Meisterabteilungen) in Fertigungszellen / -linien, prozessorientiert ausgerichtet (Teil / Komponente verlässt Zelle / Linie erst, wenn es montagefähig fertig gestellt ist), nicht möglich ist, weil z.B.

⇨ alle nachfolgenden Abnehmer / Kunden über alle Produktgruppen hinweg von allen Maschinen beliebig viele Teile benötigen, also die Einrichtung einer flussorientierten Fertigungsorganisation nicht möglich ist

⇨ bestimmte Werkzeuge nur auf bestimmten Maschinen eingerichtet werden können, die Teile aber in unterschiedliche Produktgruppen eingehen

⇨ damit die Fertigungszellen / -linien auch selbstständig arbeiten können, zusätzlich Maschinen / Anlagen zugekauft werden müssen, die

    a) zu große Investitionssummen binden würden und

    b) die Anlagen nur wenige Stunden im Monat genutzt werden

⇨ eine Umstellung der Maschinen / Anlagen prozessorientiert aus anderen, z.B. technischen- oder Platzgründen, nicht möglich ist,

empfiehlt es sich:

1. Die AV / das Logistikzentrum erhält die Erlaubnis, die Teile, die nur über Maschinengruppen in anderen Fertigungs- / Produktlinien hergestellt werden können, zuzukaufen, obwohl eine Eigenfertigung möglich wäre, denn oberstes Ziel ist Flexibilitätsgewinn, also Entzerren von Abläufen

oder

2. in Form von Fertigungssegmenten werden so genannte Eigenbetriebe eingerichtet, die in völliger Eigenverantwortung ihre Arbeiten / ihre Aufträge pünktlich und zuverlässig, wie ein fremder Lieferant, abarbeiten und liefern (z.B. Eigenbetrieb Stanzerei)

Voraussetzungen, dass ein Eigenbetrieb in völliger Selbstverantwortung, also mit erweitertem Dispositionsspielraum, Selbststeuerung in Eigeninitiative, optimal läuft, sind u.a.:

    ⇨ Das notwendige Rohmaterial wird vom Eigenbetrieb selbstständig disponiert, beschafft, gelagert und gebucht

    ⇨ Für die notwendigen Kundenaufträge erzeugt der Eigenbetrieb seine Betriebsaufträge selbst (Bedarf ist über Stücklistenauflösung, 2 x täglich, sichtbar)

    ⇨ Der Eigenbetrieb plant sich kapazitätsmäßig selbst aus, alle Aufträge müssen termintreu geliefert werden

- ⇨ Notwendige Vorratsteile disponiert Eigenbetrieb selbst,
- ⇨ erstellt seine Produktionspläne selbst, legt selbst Reihenfolgen und Prioritäten fest,
- ⇨ berücksichtigt Dispositions- und Fertigungsrüstfamilien
- ⇨ Schaffen von Möglichkeiten, dass kleinere Reparaturen, selbstständig behoben werden können, z.B. Einrichten einer kleinen Reparaturecke, mehrschichtig besetzt, und der Eigenbetrieb kann Ersatzteil selbstständig bestellen.

Der Eigenbetrieb wird also wie ein kleines Auftragsabwicklungszentrum, Meister plus Disponent / Beschaffer / Arbeitsplaner etc., ausgestattet.

Vereinfacht ausgedrückt, ein Eigenbetrieb / ein Fertigungssegment, muss zur Erfüllung seiner Aufgaben wie z.B. ein Bäckereibetrieb funktionieren:

- ⇨ Standardteigwaren, wie z.B. Brötchen müssen immer in genügender Anzahl vorrätig sein, ohne zu hohe Bestände, sie veralten
- ⇨ Riesenaufträge oder Sonderaufträge, wie z.B. Brötchen fürs Hotel oder Hochzeitskuchen, müssen pünktlich in 100 % Qualität, gemäß Kundenbestellung tages- / stundengenau geliefert werden.

Die Kontrolle über Funktionsfähigkeit, Kosten und Produktivität des Eigenbetriebes erfolgt über diverse Kennzahlen.

Beispielhafte Aufzählung:	Ziel
➢ Umschlagshäufigkeit von Rohmaterial, Vorratsteilen etc.	↗
➢ maximal zugelassene Anzahl terminuntreuer Lieferungen	↘
➢ Produktivitätskennzahlen	↗
➢ Reklamationsquote in €, pro Monat etc.	↘
➢ Höhe der erwirtschafteten Stundensätze in €, etc.	↘

Die positiven Ergebnisse bezüglich schneller liefern - Kosten senken sind enorm.

8.4 Lean-, Werkstatt- und Arbeitsplatzorganisation

Damit die dargestellte Werkstattsteuerung (zentral oder dezentral) reibungslos funktioniert, muss die Fertigung / der Betrieb / die Werkstatt entsprechend organisiert und die notwendigen Abläufe entsprechend geregelt werden.

Dazu ist folgende Aufbau- / Ablauforganisation in der Fertigung mit eindeutigen Verantwortlichkeiten nach

- Kompetenzen für Schichtführer, Meister, Einrichter, Produktmanager
- Mitarbeiterbelegungsplanung / -Umbesetzungsregelungen (wer kann was?) gemäß Wissensstandermittlung / Mitarbeiterqualifikation / Stundensparbuch
- Qualitätsverantwortung / Quittieren von Vollständigkeiten / Werker-Selbstkontrolle
- Organisation der Bereitstellung durch Transportorganisation (Bereitstellen - Beschicken - Entsorgen)
- Schaffung von Bereitstellbahnhöfen, idealerweise mit Reihenfolgenfestlegungen
- Schaffung von Zeithinweisen an den Maschinen / Arbeitsplätzen (wann Auftrag voraussichtlich fertig gestellt ist)
- Festlegung von Terminreihenfolgen / Prioritätsregelungen / Multimedia / Beamer (Schilder 1 / 2 / 3) etc.
- Schaffung von geordneten Bereitstellplätzen an den Maschinen für:
  - Werkzeuge / Vorrichtungen / Spannmittel
  - Messmittel / Lehren / Programme
  - Arbeits- / Kontrollbelege etc.
  - Schneidstoffe

  für nächsten Auftrag (so kann auf Vollständigkeit quittiert werden)

  - Abrüstplatz (für laufenden Auftrag, wenn abgerüstet wird)
  usw.

- KVP - Aktivitäten und Darstellen von Kennzahlen
  - Produktivität
  - Qualität
  - Termintreue
  etc.

notwendig.

Siehe nachfolgende Schemadarstellungen Werkstattorganisation

Aufbau und Ablauforganisation einer durchlaufoptimierten und flexiblen Werkstattorganisation, incl. der notwendigen Logistik- / Steuerungs- und Meldesysteme

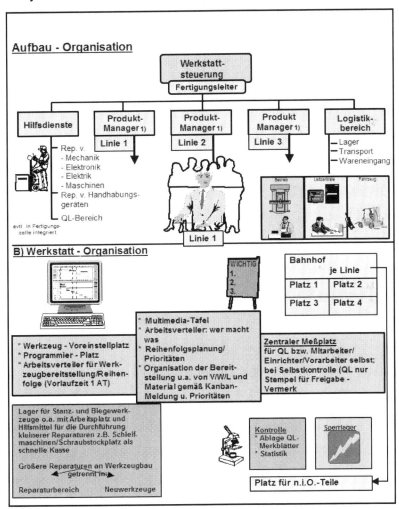

1) oder Teamleiter

8.5 Sonstige Hinweise für eine rationelle Fertigung mit kurzen Lieferzeiten nach Lopez

Die sechs Gebote [1] für eine rationelle Fertigung

1. Gebot: Verschwendung ausmerzen
- Lagerhaltung abbauen / Überproduktion stoppen
- Blindleistungen abbauen
- Wartezeiten - etwa wegen Maschinenausfällen, Qualitätsprüfungen oder Staus in den einzelnen Produktionsabschnitten - minimieren
- Arbeiten ohne Wertezuwachs (versteckte Verschwendung) streichen, beispielsweise Werkzeugwechsel, Inspektionen, weites Transportieren, Auspacken und mehrfaches Handhaben von Teilen

2. Gebot: Arbeitsplätze ordnen
- Unnötige Werkzeuge entfernen
- Einrichtungen und Material prozessorientiert anordnen, vor allem Werkzeuge, Formen, Container, Transportmittel und Abstellflächen
- KANBAN - Platz für Regale benennen
- Anlieferungsstellen für Material auf dem Boden markieren, mit klar definierten Containergrößen und Mengenangaben
- Reinigungsprogramm für den gesamten Arbeitsplatz festlegen

3. Gebot: Produktion visualisieren
- Alle Standards bezüglich Arbeitsmethoden, Qualität, Instandhaltung, Materialanstellung und Stückzahlen am Arbeitsplatz aushängen, ebenso Leistungs- / Qualitätsdaten, wie z.B. verkaufte Stunden zu Anwesenheit, Produktivität, Liefer- und Maschinenlaufzeiten, Qualitätspunkte, Kostensatz der Abteilung
- Visuelle und akustische Warnhinweise installieren bei Problemen und Defekten, mit automatischen Stoppvorrichtungen bei fehlerhafter Produktion

4. Gebot: Operationen standardisieren
- Detaillierte Arbeitsblätter zusammen mit dem Meister und Mitarbeiter erstellen; Inhalt, die drei wesentlichen Punkte: Taktzeiten der Maschine, Arbeitsablauf und Material im laufenden Prozess
- Per Arbeitsverteilungsblatt die persönlichen Zykluszeiten der einzelnen Mitarbeiter und die Taktzeit der Maschine genau koordinieren
- Immer auf der Maschine / Anlage mit der kürzesten Taktzeit (te) fertigen

5. Gebot: Qualität sichern
- Die Mitarbeiter in den einzelnen Produktionsabschnitten auf die drei ehernen Grundprinzipien einschwören: keine defekten Teile annehmen, keine Defekte an Teilen verursachen, keine defekten Teile weitergeben
- „First Time Quality"-System einführen (Mach's gleich richtig / mach's gleich fertig); dazu ...
- ... Muster sowie Inspektionsblätter und -vorschriften ...
- ... ebenso Resultate und vor allem Beschwerden von Kunden aushängen

6. Gebot: Linienfertigung und Teamarbeit einführen
- Operationen strikt nach dem Materialfluss organisieren
- Auf mehrere kleine Maschinen setzen, die im Idealzustand nur jeweils ein Teil fertigen und befördern (Losgröße 1 bis .....)
- Produktion in U-Form anlegen, das vereinfacht Kommunikation, Material- und Werkzeugeinsatz sowie die Materialsteuerung
- Teamarbeit einführen, Mitarbeiter mehrfach qualifizieren
- Den Kunden die Produktion nach Bedarf steuern lassen und feste Prioritätenregeln festlegen, was ist zuerst zu fertigen, z.B.:
  1. Teil mit höchster Kundenpriorität
  2. Teil mit kürzester Reichweite
  3. Teil mit kürzester Taktzeit
  4. Teil mit kürzester Restbearbeitungszeit, z.B. letzter Arbeitsgang

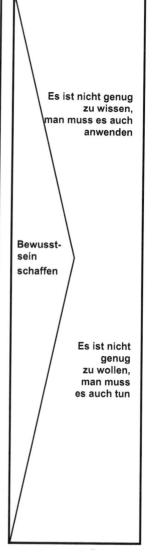

Goethe und der kontinuierliche Verbesserungsprozess

Es ist nicht genug zu wissen, man muss es auch anwenden

Bewusstsein schaffen

Es ist nicht genug zu wollen, man muss es auch tun

[1] nach Lopez

Ergebnisdarstellung:
Durchlaufzeitreduzierung

Prozessorganisation von der Auftragsabwicklung bis zum Fertigungsteam

> Umsetzen des Lean - Gedankengutes AV / Logistikzentrum - Fertigungssegmentierung - KANBAN - Feinsteuerung

Ablaufschema eines Auftragsdurchlaufs

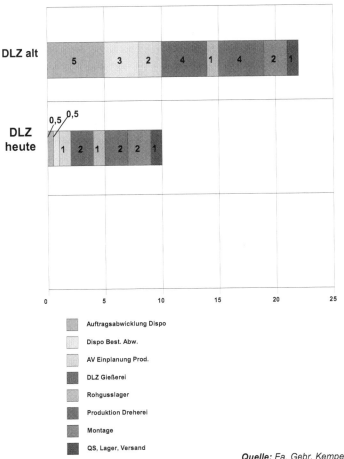

Quelle: Fa. Gebr. Kemper GmbH & Co.
57445 Olpe

8.6 Engpassanalysen / -Steuerungskonzepte leicht gemacht

Beispiel einer theoretischen Kapazitätsbedarfsermittlung für die Bildung von abgestimmten Produktionsprogrammen für ein Fertigungssegment bezüglich

A) Anlagen - Kapazität

B) Kapazitätsverzehr je Belegungsart und Losgröße

- Ein Kunde kauft nur Kapazität und Know-how - sonst nichts.
- Der Engpass bestimmt den Ausstoß, danach muss sich alles richten.
- Was richtet eine Losgrößenverringerung nach dem 80-20-Prinzip bezüglich Rüstmehraufwand tatsächlich an?

C) Ein Simulationsprogramm

- Arbeitspläne sind hinterlegt.
- Es können verschiedene Mengen / Anzahl Rüstvorgänge eingegeben werden

A) Ermittlung der theoretischen Kapazität Basis aus Leistungsstatistik über 12 Monate (Durchschnittswerte)

Anlage	P4 Rev.- Gerüst	D3 Gerüst	D4 Gerüst	Galv. Cu/Ms Anlage	Beiz - Linie	Bürst- Anlage	Mattier- Anlage	P1 Plattier- Gerüst	Zink- Anlage
Anzahl Arbeitstage/Monat	22	22	22	22	22	22	22	22	22
- Samstag / Sonntag	8	8	8	8	8	8	8	8	8
ca. 5 Wochentage x 8 Std.	176 Std.	176 Std.	176 Std.	176 Std.	176 Std.	176 Std.	176 Std.	176 Std.	176 Std.
- Kapazitätsminderung lt. Gründekatalog in % (ca. - Werte)	-12 %	-18 %	-33 %	-35 %	-18 %	-26 %	-14 %	-25 %	-38 %
Ergibt mögliche Kapazität									
1-schichtig	155 Std.	145 Std.	120 Std.	125 Std.	145 Std.	130 Std.	150 Std.	130 Std.	110 Std.
2-schichtig	155 Std.	145 Std.	120 Std.	125 Std.	145 Std.	130 Std.	150 Std.	130 Std.	110 Std.
3-schichtig	310 Std.	290 Std.	240 Std.	250 Std.	290 Std.	260 Std.	300 Std.	260 Std.	220 Std.
4-schichtig	465 Std.	435 Std.	360 Std.	375 Std.	435 Std.	390 Std.	450 Std.	390 Std.	330 Std.
4-schichtig	486 Std.	455 Std.	376 Std.	391 Std.	455 Std.	408 Std.	471 Std.	408 Std.	345 Std.
5-schichtig	507 Std.	474 Std.	392 Std.	406 Std.	474 Std.	426 Std.	491 Std.	426 Std.	360 Std.

Anlage	Schere 1	Schere 6	Schere 7	Ludwig - Glühe	Ebner - Glühe	Packlinie 80831	Packlinie 80851	Packlinie 80881
Anzahl Arbeitstage/Monat	22	22	22	2 Anlagen	2 Anlagen	22	22	22
- Samstag / Sonntag	8	8	8			8	8	8
ca. 5 Wochentage x 8 Std.	176 Std.	176 Std.	176 Std.	Laut Leistungsstatistik Mauer		176 Std.	176 Std.	176 Std.
- Kapazitätsminderung lt. Gründekatalog in % (ca. - Werte)	-16 %	-24 %	-28 %			-5 %	-5 %	-8 %
Ergibt mögliche Kapazität								
1-schichtig	150 Std.	135 Std.	125 Std.	1072 to	1425 to	165 Std.	165 Std.	160 Std.
2-schichtig	150 Std.	135 Std.	125 Std.			165 Std.	165 Std.	160 Std.
3-schichtig	300 Std.	270 Std.	250 Std.			330 Std.	330 Std.	320 Std.
4-schichtig	450 Std.	405 Std.	375 Std.			495 Std.	495 Std.	480 Std.
4-schichtig	470 Std.	423 Std.	392 Std.			515 Std.	513 Std.	497 Std.
5-schichtig	490 Std.	441 Std.	410 Std.	1072 to	1425 to	535 Std.	531 Std.	515 Std.

B) Berechnungsbeispiel: Kapazitätsbedarf für dargestelltes Produktionsprogramm über 14 Arbeitsfolgen
Mengen / Rüstvorgänge können beliebig verändert werden

Produkt-gruppe	Menge to Netto		Produkt-gruppe	Menge to Brutto	Folien INFO	Rüsten	Anzahl Rüsten	Zeit	
EA	53	Absatz	EA	56					
EZ	367		EZ	390		P4	16	30	min.
EK DWR LG	377	Einsatz	EK DWR LG	397		Haubenglühe	3		min.
EK DWR LGG			EK DWR LGG			Ebnerglühe	5		min.
EK DWR G	209	Folien	EK DWR G	225		D3	8	74	min.
EK Div.	227		EK Div.	242		D4	19	86	min.
EM	300	Rüsten	EM	309		Multi	1	2280	min.
PM	8		PM	9	1,29	Beize	6	226	min.
PT	22		PT	30	6,21	Bürste	12	85	min.
PK	137		PK	162	25,46	Mattierung	1	212	min.
PA UO norm	157		PA UO norm	177	5,90	P1	20	69	min.
PA UO GSK	6		PA UO GSK	7	0,20	Zinkanlage	10		min.
PA BO	41		PA BO	49	1,09	Schere 1	95	23	min.
PA DO	9		PA DO	10	0,50	Schere 6	97	33	min.
PE1	274		PE1	342	23,41	Schere 7	82	47	min.
PE2	227		PE2	268	34,64	Packen	29	5	min.

P4	Code	Ist to	Ist te to/Std.	Plan to	Korr. to	Korr. to/hFZ	Std. FZ Plan			
									theo Kap	
PA	p34	1700	2,3	292,0			126,96	155	-176	1 Schicht
PE	p28	7568	4,4	610,0			138,64	310	-21	2 Schicht
PK	p4	1312	4,9	169,7			34,63	465	134	3 Schicht
PM	p14	271	3,2	18,0			5,63	486	155	4 Schicht
PT		172	3,4	60,0			17,65	507	176	5 Schicht
							323,51	Std.	Produktion	
	Anzahl	Rüsten	16	Zeit je Rüsten	30	in min.	8,00	Std.	Rüsten	
							331,51	Std.	Gesamtzeit	

80151 Glühe	Code	Ist to	Ist te to/Std.	Plan to	Korr. to	Korr. to/hFZ	Std. FZ Plan			
EA										
EK Div.										
EK DWR		1762	0,5							
EM										
EZ										
PA		39	0,5						theo Kap	
PE	p28	1767	0,9					1072	-69	1 Schicht
PK	p4	609	0,7					1072	-69	2 Schicht
PM	p14	204	0,6					1072	-69	3 Schicht
PT		80	0,5					1072	-69	4 Schicht
BL		1141	1,0					1072	-69	5 Schicht
								Std.	Produktion	
	Anzahl	Rüsten		Zeit je Rüsten		in min.		Std.	Rüsten	
								Std.	Gesamtzeit	

8017 Ebner	Code	Ist to	Ist te to/Std.	Plan to	Korr. to	Korr. to/hFZ	Std. FZ Plan			
EA										
EK Div.										
EK DWR										
EM										
EZ										
PA	p34	1966	0,6						theo Kap	
PE	p28	5475	1,4					1425	-208	1 Schicht
PK	p4	983	1,0					1425	-208	2 Schicht
PM								1425	-208	3 Schicht
PT								1425	-208	4 Schicht
BL		1633	1,4					1425	-208	5 Schicht
								Std.	Produktion	
	Anzahl	Rüsten		Zeit je Rüsten		in min.		Std.	Rüsten	
								Std.	Gesamtzeit	

D3

	Code	Ist to	Ist te to/Std.	Plan to	Korr. to	Korr. to/hFZ	Std. FZ Plan		theo Kap	
EA										
EK Div.										
EK DWR		39	7,8							
EM										
EZ		6	0,6						theo Kap	
PA		306	1,6	24,0			14,63	145	117	1 Schicht
PE		786	3,1					290	262	2 Schicht
PK	p8	244	3,3					435	407	3 Schicht
PM	p18	86	3,2	11,3			3,54	455	427	4 Schicht
PT		93	2,5					474	446	5 Schicht
							18,17	Std.	Produktion	
	Anzahl	Rüsten	8	Zeit je Rüsten	74	in min.	9,87	Std.	Rüsten	
							28,04	Std.	Gesamtzeit	

D4

	Code	Ist to	Ist te to/Std.	Plan to	Korr. to	Korr. to/hFZ	Std. FZ Plan		theo Kap	
EA		537	3,2							
EK Div.										
EK DWR		71	2,7							
EM		50	3,9							
EZ		82	4,9	11,6			2,38		theo Kap	
PA	p38	1920	3,9	236,0			60,51	120	-57	1 Schicht
PE	p21	2399	9,1	551,9			60,52	240	63	2 Schicht
PK		992	6,8	162,0			24,00	360	183	3 Schicht
PM		170	4,8	9,0			1,88	376	200	4 Schicht
PT				30,0				392	216	5 Schicht
							149,29	Std.	Produktion	
	Anzahl	Rüsten	19	Zeit je Rüsten	86	in min.	27,23	Std.	Rüsten	
							176,52	Std.	Gesamtzeit	

Multi

	Code	Ist to	Ist te to/Std.	Plan to	Korr. to	Korr. to/hFZ	Std. FZ Plan		theo Kap	
EA										
EK Div.	k1	1803	4,6	242,0			52,61			
EK DWR	k11	5833	3,4	622,0			180,81			
EM	m1	3004	3,1	309,0			99,36			
EZ									theo Kap	
PA								125	-246	1 Schicht
PE								250	-121	2 Schicht
PK								375	4	3 Schicht
PM								391	20	4 Schicht
PT								406	35	5 Schicht
							332,78	Std.	Produktion	
	Anzahl	Rüsten	1	Zeit je Rüsten	2280	in min.	38,00	Std.	Rüsten	
							370,78	Std.	Gesamtzeit	

Beize

	Code	Ist to	Ist te to/Std.	Plan to	Korr. to	Korr. to/hFZ	Std. FZ Plan		theo Kap	
EA										
EK Div.										
EK DWR										
EM										
EZ										
PA									theo Kap	
PE	p22,p27	1619	2,9	268,0			93,06	145	-247	1 Schicht
PK	p7	1429	2,8	169,7			59,76	290	-102	2 Schicht
PM	p17	244	2,0	18,0			8,91	435	43	3 Schicht
PT		97	1,9	60,0			32,09	455	63	4 Schicht
Folie		7416	3,2	551,9			175,22	474	83	5 Schicht
							369,04	Std.	Produktion	
	Anzahl	Rüsten	6	Zeit je Rüsten	226	in min.	22,60	Std.	Rüsten	
							391,64	Std.	Gesamtzeit	

Bürste

Bürste	Code	Ist to	Ist te to/Std.	Plan to	Korr. to	Korr. to/hFZ	Std. FZ Plan			
EA										
EK Div.										
EK DWR	k13	1990	3,8	225,0			59,21			
Bürsten NE		927	1,4	91,0			65,0			
EZ									theo Kap	
PA								130	-11	1 Schicht
PE								260	119	2 Schicht
PK								390	249	3 Schicht
PM								408	267	4 Schicht
PT								426	284	5 Schicht
	Anzahl Rüsten	12	Zeit je Rüsten	85	in min.		124,21 17,00	Std. Std.	Produktion Rüsten	
							141,21	**Std.**	**Gesamtzeit**	

Mattier.

Mattier.	Code	Ist to	Ist te to/Std.	Plan to	Korr. to	Korr. to/hFZ	Std. FZ Plan			
EA										
EK Div.										
EK DWR										
EM										
EZ									theo Kap	
PA	p37	409	0,8	59,0			73,75	150	73	1 Schicht
PE								300	223	2 Schicht
PK								450	373	3 Schicht
PM								471	393	4 Schicht
PT								491	414	5 Schicht
	Anzahl Rüsten	1	Zeit je Rüsten	212	in min.		73,75 3,53	Std. Std.	Produktion Rüsten	
							77,28	**Std.**	**Gesamtzeit**	

P1

P1	Code	Ist to	Ist te to/Std.	Plan to	Korr. to	Korr. to/hFZ	Std. FZ Plan			
EA										
EK Div.										
EK DWR										
EM										
EZ										
PA	p33	1712	3,9	243,0			62,31		theo Kap	
PE	p23	7592	4,0	610,0			152,50	130	-187	1 Schicht
PK	p1,p3	1154	4,7	298,5			63,52	260	-57	2 Schicht
PM	p11,p13	138	4,4	16,7			3,80	390	73	3 Schicht
PT		113	4,6	53,8			11,69	408	81	4 Schicht
BL		1876	8,9					426	104	5 Schicht
	Anzahl Rüsten	20	Zeit je Rüsten	69	in min.		293,82 23,00	Std. Std.	Produktion Rüsten	
							316,82	**Std.**	**Gesamtzeit**	

Zinkanl.

Zinkanl.	Code	Ist to	Ist te to/Std.	Plan to	Korr. to	Korr. to/hFZ	Std. FZ Plan			
EK Div.										
EK DWR										
EM										
EZ	z1	5223	3,7	390,0			105,41		theo Kap	
EA		262	1,0	56,0			56,00	110	-51	1 Schicht
PE								220	59	2 Schicht
PK								330	169	3 Schicht
PM								345	183	4 Schicht
PT								360	198	5 Schicht
	Anzahl Rüsten	10	Zeit je Rüsten		in min.		161,41	Std. Std.	Produktion Rüsten	
							161,41	**Std.**	**Gesamtzeit**	

Schere 1	Code	Ist to	Ist te to/Std.	Plan to	Korr. to	Korr. to/hFZ	Std. FZ Plan	Rüsten Anzahl	Zeit je Gesamtrüstzeit	
EA			1,6	56,0			36,13			
EK Div.			2,7	85,4			31,26			
EK DWR		27	2,7							
EM		13	1,6	10,3			6,41		theo Kap	
EZ		380	3,2	74,3			22,92			
PA	p35,p39	3171	4,4	404,4			91,69	150	-273	1 Schicht
PE	p29	8044	4,7	610,0			129,79	300	-123	2 Schicht
PK	p5,p9	2531	5,8	261,3			44,82	450	27	3 Schicht
PM	p15,p19	319	3,9	25,5			6,59	470	48	4 Schicht
PT		172	3,6	60,0			16,48	490	68	5 Schicht
							386,10	Std.	Produktion	
	Anzahl	Rüsten	95	Zeit je Rüsten	23	in min.	36,42	Std.	Rüsten	
							422,51	**Std.**	**Gesamtzeit**	

Schere 6	Code	Ist to	Ist te to/Std.	Plan to	Korr. to	Korr. to/hFZ	Std. FZ Plan			
EA		242	3,9							
EK Div.	k3	1530	8,5	156,6			18,43			
EK DWR	k14	5833	6,7	622,0			92,70			
EM	m2	1669	6,1	117,1			19,08			
EZ		2806	6,4	210,5			32,84		theo Kap	
PA		170	3,1	85,3			27,88	135	-109	1 Schicht
PE								270	26	2 Schicht
PK				28,9				405	161	3 Schicht
PM								423	179	4 Schicht
PT								441	197	5 Schicht
							190,93	Std.	Produktion	
	Anzahl	Rüsten	97	Zeit je Rüsten	33	in min.	53,35	Std.	Rüsten	
							244,28	**Std.**	**Gesamtzeit**	

Schere 7	Code	Ist to	Ist te to/Std.	Plan to	Korr. to	Korr. to/hFZ	Std. FZ Plan			
EA										
EK Div.	k2	1016	3,6	82,1			22,81			
EK DWR										
EM		1440	3,1	191,9			61,10			
EZ	z2, z3	2962	2,5	249,9			100,76			
PA		499	2,4	57,8			24,58		theo Kap	
PE								125	-169	1 Schicht
PK		158	2,2	43,4			19,64	250	-44	2 Schicht
PM		82	1,8	2,0			1,10	375	81	3 Schicht
PT		39	1,5					392	98	4 Schicht
BL		12	3,3					410	115	5 Schicht
							229,99	Std.	Produktion	
	Anzahl	Rüsten	82	Zeit je Rüsten	47	in min.	64,23	Std.	Rüsten	
							294,22	**Std.**	**Gesamtzeit**	

Packen	Code	Ist to	Ist te to/Std.	Plan to	Korr. to	Korr. to/hFZ	Std. FZ Plan			
EA		177	8,5	53,2			6,26			
EK Div.	k4		3,7	227,5			61,48			
EK DWR	k15	6495	3,7	586,4			158,49			
EM	m3	2896	5,4	299,7			55,51			
EZ	z4	4587	2,3	366,6			159,39		theo Kap	
PA	p40	1623	4,9	213,4			43,56	165	-406	1 Schicht
PE	p30	5348	11,5	501,0			43,57	330	-241	2 Schicht
PK	p10	1065	5,4	136,8			25,34	495	-76	3 Schicht
PM	p20	120	2,5	7,5			3,00	515	-56	4 Schicht
PT		85	1,8	22,1			12,27	535	-36	5 Schicht
							568,87	Std.	Produktion	
	Anzahl	Rüsten	29	Zeit je Rüsten	5	in min.	2,42	Std.	Rüsten	
							571,29	**Std.**	**Gesamtzeit**	

Summe Rüsten Scheren		**154,0**	Std.
Restliche Betriebsmittel		**149,2**	Std.
Summe komplett		**303,2**	Std.

Block 9   Reduzierung von Rüstzeiten

Erzielbare Einsparungen je Maßnahme

Maschine steht still von Auftragsende bis 1 Gut-Stück von neuem Auftrag
(Einrichter rüstet alleine um und ist erster Transporteur,
Anlage wartet auf umrüsten)
← 130 % →

Rüstzeit, wenn Einrichter sofort umrüsten kann
(wichtig bei Engpassmaschinen)
← 100 % →

Zeitverbesserung durch „*es wird sofort begonnen zu rüsten*"

Rüstzeit neu, wenn bessere Technik zur Anwendung kommt,
z.B. neue digitale Messmittel, Schnellspanneinrichtungen etc.
← 90 % →

Zeitverbesserung durch „*Technik*"

Rüstzeit neu, wenn komplett vorgerüstet und vollständige Werkzeugbereitstellung erfolgt / Einrichter gibt selbst frei, rüstet Pause durch
← 80 % →

Zeitverbesserung durch "*Organisation*" [1]

[1] Maschine läuft, wenn externe Freigabe zusätzlich erforderlich

Rüstzeit neu durch weniger Störungs- / Fehlersuche
← 75 % →

Zeitverbesserung durch "*Instandhaltung*"

Rüstzeit neu z.B. zwei Personen rüsten parallel / Qualifikationsmatrix
← 65 % →

Zeitverbesserung durch "*Paralleles Rüsten*"

Rüstzeit neu durch Verketten von Aufträgen
← 55 % →

Zeitverbesserung durch "*Zugbildung*"

Rüstzeit neu bei ziel- u. ertragsorientiertem L-Lohnsystem
← 50 % →

Zeitverbesserung durch "*schnelles Rüsten (6 S)*"

9.1 Was ist Rüstzeit?

Eine nachhaltige Verkürzung der Rüstzeiten, insbesondere bei Engpassmaschinen, wirkt sich unmittelbar auf eine verbesserte Lieferfähigkeit mit niederen Beständen aus. Wobei sich die Frage erhebt, hat das Unternehmen überhaupt echte geldwerte Nachteile, wenn Lose nach dem 80% - 20% - Prinzip verkleinert werden, oder kann dies vernünftig gemacht, von der Fertigung problemlos aufgefangen werden?

I **Ist Rüstzeit die Zeit (tr) lt. Arbeitplan oder ist dies die Zeit die eine Maschine „offen" steht?**

Ⓐ Die Rüstzeit lt. Arbeitsplan, z.B. 2 Stunden

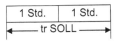

Ⓑ Die Rüstzeit lt. Mitarbeiter über BDE - Meldungen, z.B. 2,5 Stunden

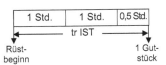

Ⓒ Oder die Zeit, die die Maschine tatsächlich offen steht, z.B. 4,5 Stunden

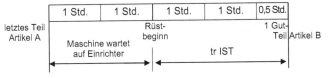

II **Analyse Einrichter - Tätigkeitszeiten / Tatsächliche Auslastung, bezüglich Rüst-Tätigkeit:**

a) Anwesenheitszeit pro Jahr: 1.600 Std.
b) Anzahl Einrichter: 5
c) Ergibt Summe Anwesenheitszeiten: = 8.000 Std.
d) Summe Rüstzeit in Std. lt. BDE- / MDE - Meldungen pro Jahr: = 3.000 Std. [1]
e) Summe aller Soll-Rüstzeiten der in diesem Jahr produzierten Fertigungsaufträge = 4.000 Std. [1]
f) Was ist mit den restlichen Zeiten zu 8.000 Stunden? z.B. Transport, QS - Arbeiten, Mitarbeiterbetreuung, oder ?

III Wie viele Stunden im Monat müsste tatsächlich mehr umgerüstet werden, wenn die Lose der 20% der Artikel, die die Maschinen zu ca. 80% belegen, um 50% reduziert würden? Werden die wenigen, zusätzlichen Rüstvorgänge überhaupt kostenrelevant? (Die restlichen 80% der Teile, die die Anlage nur zu 20% belegen, bleiben in der festgelegten Losgröße.) Also pro Jahr zwar mehr Rüstvorgänge anfallen, aber Null Stunden zusätzlicher Rüstzeit und die Chance besteht, dadurch mehr Rüstverkettungen zu erreichen.

[1] Kürzer als SOLL, da häufig Aufträge verkettet werden können

9.2 Schnell wirksame Rüstzeitminimierungsmaßnahmen

Darstellung des Potenzials als Tätigkeitsanalyse der einzelnen Rüstprozesse in Minuten und Prozentanteilen

Tätigkeit Rüst-Prozess-Kategorie	Rüsten / Rüsttätigkeit		Messen / Prüfen	Nachjustieren / messen/ prüfen	Freigabe	Anlagenstörungen	Laufen / Wege/ Transportieren	Störungen / Unterbrechungen z.B. Hilfestellung an anderem Arbeitsplatz	Gesamt	Warten auf Umrüsten (Maschine steht)
	Abrüsten	Aufrüsten								
Zeit in Minuten	15'	25'	5'	20'	10'	5'	10'	30'	120'	36'
%	12,5%	20,8%	4,2%	16,7%	8,3%	4,2%	8,3%	25%	100%	30%
Anteil wertschöpfend / nicht wertschöpfend	Wertschöpfend 37,5 %				Nicht wertschöpfend 62,5 %				Ges. 100%	

Daraus resultiert:

Erste Schritte

> Engpassmaschinen kennzeichnen, müssen sofort umgerüstet werden

> Rüstzeitenminimierungsmaßnahmen nur an Engpassmaschinen im ersten Schritt

> Pausen durchrüsten [1) / zwei Personen rüsten um / Teambildung in der Fertigung einführen, z.B. fünf Mitarbeiter betreuen 8 Maschinen (helfen sich gegenseitig beim Rüsten und Störungen beheben)

> Laufwege, nicht wertschöpfende Tätigkeiten u.a. mittels Laufwege-Diagramm und Video-Aufnahmen [2)] reduzieren (Spaghetti-Diagramm)

> Verkettungsnummern einführen

> Teile auf andere (langsamere) Maschinen legen, wegen Warteschlangenproblematik (welche Mehrkosten entstehen tatsächlich, wenn z.B. eine andere Maschine noch freie Kapazität hat und sie abgeschrieben ist?)

> Exoten zukaufen

[1)] Arbeitsgesetze / Betriebsverfassungsgesetz bachten
[2)] Mitbestimmungspflichtig

9.3 Die wichtigsten Ansatzpunkte zur Rüstzeitverringerung

	Einzelmaßnahmen	Bemerkung
1	Engpassmaschinen ermitteln (Maschinen mit hohem Rüstzeitanteil und Maschinen mit hohen Einzelrüstzeiten ermitteln)	
2	Ratiopotenzial für Geldbudget ermitteln aus BDE / MMH / Video-Studien oder Langzeitstudien nach REFA	Cashflow 2 Jahre
3	Pausen durchrüsten / zwei Personen rüsten um / Einrichter geben selbst frei	
4	Bilden von Rüstfamilien im Rahmen der Produktionsplanerstellung - Variable Reihenfolgebildung vor Ort durch entsprechende Infosysteme, z.B. nach Reichweiten bei Vorratsaufträgen, oder Verhältnis DLZ Soll zu DLZ noch notwendig (Restfertigungszeit)	Verkettungsnummern einführen
5	Schwachstellenanalyse vor Ort, durch die Mitarbeiter selbst, einführen	z.B. mittels Rüstlogbuch
6	Engpassmaschinen kenntlich machen, darf nie „offen" stehen, wird sofort umgerüstet	Keine Engpassbildung Exoten zukaufen
7	Einrichter Tätigkeitsanalyse: Vergleich Anwesenheits- zu Summe tatsächlicher Rüstzeit lt. Fertigungsauftrag / Zeitraum und sep. Auswertung ∑ tr lt. Fertigungsaufträgen zu tatsächlich gebraucht, lt. BDE / Zeitraum	Wie viel Zeit wird für Rüsten bzw. anderes verwendet?
8	Teile auf andere Maschinen legen wegen Warteschlangenproblematik	
9	Verkettungsnummer einführen, Bilden von Teilefamilien in Dispo und Fertigung	
10	Exoten zukaufen	Keine Engpassbildung
11	Stillstands - Gründekatalog in der feinen Gliederung abschaffen, umgekehrte Pyramide einführen mit Zielvorgabe, z.B. 6 % pro Monat max. zulässig	Ziel muss sein, Stillstände vermeiden, nicht aufschreiben
12	Technologie-Paten benennen / Aufbauen	
13	**Rüsttechniken / Werkzeuge verbessern, z.B.:** - Hebebühnen für Werkzeuge - Werkzeuge in genügend großer Anzahl - Schnellspannsysteme / -vorrichtungen - Messmittel mit digitaler Anzeige - Werkzeugvoreinstellplätze - Hydraulische / pneumatische Spannsysteme - Was kann außerhalb der Maschinen vorgerüstet werden - Handhabungs- / Informationsaufwand senken - Werkzeugtools einrichten (insbesondere bei Einzelfertigung komplette Rüstsätze vorhalten) - Schnelle Kasse für Durchführung kleinerer Reparaturen einrichten - Werkzeuginstandhaltung verbessern - Werkzeuge / Vorrichtungen farbig (unterschiedlich) kenntlich machen	ähnliche Teile immer auf die gleichen Maschinen bei Einzelfertigung „Rüstsätze", Spannmittel etc. rüstfertig an den Maschinen vorhanden Laufwege mittels Wegediagramm analysieren und reduzieren
14	Paten für Werkzeuge und Maschinen benennen, monatliche Audits durchführen	
15	**Organisation des Rüstens verbessern** - Organisation der Werkzeugbereitstellung (vollständig und rechtzeitig) - Mitarbeiter werden Kümmerer, quittieren die ordnungsgemäße und vollständige Bereitstellung (umgekehrte Pyramide als Führungsgrundsatz) - Teambildung in der Fertigung, z.B. 5 Mitarbeiter betreuen 11 Maschinen - Mitarbeiterqualifikation / Flexibilität verbessern - Zeitwirtschaft, Rüstzeitrichtwerte aufbauen - Rüstzeit-Richtwerte in Arbeitspläne einsetzen - Einhalten der Rüstzeiten mittels Produktivitätskennzahlen überwachen - Rüstablaufbeschreibung, Fotos, Videos von Rüstzustand / -ablauf einführen - Werkzeugbau in die Rüstorganisation mit einbinden - Steuertafeln, Auslastungsübersichten, Bildschirme an die Maschinen	Kaizen - Toyota - Prinzip Dezentrale Strukturen Einen Auftrag auf einer alten / langsameren Maschine mitlaufen lassen, wenn sie leer steht Produktivitätskennzahlen als Führungsinstrument
16	Inhalte aus Schwachstellenübersichten der Werker in Produktivität umsetzen	z.B. aus Logbuch
17	Röhrenorganisation / prozessorientierte Fertigung mit Produktmanager einrichten, das gleiche Teil immer auf die gleiche Maschine	Linienfertigung
18	Konstruktion, Reduzieren der Teile- / Variantenvielfalt / rüstgerechtes Konstruieren (Rüstfamilien)	
19	Kennzahlen - Entlohnungsgrundsätze - Leistung ist nur, was hergestellt und umgehend verkauft werden kann	KVP - Gedanke
20	AV - Fertigungssteuerung mit einbeziehen, liegen tatsächlich Engpass- / Rüstprobleme vor, oder werden Aufträge gefertigt, die im Moment nicht gebraucht werden	Hausgemachte Konjunktur

| Block 10 | Definieren Sie den Begriff „Leistung" neu

Leistung ist nur das, was produziert und zeitnah verkauft werden kann, nicht, was an Lager geht

---

Produzieren Sie nur das, was gebraucht wird, vermeiden Sie Verschwendung an Zeit und Kapazität durch Lagerfertigung. In der Zeit, wo etwas gefertigt, was momentan nicht gebraucht wird, können Sie einen Auftrag / Artikel der gebraucht wird, nicht fertigen.

Entsprechende Kennzahlensysteme und / oder ziel- und ertragsorientiert aufgebaute Bonus- / Wertelohnsysteme unterstützen dies, denn Menschen machen den Erfolg

- Es wird nur das gefertigt, was auch gebraucht wird, Verschwendung an Zeit und Kapazität wird vermieden

- Mehrausbringung bei verbesserter Qualität und Termintreue von über 25 % wird nicht durch schneller - sondern anders arbeiten erreicht

- Das Umlaufvermögen / die Durchlaufzeit wird nochmals reduziert

und

- die Systeme sorgen dafür, dass wie im Sport, die Jahresziele *SCHNELLER - HÖHER - WEITER*, erreicht werden

10.1 Von der individuellen Leistungsmessung zur ganzheitlichen Leistungsmessung

Prozessorientiert ausgerichtete Linienfertigung und Individualbetrachtungen, lassen sich im Sinne „Was ist Leistung?" nicht vereinbaren. Leistung eines Einzelnen, bezogen auf fragwürdige Istzeitmeldungen per BDE? Oder ist Leistung das, was an maximalen Gutstück, bezogen auf die Anwesenheitszeit der Mitarbeiter, hergestellt werden kann?

Es müssen also Anreize geschaffen werden, die sicherstellen, dass der Output an verkauften Gutstück jedes Jahr, bezogen auf eine Fertigungsstunde, steigt.

<u>Wie im Sport:</u>

Jedes Jahr „HÖHER - SCHNELLER - WEITER!"

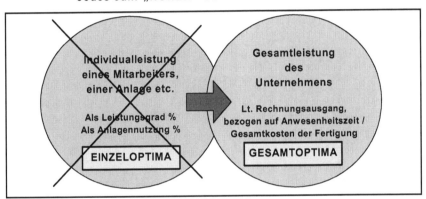

Schemabild: **Was ist Leistung?**

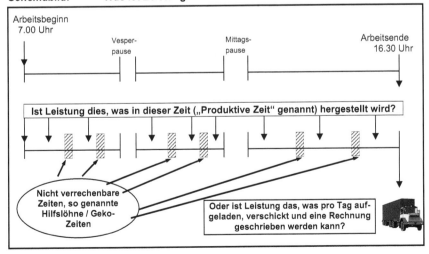

Überholte, falsch angewandte Leistungsmessung bei immer kleiner werdenden Losgrößen, führt zu Verschwendung an Zeit und Kapital

Beispiele:

Vorgabe:
Taktzeiten müssen 100 % eingehalten werden, z.B. 100 Hub / Min.

Ablauf in Abteilung:
Ein Einrichter richtet eine Presse ein

- Nach zwei Stunden soweit alles o.k., aber die Taktzeit, wo Gut-Teile erzeugt werden, beträgt erst 85 Hub / Min. (Material?)
- Um 100 Hub / Min. zu erreichen, muss Einrichter noch ca. eine Stunde Feinabstimmung durchführen

In dieser Zeit, wo weitere Feinabstimmung / Touning gemacht wird, gehen dem Unternehmen an Produktivität verloren:

A) Eine Stunde an dieser Maschine, also 85 Hub x 60 Min. = 5.100 Hub

und

B) Eine andere Maschine, die ausgelaufen ist und ebenfalls umgerüstet werden muss, steht eine Stunde länger, kann nicht gerüstet werden.

Dem Unternehmen gehen zwei Stunden Produktivität verloren. Kann dies durch die schnellere Laufzeit von Maschine 1 (15 Hub / Min. schneller) wieder eingeholt werden?

O.D.E.R........Versteckte.Verschwendung.ist.auch:

Wenn Teile geplant auf einem Automat zu fertigen, nicht termintreu gefertigt werden können, da Automat Engpass, es gibt Reihenfolgeprobleme, also liegen bleibt. Diese aber auf einem leer stehenden Halbautomat gefertigt werden könnten, dies aber nicht gemacht wird, weil sonst die Nachkalkulation nicht stimmt, der Meister sich rechtfertigen muss.

Was ist besser: Einzeloptima oder Gesamtoptima

Frage: Wie gehen andere Mehrkosten, die jetzt entstehen, in das Einzeloptima Nachkalkulation ein? Wie z.B.

- entstehende Samstag- / Sonntag-Überstundenzuschläge
- Sonderfahrten zum Härten / Lackieren / Kunden, oder
- Ungeplante Umrüstvorgänge bei Folgearbeitsgänge / -maschinen, damit Termin doch noch gehalten werden kann

Oder

Verschwendung an Zeit und Kosten als Ergebnis eines übertriebenen / falsch verstandenem Controllingsystem

EINZELOPTIMA → NACHKALKULATION PRO AUFTRAG

AUSGANGSDATEN:

1. Es handelt sich um eine CNC-Maschine, die zweischichtig im Einsatz ist. Z.Zt. sind nur zwei Mitarbeiter angelernt, daher ENGPASS
2. Ein Auftrag läuft auf der Maschine, der bis zum Termin xx.yy.zz fertig werden muss (Akkreditiv / Panäle droht)
3. Mitarbeiter Spätschicht krank - Maschine steht in Spätschicht
4. Am Arbeitsplatz „Hohnen" wird ein Auftrag abgearbeitet, der ca. zwei Wochen später erst in der Montage benötigt wird und hohnen ist der letzte Arbeitsgang am Teil.
5. Der Mitarbeiter ist spezialisiert auf hohnen, lt. Meister nur für diese Arbeit geeignet.

FÜHRUNGSVERHALTEN:

6. Meister schickt Mitarbeiter „Hohnen" nicht an CNC-Maschine, obwohl eingerichtet und nur Teile eingelegt und jedes zehnte kontrolliert werden muss, mit der Begründung:
   - nicht angelernt, z.Zt. auch aus Zeitgründen nicht möglich
   - andere Lohngruppe, und
   - wenn Mitarbeiter „Hohnen" jetzt die Arbeit an der CNC-Maschine machen würde, bräuchte er mehr Zeit als in Arbeitsplan vorgesehen (was passiert mit seinem Akkord?)
   - und die Nachkalkulation würde ausweisen, dass er zu teuer produziert, da alles über BDE erfasst. Er muss sich über die Nachkalkulation rechtfertigen, warum wieder teurer?

ERGEBNIS:

7. Da sich Meister nicht dauernd rechtfertigen will, bleibt Engpassmaschine stehen und Totschlagargument „keine Zeit" verhindert weiteres anlernen an Engpassmaschine

WAS IST BESSER - EINZELOPTIMA ODER GESAMTOPTIMA?

8. **Frage:** Wie gehen andere Mehrkosten, die jetzt entstehen, in das Einzeloptima Nachkalkulation ein? Wie z.B.
   - der Auftrag muss, da zu spät von der CNC-Maschine fertig, überholen, ergibt ungeplante Umrüstungen bei Folgemaschinen
   - er muss mit Überstundenzuschlägen, samstags, durchgeboxt und
   - mit Sonderfahrt zum Härten gebracht werden, damit Termin noch gehalten werden kann, etc.

Oder

Es wird eine neue, effizientere Anlage gekauft

Sie würde vier alte Anlagen ersetzen. Der Cashflow wäre sichergestellt.

Alte Denkweise - Einzeloptima:

Vier alte Anlagen verschrotten / verkaufen - Arbeitsplaner muss schnellstmöglich die Arbeitspläne auf die neue Anlage umstellen, damit der Ratio-Erfolg „kalkulationsrelevant" wird, mit folgendem Ergebnis:

› Früher konnten vier verschiedene Aufträge parallel gefertigt werden. Jetzt nur noch hintereinander - es entstehen Reihenfolgeprobleme.

› Nach ca. 4 - 6 Monaten ist die neue Anlage ein Engpass und erzeugt in der termintreuen Lieferung Probleme.

Neue Denkweise - Gesamtoptima:

Wenn Platz vorhanden, die vier oder drei alten Anlagen behalten. Möglichst für Teile die in großen Stückzahlen benötigt werden, eingerüstet stehen lassen und für diesen Zweck nutzen, bzw. wenn auf neuer Anlage Engpässe entstehen, bestimmte Artikel auf den alten Anlagen fertigen.

„Engpässe entzerren"

Sinkt dadurch die Leistung der Abteilung? Bzw. entstehen dadurch wirklich Mehrkosten in der Nachkalkulation, oder ist dies nur Papiergeld, weil z.B. die Maschinen bereits abgeschrieben sind, bzw. welche Mehrkosten entständen durch Sonderfahrten zum Härten / Lackieren außer Haus, etc.?

Oder

Nicht mehr zielführende Leistungskennzahlen, die sich auf einzelne Personen oder Anlagen beziehen, wie z.B.

- Mengenprämien
- Nutzungsprämien
- Akkord / erzielter Zeitgrad, etc.

deren Ergebnisse

a) lauter Einzeloptimas erzeugen

b) sich häufig an Obergrenzen festgefahrener Leistungskennzahlen selbst ausbremsen, da die weggelaufenen Basiswerte, wie z.B. Vorgabezeiten, Leistungseckwerte, aus vielerlei Gründen nicht gepflegt werden, bzw. durch Abgrenzungsprobleme „verrechenbare" zu „nicht verrechenbaren" Stunden, Leistungsergebnisse passend gemacht werden.

Muster solch eines Lohnartenschlüssels mit Gründekatalog,
für BDE - Erfassung und Schwachstellenforschung gedacht

Gründekatalog

1. **Normale Produktion = Produktiv-Lohn**

   00   auf Auftrag

2. **Mehrarbeit, Nacharbeit**

   10   Mehraufwand betriebsbedingt (Fehler an Betriebsmittel, Erprobung von Betriebsmittel, unplanmäßige Kostenstelle, usw.)
   20   Mehraufwand materialbedingt
   21   Mehraufwand auftragsbedingt (Auftragsunterbrechung, Auftragsänderung, fehlerhafte Fertigungsunterlagen, usw.)
   40   Nacharbeit von Betriebsausschuss
   41   Nacharbeit von Lieferantenausschuss

3. **Gemeinkosten (Meldung auf Kostenstelle)**

   60   Vorarbeiter und Einrichter
   62   Sonstiger Lohn (z.B. Packerei, Lager, Kontrolle, Transport)
   70   Arbeitsplatzreinigung, Maschinenpflege
   71   Seminare, Schulungen, Anlernen, Ausbilden
   72   Betriebsversammlungen, Gang zum Betriebsrat, Betriebsratstätigkeit
   73   sonstige unvermeidbare Stillstände

4. **Unterbrechungen (Meldung auf Kostenstelle)**

   80   Zwangsstillstand (organisatorisch bedingt): Auftragsmangel, Materialmangel, Einspindelbetrieb etc.
   81   Zwangsstillstand (technisch bedingt): Reparatur

Leistung ist nur, was jeden Tag an fertig gestellten / produzierten Artikeln eine Abteilung / den Versand verlässt und eine Rechnung geschrieben werden kann, nicht was als Warenumlauf vor den Anlagen / den Arbeitsplätzen liegt.

10.2 Steigerung der Produktivität / Reduzierung des Working-Capitals durch zeitnahes Produzieren und einer ganzheitlichen Leistungsbetrachtung

Um also die tatsächliche Leistung eines Unternehmens zu messen und die richtigen Maßnahmen zur Effizienzsteigerung daraus ableiten zu können, bedarf es eines Instrumentariums, das den Ressourceneinsatz in Bezug auf Bestände, Personal, Kapazität, Qualität, Produktivität und Termin misst und das sich am Unternehmensergebnis / der Kundenorientierung widerspiegelt. Dies geschieht am einfachsten mittels Top-Kennzahlen, die in einem Produktionscontrolling zusammengefasst werden, mit den gleichen Zielen für Geschäftsleitung und Mitarbeiter.

1. Termintreue

Verhältnis gesamt gelieferte Aufträge zu termintreu gelieferten Aufträgen (eventuell noch separiert nach Alter der Rückstände in Tagen / Wochen)

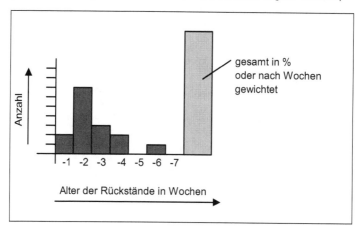

$$\text{Termintreue} = \frac{\text{Termintreue Aufträge geliefert je Zeiteinheit lt. Auftragsbestätigung}}{\text{Insgesamt gelieferte Aufträge je Zeiteinheit}} \times 100 = \underline{\qquad} \%$$

2. Servicegrad

$$\text{Servicegrad} = \frac{\text{Termintreue Aufträge geliefert je Zeiteinheit lt. Kundenwunschtermin}}{\text{Insgesamt gelieferte Aufträge je Zeiteinheit}} \times 100 = \underline{\qquad}$$

3. **Durchlaufzeit in Tagen**

Wobei die Kennzahl grafisch so aufgebaut sein sollte, dass eine Häufigkeit dargestellt werden kann, mit Ziel die Durchlaufzeit zu verkürzen.

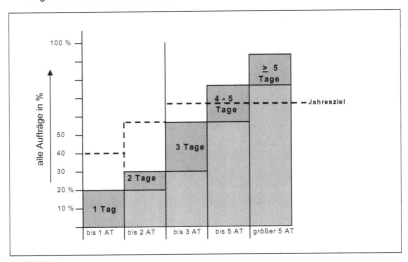

4. **Reklamationsquote in EURO**

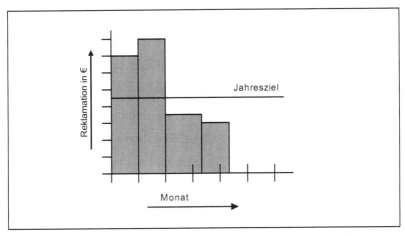

Basis hierfür sind die Fehlerberichte die für alle Schadensfälle bzw. Rücklieferungen intern über das Qualitätsaudit erstellt werden, siehe auch Abschnitt „Entlohnung QL-Komponente".

5. Produktivität

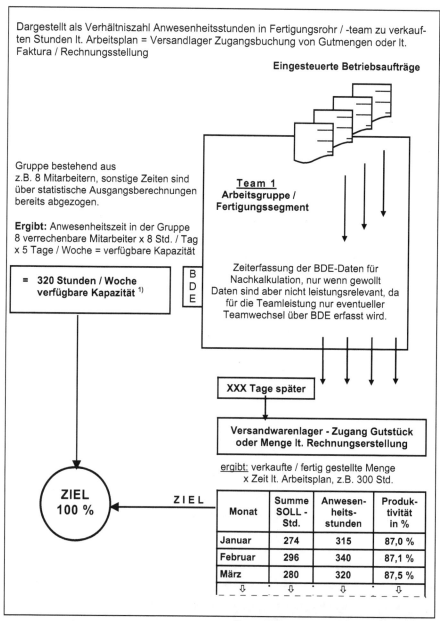

10.3 Installation eines ganzheitlichen Leistungs- und Führungsinstrumentes auf Basis verkaufter Stunden zu Anwesenheitszeiten aufwandsneutral

Rückgerechnet aus der verkauften Menge lt. Rechnungsausgang, oder fallweise Gut-Stück lt. Fertigwarenlagereingang zu Summe Anwesenheitszeit aller Mitarbeiter in der Kostenstelle / Fertigungslinie

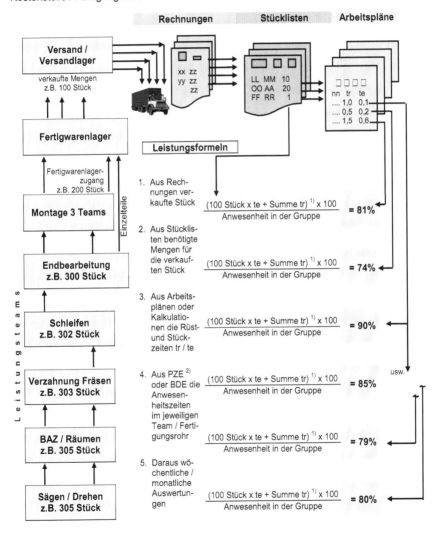

[1] Arbeitspläne müssen für Abrechnung mit den Stücklistenpositionen verkettet werden
[2] Anwesenheitszeit im Team lt. Personalzeiterfassung PZE oder BDE

Wenn viel auf Lager produziert wird, weil z.B. eine hohe Maschinennutzen wichtig ist, oder Kleinmengen liegen bleiben, weil große Mengen bevorzugt abgearbeitet werden, dadurch aber einzelne Kundenaufträge nicht geliefert werden können, brechen die Kennzahlen ein. Sie zeigen somit auf, wie Ihre Fertigung bezüglich Produktivität, Kundennähe, Working-Capital etc. tatsächlich atmet / funktioniert, und ob einzelne Bereiche personell überbesetzt sind.

Daraus resultiert:

Umgekehrte Pyramide als Führungsgrundsatz

Diese ganzheitliche Leistungsbetrachtung ergibt somit als Führungsgrundsatz:

> Nicht die Chefs, Betriebsleiter o.ä. müssen alles im Detail anregen / vorgeben wie, was, mit welchen Hilfsmitteln etc. getan werden muss, damit die Unternehmensziele insgesamt erreicht werden

SONDERN

> Es ist die Aufgabe aller betrieblichen Führungskräfte, die Arbeitsbedingungen und Hilfsmittel zu schaffen, die die Belegschaft benötigt, um die vereinbarten Ziele zu erreichen, was in folgenden wichtigen Aussagen mündet:

Führungskräfte bekommen ihr Gehalt nicht, damit sie erklären, warum ein bestimmtes Ziel <u>nicht</u> erreicht wurde
SONDERN
sie bekommen ihr Gehalt, damit sie sagen
was getan werden muss,
damit das Ziel erreicht wird!

Produktivitätsentwicklung seit Einführung der ganzheitlichen Leistungsbetrachtung und Einführung des Führungsgrundsatzes „*Umgekehrte Pyramide*"

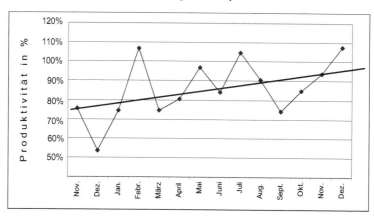

10.4 Nutzen der gewonnenen Erkenntnisse und Leistungskennzahlen zur Einführung von Bonus- / Wertelohnsystemen

Neues Denken und neue Organisationsformen benötigen neue Motivationsziele, insbesondere deshalb, weil die übergeordneten Ziele, wie z.b. Termineinhaltung / Produktivität / Qualität, sowie ein weiter steigender Automatisierungsgrad die Beeinflussung des einzelnen Mitarbeiters in Bezug auf Vorgabezeiten zwangsläufig einschränkt.

Geistige Leistungen, mehrfach qualifizierte Mitarbeiter, Selbstkontrolle, Abbau von Gemeinkostenzeiten, Erhöhung der Präsenzzeit, Mit- und Vorausdenken, werden dagegen immer wichtiger, denn *„Leistung ist nur das, was produziert und auch zeitnah verkauft werden kann - nicht was an Lager geht".*

Ziel- und ertragsorientiert aufgebaute Kennzahlen bzw. Bonus- / Wertelohnsysteme unterstützten dies, denn Menschen machen den Erfolg:

> Es wird nur das gefertigt, was auch gebraucht wird, Verschwendung an Zeit und Kapazität wird vermieden

> Mehrausbringung bei verbesserter Qualität und Termintreue von über 25 % wird nicht durch *schneller*, sondern **anders** arbeiten erreicht, und

> die Systeme sorgen dafür, dass, wie im Sport, die Jahresziele **SCHNELLER - HÖHER - WEITER**, erreicht werden.

Kennzahlen die die wirkliche Produktivität des Unternehmens widerspiegeln, sind somit mit ein Teil des Erfolges insgesamt, bzw. der Faden der das System zusammenhält.

Dies können sein:

A) So genannte KVP-Systeme (**K**ontinuierlicher **V**erbesserungs**p**rozess) Einmalprämie nach überschreiten eines vorgegebenen Zieles innerhalb des kontinuierlichen Verbesserungsprozesses

B) Zukunftsorientiert aufgebaute Werte- / Bonuslohnsysteme die auf anderen quantifizierbaren Bezugsgrößen als ausschließlich der Zeit aufbauen. Durch die individuelle Gestaltungsmöglichkeit dieser Systeme kann maximaler Einfluss auf die einzelne Arbeit bzw. die Gruppe genommen werden. Durch den Einbau bestimmter Komponenten, wie z.B. Termintreue, Qualität / Produktivität, errechnete Wertschöpfung zu Mehrkomponenten-System kann dieser Forderung Rechnung getragen werden

und

Negativprobleme von herkömmlich, akkordähnlich aufgebauten Systemen müssen umgekehrt werden in Motivationsziele durch Lohnsysteme mit Schwerpunkt
„Menschen machen den Erfolg"

Niemand kennt seinen Arbeitsplatz besser, incl. des Umfeldes,
als die Mitarbeiter selbst, die dort arbeiten.
Also konsequente Fortsetzung des Lean-Gedankens.

Was nutzt es dem Unternehmen, wenn Störungen / Stillstände / notwendiger Tätigkeitswechsel / sonstige Probleme, die im täglichen Betriebsablauf immer wieder auftreten und gelöst werden müssen, im Durchschnitt bezahlt werden, oder nur aufgeschrieben und verwaltet werden, und / oder die Mitarbeiter halten Leistung zurück, da sie ihre (veraltete) offizielle oder nicht offizielle Leistungsobergrenze erreicht haben und die Zeitwirtschaft, die Obergrenzen aus den verschiedensten Gründen nicht korrigiert wurden.

Ziel- und ertragsorientiert eingerichtete Kennzahlen / Lohnsysteme erbringen dagegen im Regelfalle

- Produktivitätsverbesserungen von über 20 % und mehr
- da nur noch das bewertet wird, was tatsächlich an die Kunden geliefert wird:
  → es bleibt nichts mehr liegen, die Ware fließt
  → es wird nur noch das produziert, was auch tatsächlich gebraucht wird
  → es verbessert sich die Qualität der Produkte automatisch, da nur Gutstück abgerechnet werden
  → Termine werden besser eingehalten
- das System passt sich permanent an die Leistungsverbesserungen an
- die Durchlaufzeiten reduzieren sich nochmals um ca. 10 % - 20 %.

Insbesondere, wenn die Mitarbeiter über die Entwicklung der Kennzahlen, oder Auftragsstand etc. permanent informiert werden und sie dieselben positiv beeinflussen können.

Festlegung von Leistungsausgangs- und -endwerten mit Hilfe der mathematischen Statistik

Die Bedeutung der mathematischen Statistik, zur Ermittlung von Leistungseckwerten, gewinnt ständig an Bedeutung. Sie wird dort angewandt, wo andere Verfahren sich nicht mehr anbieten, da z.B. zu zeitaufwendig.

Voraussetzung ist hierbei, dass die Daten, die über mathematische Statistik in die Berechnung einfließen, überhaupt verwendet werden können, und dass die wichtigsten Messzahlen, wie z.B.

1. Mittelwert $\overline{X}$
2. die Streubreite (Standardabweichung S)
3. die Genauigkeit der Stichprobe (ε-Wert),

eine angemessene Genauigkeit haben.

Festlegung von Leistungsausgangs- und -endwerten

1.) Ermittlung Mittelwert $\overline{X}$ und Standardabweichung S gemäß den Formeln der Statistik

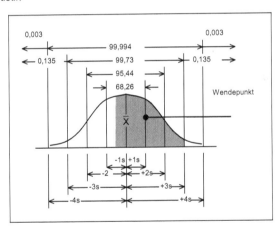

2.) Ermittlung der Leistungsuntergrenze = Pu
Mittelwert $\overline{X}$ der Ergebnisse minus 0,5 bis max. 1 Standardabweichung (je nach Streubreite)

3.) Ermittlung der Leistungsobergrenze = Po
Mittelwert $\overline{X}$ der Ergebnisse plus 2 x Standardabweichung bzw. max. 3 x Standardabweichung (je nach Streubreite)

Sofern unterschiedliche Einflussgrößen, bzw. weitere Einflussgrößen vorhanden sind, also keine Normalverteilung erreicht wird, müssen Gewichtungsfaktoren, entweder mittels REFA-Methodenlehre, oder befragen / Selbstaufschreibung etc., ermittelt werden, damit alle relevanten Einflussgrößen sachgerecht berücksichtigt werden.

Berechnung der Ober und Untergrenze für ein Wertelohnsystem

Monat	Summe TA	Anwesenheitsstd.	Produktivität in %
Januar	662,99	1.051,30	63,06
Februar	626,89	804,80	77,91
März	614,81	969,70	63,40
April	399,63	865,42	46,18
Mai	618,50	800,00	77,31
Juni	600,00	825,50	72,73
Juli	650,00	800,00	81,25
August	800,00	1.000,00	80,00
Septemb.	890,00	1.100,00	80,91
Oktober	850,00	1.025,00	82,93
Novemb.	900,00	1.200,00	75,00
Dezemb.	900,00	1.000,00	90,00
Januar	800,00	900,00	88,89
Februar			
März			
April			
Mai			
Juni			

Summe			979,57
Anzahl Werte	n		13
Mittelwert			75,35
Standardabweichung	s_z		11,92
Varianz	v		142,07
Epsilion	ε		9,13

		+2 * Standardabw.	+3 * Standardabw.
-1/2 * Standardabw.	Mittelwert	99,19	111,11
69,39	75,35	Obergrenze 1	Obergrenze 2
Untergrenze	Gerundete Werte		

Team / Rohr xx

99,99 %
99,73 %
95,44 %
68,26 %

Wendepunkt

0,135
0,135

$\bar{x}$

-1 Sz +1 Sz
-2 Sz +2 Sz
-3 Sz +3 Sz
-4 Sz +4 Sz

1.) Ermittlung Mittelwert $\bar{X}$ und Standardabweichung S, gemäß den Formeln der Statistik

2.) Ermittlung der Leistungsuntergrenze = Pu
Mittelwert $\bar{X}$ der Ergebnisse minus 0,5 bis max. 1 Standardabweichung (je nach Streubreite)

3.) Ermittlung der Leistungsobergrenze = Po
Mittelwert $\bar{X}$ der Ergebnisse plus 2 x Standardabweichung, bzw. max. 3 x Standardabweichung (je nach Streubreite)

Woraus sich folgendes Wertelohnsystem für die zeitraumbezogene Abrechnung ergibt:

Nomogramm für Produktivität

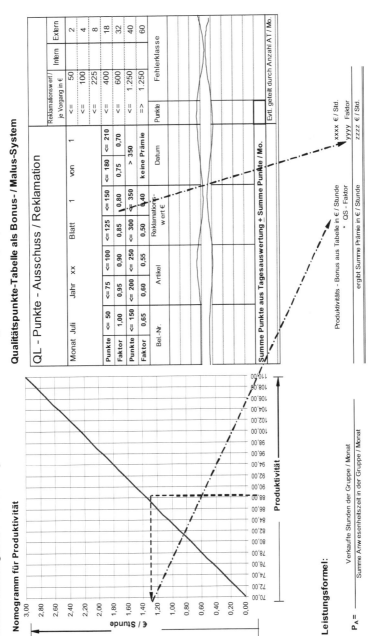

QL - Punkte - Ausschuss / Reklamation

Monat Juli		Jahr xx		Blatt	1	von	1
Punkte	<= 50	<= 75	<= 100	<= 125	<= 150	<= 180	<= 210
Faktor	1,00	0,95	0,90	0,85	0,80	0,75	0,70
Punkte	<= 150	<= 200	<= 250	<= 300	<= 350	> 350	
Faktor	0,65	0,60	0,55	0,50	0,40	keine Prämie	
Bel.-Nr.		Artikel		Reklamations-wert €		Datum	

Reklamationswert / je Vorgang in €	Intern	Extern
<= 50		2
<= 100		4
<= 225		8
<= 400		18
<= 600		32
<= 1.250		40
=> 1.250		60
Punkte	Fehlerklasse	

Summe Punkte aus Tagesauswertung ÷ Summe Punkte / Mo.

Evtl. geteilt durch Anzahl AT / Mo.

Produktivitäts - Bonus aus Tabelle in € / Stunde   xxxx € / Std.
· QS - Faktor   yyyy Faktor
ergibt Summe Prämie in € / Stunde   zzzz € / Std.

Leistungsformel:

$$P_A = \frac{\text{Verkaufte Stunden der Gruppe / Monat}}{\text{Summe Anwesenheitszeit in der Gruppe / Monat}}$$

K V P im Bonus- / Wertelohn

KVP - Prinzipien (kontinuierliche Verbesserungsprozesse) sollten in Bonus- / Wertelohnsysteme direkt mit eingebaut werden. Es gilt dann folgende Regelung:

Die Systeme werden als offene Systeme mit einer Leistungs- und Geldwertobergrenze (Optimum) geführt, mit folgenden beispielhaften Regelungen:

A) Werden die Obergrenzen auf Dauer überschritten, so werden die Überschreitungen wie normale Bonusbeträge ermittelt und in einem Sammeltopf abgestellt.

Die Geschäftsleitung gibt ihrerseits zusätzlich z.B. 20 % bis 50 % des Betrages[1] hinzu und bietet der Gruppe diesen Gesamtbetrag zur Ausschüttung an, unter der Bedingung, dass nach Auszahlung die Leistungsobergrenze entsprechend erhöht wird, bei gleichzeitiger Beibehaltung des Bonusbetrages in €, bzw. in Prozent als Obergrenze. Die Höhe des Zinssatzes richtet sich nach der Größe der Leistungsöffnung, siehe Schemabild:

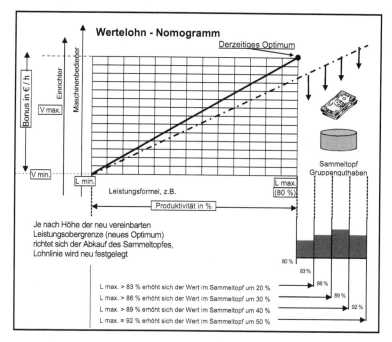

B) Oder die jährlichen Produktivitätsverbesserungen werden jährlich um 50 % fortgeschrieben, also die Leistungsobergrenze entsprechend erhöht und die anderen 50 %[1] in Lohn umgerechnet und an die Mitarbeiter ausgeschüttet.

[1] Höhe je nach Regelung gemäß Verbesserungsvorschlagssystem

10.5 Voraussetzungen für die Einführung eines zeitgemäßen, auf Dauer funktionierenden / einfach abrechenbaren, ziel- und ertragsorientiert ausgerichteten Bonus- / Wertelohnsystems

1.) Es kann nur das bezahlt werden / in System einfließen, was auch verkauft wird

- also wo Rechnungen geschrieben werden, oder ⎱ also wo Wertschöpfung
- Gutstück gemäß Fertigwarenlagereingang ⎰ entsteht

Zeitliche Abgrenzungsprobleme bleiben unberücksichtigt, da diese im Regelfall pro Abrechnungszeitraum in etwa gleich bleiben / sich ausgleichen.

2.) Das System darf nicht „akkordähnlich" sein, was bedeutet:

- Das Wort „Durchschnittsbezahlung", bzw. besondere Berücksichtigung von Gemeinkostenzeiten in der Berechnungsformel darf nicht vorkommen
- Als Verrechnungsgrundlage kann immer nur die Brutto-Arbeitszeit (Anwesenheitszeit) verwendet werden
- Es soll Mitdenken - Vordenken, Abbau von nicht wertschöpfenden Tätigkeiten etc. entlohnt werden. Also nicht schneller, sondern anders arbeiten
- Es muss ein statistisch abgesichertes System sein, das auf den Ausbringungsergebnissen pro Zeiteinheit der Vergangenheit aufbaut und
- es kann nur mehr bezahlt werden, wenn das Unternehmen pro Tag / Woche / Monat etc. tatsächlich mehr produziert bzw. termintreuer in optimaler Qualität verkauft

3.) Das System muss team- bzw. prozessorientiert ausgerichtet, aufgebaut sein:

- Einzeloptimas pro Arbeitsplatz machen wenig Sinn, treiben das Umlaufkapital in die Höhe, verlängern die Durchlaufzeit - terminuntreue Lieferungen sind das Ergebnis
- Prozessorientiert ausgerichtete Teams, auch Röhrensystem genannt, haben über die Kennzahlen die gleiche Zielsetzung wie das Unternehmen
  - ▶ schneller Durchlauf
  - ▶ es wird nur das gefertigt, was auch benötigt wird
  - ▶ Verschwendung an Zeit und Kapazität wird vermieden
  - ▶ Das System unterstützt die heute notwendige, absolute Kundenorientierung

4.) Dienstleister, insbesondere aus den fertigungsnahen Randbereichen, können / sollten in das Wertelohnsystem mit eingebunden sein:

- Dieser Personenkreis hat ebenfalls großen Einfluss auf das Ausbringungsergebnis

5.) Das ziel- und ertragsorientiert ausgerichtete Lohnsystem muss nach oben offen sein:

Es darf sich nicht, wie bei akkordähnlichen Systemen üblich, an einer stillschweigenden Leistungsobergrenze festlaufen. Der KVP - Gedanke, wie zuvor dargestellt, muss eingebaut sein.

6.) Der Pflegeaufwand für Betreuung und Abrechnung muss gegen Null laufen

7.) Wenn wesentliche Punkte dieser Auflistung nicht erfüllt werden können, ist es auf Dauer besser, „Zeitlohn in Verbindung mit Führen nach Kennzahlen (KVP - Prinzip)" einzusetzen, denn konventionell aufgebaute Systeme laufen irgendwann an ihren Obergrenzen fest; können nur sehr schwer angepasst werden.

| Block 11 | Kennzahlen / Prozesskostenrechnung

Prozesskosten-Analyse

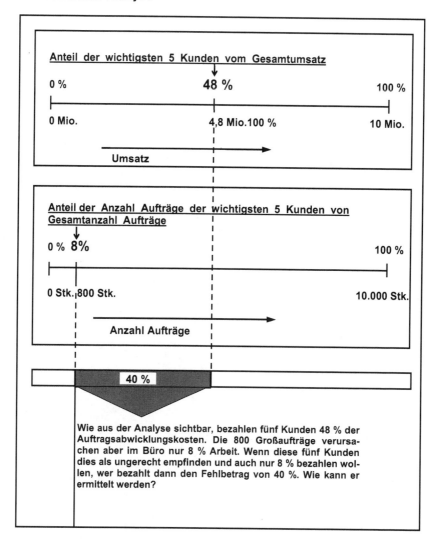

Die Darstellung von prozessorientierten Abläufen mittels Kennzahlen, kann als Ansatz verstanden werden, die Kostentransparenz in den indirekten Leistungsbereichen zu erhöhen, einen effizienten Ressourcenverbrauch sicherzustellen, Blindleistungen zu vermeiden und mittels Kennzahlen Kosten von Dienstleistungstätigkeiten zu ermitteln, sowie nicht wertschöpfende Tätigkeiten abzubauen.

Darstellung der Arbeitsprozesse / Geschäftsvorgänge bei steigender Variantenvielfalt / Anzahl abzuarbeitender Fertigungsaufträge

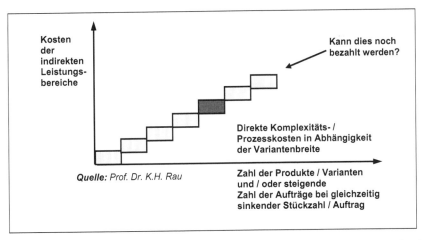

Aus dieser Darstellung wird ersichtlich, dass bei ständig steigender Variantenvielfalt / steigender Auftragszahl, bei gleichzeitig sinkender Stückzahl pro Auftragsposition, die Kosten in den indirekten Bereichen immer weiter steigen. Die Wertschöpfung je Auftrag / Auftragsposition dagegen immer kleiner wird.

Daher ist es wichtig,

⇨ **Ablaufuntersuchungen mittels Wertstromdessin durchzuführen (wer macht wann, wie, was, zu welchem Zweck), wo entsteht Doppelarbeit etc.**

und mittels

⇨ **Prozesskostenrechnung (wie teuer ist eine Tätigkeit, eine Auftragsabwicklung / ein Wareneingang etc.)**

zu ermitteln, ob dies alles bezüglich des Warenwertes / der Durchlaufzeit noch in einer vertretbaren Relation steht.

Beispiel: **Kostenentwicklung**
Dargestellt an der Personalkostenentwicklung / Kopf -
zu ∅ Verkaufspreisentwicklung / Stück

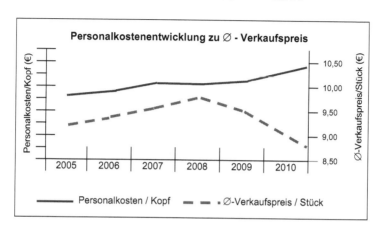

Beispiel: Entwicklung Anzahl Aufträge und Änderungen in Menge und Termin

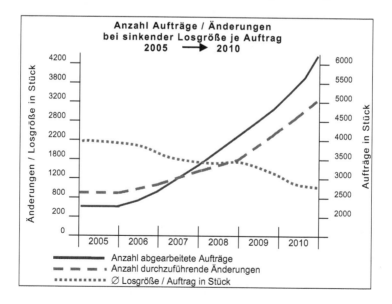

Es muss also die Frage gestellt werden:

> Machen wir heute, bei einer ständig steigenden Auftragseingangszahl, mit immer kleiner werdenden Losen unsere Arbeit noch richtig, oder müssen wir uns einfachere und effektivere Abläufe einfallen lassen, bei gleichzeitig optimaler Nutzung der PPS- / ERP- und E-Business-Möglichkeiten ?

Was können Bezugsgrößen in der Prozesskostenrechnung für Dienstleistungstätigkeiten sein:

Beispiel

Hauptprozesse / Tätigkeiten	Bezugsgrößen der Cost-Driver
Anpassungskonstruktionen durchführen	Anzahl Vorgänge bzw. Zeit pro Vorgang für diese Anpassungskonstruktion
Beschaffen	Anzahl Bestellungen / -positionen bzw. Zeit pro Bestellung
Logistikmanagement insgesamt	Anzahl Stücklistenpositionen / Lagerentnahmen bzw. Zeit pro Stücklistenposition
Arbeitsunterlagen erstellen	Anzahl Arbeitsplanpositionen bzw. Zeit pro Arbeitsplan- / Arbeitsgangposition
Auftragsabwicklung / Arbeitsvorbereitungstätigkeiten Fertigungssteuerung	Anzahl Fertigungsaufträge bzw. Zeit pro Auftrag nach Auftragsart
Qualitätssicherungsmaßnahmen	Anzahl Vorgänge bzw. Zeit pro Vorgang nach Schwierigkeitsgrad
Beschaffen von Sondermaterialien	Anzahl Einkaufsbestellungen / Materialarten bzw. Zeit pro Vorgang
Kundenaufträge abwickeln / Auftragsbearbeitung	Anzahl Kundenaufträge bzw. Zeit pro Auftrag / Auftragsart
Kommissionieren	Anzahl Positionen bzw. Zeit pro Vorgang
Wareneinganskontrolle	Anzahl Wareneingangspositionen bzw. Zeit pro Vorgang

11.1 Wie können Prozesskosten ermittelt werden?

Die Kosten für eine Dienstleistungstätigkeit / einen Geschäftsvorgang lassen sich auf einfachste Weise ermitteln, indem die notwendigen Arbeitsschritte durch hinzufügen der notwendigen Zeit zur Erledigung, mit den jeweiligen Stundensätzen der Kostenstelle / des Arbeitsplatzes multipliziert und dann addiert werden [1].

Also Kalkulation der Büroarbeit 1:1 wie Kalkulation der Fertigungskosten im Betrieb.

Beispiel: Was kostet ein Wareneingang für eine bestimmte Anlieferungsart?

	Vorgang / Prozesse	Zeitaufwand in Minuten	Kosten € / Min. Vollko.	Kosten € / Min. Grenzko.	Prozesskosten in € Vollko.	Prozesskosten in € Grenzko.
1.	LKW abladen und Transport an WE-Platz	4,0	0,67	0,42	2,68	1,68
2.	Ware auf Beschaffenheit prüfen, Empfang quittieren	5,0	0,67	0,42	3,35	2,10
3.	Erfassen am Bildschirm, Ausdruck WE-Beleg, WE-Platz eintragen	1,0	0,67	0,42	0,67	0,42
4.	Prüfen sachlich und Menge 1 und Bildschirmeingabe	8,0	0,67	0,42	5,36	3,36
5.	Transport zu Prüfplatz Qualität	1,5	0,67	0,42	1,01	0,63
6.	Prüfen Qualität und Vermerk in QS-Programm	12,0	1,10	0,50	13,20	6,00
7.	Transport an Einlagerplatz, Nr. eintragen	1,5	1,10	0,50	1,65	0,75
8.	Einlagern in Stellplatz	3,5	0,60	0,42	2,10	1,47
9.	Verbuchen Lagerzugang Menge 2	0,5	0,60	0,42	0,30	0,21
10.	Ablage WE-Papiere und Lieferschein	0,5	0,60	0,42	0,30	0,21
11.						
12.						
	Gesamt	**37,5**			**30,62**	**16,83**

Nach diesem einfachen Kalkulationssystem lassen sich somit beliebige Prozesskosten für alle denkbaren Dienstleistungen / Arbeitsgänge berechnen, um daraus

a) Managemententscheidungen abzuleiten

b) mit diesen Prozesskosten auch die Kalkulation zu verbessern (unabhängig davon, ob sich der Preis am Markt durchsetzen lässt)

---

[1] Oder einfachst: Anteilige Kosten der Kostenstelle, geteilt durch die entsprechende Bezugsgröße (= Divisionskalkulation)

Bild 11.1: Kalkulation und Preisfestlegung für Industrie und Dienstleister mit Berücksichtigung von Prozesskosten in den Dienstleistungsbereichen, z.B. Pos. B, D, E, G, M

Pos.	Kalkulation und Preisfestlegung Kalkulationsposition	Vollkosten	Grenzkosten
A	Materialkostenkalkulation (Menge x Preis)		
B	**Kalkulation der Kosten für Beschaffung, Lagerung und Bereitstellung von Material (Stüli - Positionen x Vorgangskosten)**		
C	Materialkosten ges. = A + B = C		
D	**Kalkulation der Kosten für betriebliche Auftragsabwicklung (Festwert / Auftrag)**		
E	**Kalkulation der Rüstkosten (Zeit x Std.-Satz) oder Zeit x Lohn plus Zuschlag in % für Fertigungsgemeinkosten**		
F	Kalkulation der Fertigungskosten (Zeit x Std-Satz) oder Zeit x Lohn plus Zuschlag in % für Fertigungsgemeinkosten		
G	**Kalkulation der Vorgangskosten für Konstruktion / QL-Wesen für Änderungen, Varianten Festwert x Anzahl Varianten / Neuteile**		
H	Fertigungskosten ges. = D + E + F + G = H		
I	Kalkulation der Herstellkosten = H + C = I		
K	Kalkulation der Sondereinzelkosten der Fertigung wie z.B. Modelle, Werkzeuge etc.		
L	Kalkulation der Verwaltungskosten als %-Zuschlag auf Pos. H oder I		
M	**Kalkulation der Vertriebskosten (Festwert / Auftrag)**		
N	Kalkulation der Sondereinzelkosten des Vertriebes z.B. Verpackung etc.		
O	Kalkulation der Selbstkosten = I + K + L + M + N = O		
P	Kalkulation von Gewinn und Risiko in % auf Pos. O		
Q	Kalkulation von Erlösschmälerungen, wie z.B. Skonto, Provision, Rabatte etc.		
R	Kalkulation des kalkulatorischen Preises = O + P + Q = R		
S	Festlegung des Angebotspreises gemäß Vollkosten- / Grenzkostenergebnis, sowie nach		

		Punkte				Angebotspreis
Auftragsgröße		1	5	8	10	
Auslastungssituation		1	5	8	10	
Lukrativitätsfaktor		1	5	8	10	
Fertigungsrisiko		1	5	8	10	
Folgegeschäft		1	5	8	10	

Mit dieser Methode können Dienstleistungskostenstellen wie ein Fremdunternehmen als Profit-Center abgerechnet werden.

Beispiel Profit-Center: Versand - Kommissionierbereich

Kosten / Wareneingang Typ A	15,-- €
Kosten / Wareneingang Typ B	36,-- €
Kosten / Pick	2,50 €
Kosten / Umpackvorgang	6,-- € (Einzelkalkulation [1])
Kosten / Etikettiervorgang	10,-- € (Einzelkalkulation [1])
Kosten / Kommissioniervorgang	5,-- €
Kosten / Schrumpfvorgang	3,40 €
Kosten / Beladevorgang	1,85 €
Kosten m² oder m³ Lagerfläche / Volumen oder	8,-- €/m³
Lagerkosten / Palette und Monat	7,60 €
Lagerkosten / Gitterbox und Monat	8,-- €
Lagerkosten / Schäferkiste Größe ☐ x ☐	1,90 €
Kosten Inventur / Teil etc.	1,50 €

A	Verrechenbare Vorgänge / Tätigkeiten pro Monat _____			
Vorgangs-art	Anzahl Ge-schäftsvorgänge	Für Ko-Stelle	€ pro Vorgang	Verrechenbare €
1	2	3	4	2 x 4 = 5
⇩	⇩	⇩	⇩	⇩
SUMME verrechenbare € / Monat				

B	Kosten der Kostenstelle pro Monat _____				
Ko.-Art.-Nr.	Bezeichnung	Bezugs-größe	Kosten in € fix	variabel	Gesamt €
1	2	3	4	5	4 + 5 = 6
⇩	⇩	⇩	⇩	⇩	⇩
SUMME Kosten der Kostenstelle / Monat					

C	Ermittlung Kostenabweichung pro Kostenstelle für Monat _____	
		A - B = C

Entsteht Unterdeckung, muss analysiert werden warum:
    a)   wegen Beschäftigungsabweichung
    b)   wegen Verbrauchsabweichung
um dann auf diesem Kenntnisstand entsprechende marktwirtschaftliche Maßnahmen einzuleiten und politisch abzusichern.

[1] Kein Festwert, je nach Zeitaufwand

11.2 Prozesskosten und Managemententscheidungen

Das Denken in Prozesskosten bzw. in Geschäftsvorgängen, muss verstärkt auch im Controlling, zum Zwecke der

- Schwachstellenanalysen
- Optimierung von Durchlaufzeiten
- Produkt- / Variantenbereinigung
- Neuorganisation von Abläufen / Verantwortungsbereichen

eingesetzt werden. Die daraus notwendigen Umdenkungsprozesse / Managemententscheidungen müssen eingeleitet und durchgeführt werden, denn Rechnen und Darstellen ersetzt nicht notwendige Entscheidungen. Die Prozesskostenrechnung ermöglicht somit auch die Zuordnung von Dienstleistungen auf die Verursacher, was ein wichtiger Schritt zur verbesserten Kalkulation ist.

Prozesskosten - Denken in Geschäftsprozessen

1. Ziele und Funktionsweise der Prozesskostenrechnung

- Kosteneinflussgrößen und Geschäftsprozesse ermitteln
- Visualisierung des Wertezuwachsprofils / der Schnittstellenproblematik im Unternehmen
- Nutzung von Prozesskosteninformationen zur Bewusstseinsveränderung
- Gemeinkosten wie Einzelkosten kalkulierbar machen
- Aufdeckung von Einsparungspotenzial im Gemeinkostenbereich
- Basis für langfristig wirksame Kostensenkungsmaßnahmen
  - Verminderung gemeinkostentreibender Faktoren
- Auswirkung auf Kalkulation prüfen

2. Vorgehensweise

- Bezugsgrößen festlegen, z.B. Anzahl Kundenaufträge / Betriebsaufträge / Bestellungen / Wareneingänge etc.
- Tätigkeitsprofile / Wertezuwachsprofile erarbeiten
- Zeit pro Tätigkeit / eines Vorgangs ermitteln
- Ermittlung von Kostensätzen für Dienstleistungsabteilungen
- Ermittlung der Kosten über die gesamte Vorgangskette / Prozessfolge

3. Erkenntnisse

- Einbeziehung der Prozessverantwortlichen
- Transparenz der Kostenelemente
- Prozesskosten als Maß- und Steuerungsgröße für Veränderungen nutzen
- Kalkulationsbasis überdenken / Verrechnen der tatsächlichen Kosten

4. Prozesskostenrechnung und Managemententscheidungen

- Umdenkungsprozess / Veränderungen herbeiführen
- Rechnung ersetzt nicht notwendige Entscheidungen!

Quelle: Prof. Dr. K.-H. Rau

11.3 Führen nach Kennzahlen

Eine konsequente Weiterentwicklung des Lean - Gedankens / der KVP - Prozesse, bzw. des Denkens in Tätigkeiten und Geschäftsprozessen ist, dass in den jeweiligen Arbeitsbereichen / Abeilungen, bei den einzelnen Mitarbeitern / Führungskräften / Dienstleistern etc. ein beträchtliches Detailwissen vorhanden ist, das mittels Führen nach Zielvorgaben (Organisation von unten, also durch die Mitarbeiter selbst) genutzt werden kann.

Es gibt nichts, was man nicht verbessern kann!

> Verbesserung der Transparenz in Kosten - Leistung - Qualität durch Einsatz aussagekräftiger und ergebnisorientierter Leistungskennzahlen

A	Kennzahlen im Auftrags- / Logistikzentrum (AZ)		
Pos.	**Bezeichnung**	**Formel**	**Ziel**
1	Anzahl Neukunden	Statistik je Stichtag	↗
2	Umsatz / Deckungsbeitrag pro Monat	Statistik je Stichtag	↗
3	∅ Zeit von Auftragseingang bis Lieferung in AT	Statistik je Stichtag	↘
4	Anzahl erfasste Aufträge / -Position je Anwesenheitsstunde	Summe Anzahl Aufträge / Position je Zeiteinheit / Summe Anwesenheitszeit je ZE	↘
5	Höhe der Versandkosten je Zeitraum, absolut und je Rechnung	Versandkosten / Zeiteinheit / Anzahl Rechnungen / ZE	↘
6	Reklamationen / Monat	Anzahl Reklamationen / Mo. x 100 / Anzahl Bestellungen / Mo.	↘
6a	Reklamationsstatistik nach Fehlergründen gegliedert	falsch / fehlerhaft | falscher Versandart | zuviel / zu wenig | falscher Termin | falscher Preis/Kunde | falsche Bestelldaten	↘
7	Abgegebene Angebote / Mo.	Statistik je Stichtag	↗
8	Erfolgsquote	Anzahl Aufträge aus Angeboten x 100 / Anzahl abgegebene Angebote	↗
9	Anzahl Mitarbeiter im AZ	Statistik je Stichtag	↘
10	Anzahl Fehltage im AZ	Statistik je Stichtag	↘
11	Kosten der Kostenstelle	Statistik je Stichtag	↘
12	Entwicklung der Variantenzahl zu ∅ Losgröße je Auftrag	Statistik je Stichtag	→
13	Anzahl gleichzeitig in der Fertigung befindlicher Betriebsaufträge	Statistik je Stichtag	↘
14	Kosten eines Angebotes	Zeit x Stundensatz	↘
15	Kosten einer Auftragsabwicklung (einer Position)	Zeit x Stundensatz	↘

B	Kennzahlen in Disposition / Einkauf		
Pos.	Bezeichnung	Formel	Ziel
1	Anzahl Lieferanten aufgeteilt nach Umsatzgrößen — A-Lieferanten, B-Lieferanten, C-Lieferanten	Statistik je Stichtag	↘
2	Anzahl Bestellungen / Bestellpositionen	Statistik je Stichtag	↘
3	Anzahl Abrufe bei Lieferanten	Statistik je Stichtag	↗
4	Anzahl Lieferanten die für uns Vorräte halten	Statistik je Stichtag	↗
5	Anzahl Lieferanten die uns mit SCM / KANBAN beliefern	Statistik je Stichtag	↗
6	Kosten / Bestellung pro Lieferant	Summe Kosten / Zeiteinheit / Anzahl Lieferanten/Bestellungen / ZE	↘
7	Anzahl Lieferreklamationen, absolut und je Lieferung	Lieferreklamationen / ZE / Anzahl Lieferungen / ZE	↘
8	Fehlmengenkosten	Lt. Einzelaufstellungen aller erforderlichen Positionen	↘
9	Anzahl Mitarbeiter in Disposition / Einkauf	Statistik je Stichtag	↘
10	Anzahl Fehltage in Disposition / Einkauf	Statistik je Stichtag	↘
11	Liefertreue der Lieferanten in %	Anzahl termintreu gelieferte Bestellungen x 100 / ges. Zahl gelieferte Bestellungen	↗
12	Kosten der Kostenstelle	Statistik je Stichtag	↘
13	Einkaufserfolg	€ / Zeitraum	↗
14	⌀ Lieferzeit in Tagen	Statistik je Stichtag	↘
15	Anzahl Dispo-Vorgänge / Monat	Statistik je Stichtag	↘
16	Anzahl Neuteile / Monat	Statistik je Stichtag	↘
17	Anzahl ausgelöster Betriebsaufträge / Monat	Statistik je Stichtag	→
18	Anzahl zu disponierende Fertigungsaufträge / Monat	Statistik je Stichtag	↘
19	Kosten eines Dispositionsvorganges	Zeit / Vorgang x € / Std.	↘
20	Umschlagshäufigkeit / Drehzahl (evtl. je Disponent)	Verbrauch / Jahr / Bestand am Stichtag	↗
21	Höhe der jährlichen Verschrottungs- / Abwertungskosten	€ pro Stichtag	↘
22	Anzahl Bestellungen unter € 300,--	Statistik je Stichtag	↘
23	Anzahl Teile pro Disponent / Einkäufer	Statistik je Stichtag	↗
24	Einkaufsvolumen pro Mitarbeiter	Statistik je Stichtag	↗
25	Anzahl Lieferanten mit Freipässen	Statistik je Stichtag	↗

C	Kennzahlen im Lager			

Pos.	Bezeichnung		Formel	Ziel
1	Anzahl Stellplätze		Statistik je Stichtag	→
2	Anzahl verschiedene Lagerorte		Statistik je Stichtag	→
3	Anzahl Teilenummern (Artikel) zu lagern		Statistik je Stichtag	↘
4	Anzahl Mitarbeiter	Lager / Wareneingang / Versand	Statistik je Stichtag	↘
5	Anzahl Fehltage je Mitarbeiter		Statistik je Stichtag	↘
6	Durchschnittliche Durchlaufzeit / Bereitstellzeit eines Auftrages in Arbeitstagen im Lager		Erhebung	↘
7	Genauigkeit des Lagerbestandes in %		Inventurauswertung	↗
8	Anzahl Fehlteile ⌀ pro Woche		Statistik	↘
9	Anzahl Zugriffe / Wareneingänge, Versandpositionen pro Monat	Zugänge/Abgänge / WE-Positionen / Versandpositionen	Statistik	↘
10	Durchschnittliche Zugriffszeit in Minuten	Lager / Wareneingang / Versand	$\dfrac{\text{Summe Anwesenheitszeit des Personals}}{\text{Anzahl Zugriffe / Bewegungen}}$	↘
11	Durchschnittliche Kosten eines Zugriffs in Euro, im Lager		Zeit x € / Std.	↘
12	Durchschnittliche Verweilzeit eines Wareneinganges im Wareneingang		Statistik	↘
13	Durchschnittliche Kosten eines Wareneinganges in Euro		Zeit x Stundensatz	↘
14	Durchschnittliche Zeit eines Versand-/ Verpackungsvorganges in Minuten		Erhebung	↘
15	Durchschnittliche Kosten eines Versand- / Verpackungsvorganges in Euro		Zeit x Stundensatz	↘
16	Umschlagshäufigkeit der Teile in Lager nach Teileart und Wertigkeit (A/B/C-Gliederung)	Halbzeug / Kaufteile / Fertigungsteile / Handelsware / Fertigware	$\dfrac{\text{Verbrauch / Jahr}}{\text{Bestand am Stichtag}}$	↗
17	Durchschnittlicher Lagerbestand in Euro pro Stichtag (gegliedert wie Pos. 16)		Statistik je Stichtag	↘
18	Anzahl Reklamationen		Statistik nach Reklamationsart	↘
19	Durchschnittszeit eines Transportvorganges Teilelager → Fertigung und Fertigung → Versand		Erhebung	↘
20	Durchschnittliche Kosten eines Transportvorganges Teilelager → Fertigung / Fertigung → Versand		Zeit x Stundensatz	↘
21	Durchschnittliche Kosten eines Beladungsvorganges		Erhebung	↘
22	Anzahl Null-Dreher im Lager (Bodensatz)		Statistik gegliedert nach Jahren	↘

D	Kennzahlen im Produktionsbereich		
Pos.	Bezeichnung	Formel	Ziel
1	Produktivität des Betriebes / einer Abteilung	Anzahl verkaufter Plan-Stunden lt. Rechnungsausgang x 100 / Bezahlte Anwesenheitsstunden in der Fertigung	↗
2	Anzahl gleichzeitig in der Fertigung befindliche Betriebsaufträge / Arbeitsgänge	Statistik	↘
3	Durchschnittlicher Umlaufbestand in der Fertigung (Working-Capital)	Statistik Wert je Stichtag	↘
4	Termintreue der Fertigung (bezogen auf Kundenlieferungen)	Anzahl termintreu gelieferter Aufträge x 100 / ges. Anzahl gelieferter Aufträge	↗
5	Verhältnis Fertigungszeit zu Durchlaufzeit	Durchlaufzeit in Tagen eines Betriebsauftrages / Summe der Fertigungszeit dieses Betriebsauftrages	↘
6	Anzahl Schnittstellen je Auftrag	Zählen	↘
7	Durchschnittliche Durchlaufzeit in Arbeitstagen	∑ Durchlaufzeit in Tagen aller Aufträge von Datum Auftragseingang bis Lieferung / Anzahl gelieferte Aufträge	↘
8	Rückstände in Anzahl und Alter der Rückstände in Tagen	Tabelle / Statistik Anzahl + Alter Rückstände / Aufträge — 1 Tag: 10, 2 Tage: 4, 3 Tage: 8, 4 Tage: 20, älter 4 Tage: 40	↘
9	Ausschuss- / Reklamationshöhe in € pro Monat	Basis Statistik Fehlerberichte intern, plus Rücklieferungen von Kunden, entsteht über QL-Audit	↘
10	Anzahl Materialbewegungen (Aufnehmen / Ablegen / Heben / Senken)	Anzahl einzelner Arbeitsgänge x 2 x Anzahl Teile / Pakete x Anzahl Betriebsaufträge die so bewegt werden	↘
11	Anzahl Transportvorgänge / Zeitraum	Erhebung	↘
12	Anzahl Fehltage	Statistik	↘
13	Rationalisierungserfolg	Bezahlter Lohn / Verkaufte Einheiten	↗
14	Verhältnis produktive Stunden zu Gemeinkostenstunden / Monat	Geko-Std. x 100 / Prod.-Std. lt. BDE	↘

Einen Überblick über weitere Kennzahlen erhalten Sie:

- Wie gut ist Ihre Logistik,
  Richtwerte / Kennzahlen für Produktionsunternehmen
  Verlag TÜV Köln Rheinland GmbH, 51149 Köln
- Logistik-Kostenrechnung, Springer-Verlag, Berlin, Heidelberg

Abweichungen erkennen und gegensteuern

Beispiele für Aufbereiten und Arbeiten mit Kennzahlen

Kennzahl	Ermittlung	Formel	Jahr 2009	Ziel 2010	Benchmark / Zielgröße
Beschaffungs- / Lagerungs- / WE und Bereitstellungskosten im Verhältnis zu den Gesamtkosten (und / oder jede Kostenstelle einzeln)	1.1 $\sum$ aller Logistikkostenstellen Kostenstelle 21005 Warenannahme 21010 WE-Kontrolle 21020 Lager Rohmaterial 21040 Lager Teile 21035 Lager Fertigware 21060 Einkauf / Disposition 21081 Lager / Versand Summe Kosten in €	$\dfrac{\sum \text{Logistikkosten p.a.}}{\text{Selbstkosten ohne Material}} \times 100$	**10,3%**	**9,6 %**	**3,0 - 5,0 %**
Bestandskosten im Verhältnis zu den Gesamtkosten (kpl. Warenbestand)	2.1 $\sum$ Bestandskosten = Verzinsung Warenbestand (lt. Inventurstichtag mit 5%) - Verzinsung nicht bezahlter Ware, aber an Lager (lt. Inventurstichtag mit 5%) Stand 31.12.	$\dfrac{\text{Zinskosten in € p.a.}}{\text{Selbstkosten ohne Material}}$	**2,2 %**	**2,4 %**	**1,42 %**
Verschrottungs- und Abwertungskosten im Verhältnis zu den Gesamtkosten	3.1 $\sum$ Verschrottungs- und Abwertungskosten/Jahr (* = Ø der letzten 3 Jahre) = Verschrottungskosten/Jahr (*) + Abwertungskosten/Jahr (*)	$\dfrac{\text{Verschrottungs- / Abwertungskosten p.a.}}{\text{Selbstkosten ohne Material}}$	**4,2 %**	**1,0 %**	**Ø 0,4-0,8 %**
Bestandsreichweite in Arbeitstagen	- ohne Sonderteile - (250 Tage / Jahr = Basis) Stichtag 30.06. jedes Jahr	lt. Kennzahl EDV-Auswertung	**88 Tage**	**55 Tage**	**Ø 40 Tage**
Liefertreue, bezogen auf den Kundenwunschtermin	$\dfrac{\text{Anzahl Aufträge termintreu auf Kundenwunschtermin geliefert} \times 100}{\text{Anzahl Aufträge insgesamt geliefert}}$		**75 %**	**85 %**	**98 %**
Anzahl gleichzeitig im Betrieb befindl. Betriebsaufträge / Arbeitsgänge	$\dfrac{\text{Anz. Betriebsaufträge gestartet} \times \text{Anzahl Arbeitsgänge / BA}}{\text{Anzahl Arbeitsplätze / Mitarbeiter im Betrieb}}$		**10 AG / BA**	**6 AG / BA**	**3**
Versandkosten insgesamt und je Vorgang	$\dfrac{\text{Versandkosten absolut}}{\text{Anzahl Rechnungen}} =$		**€ 24,20**	**€ 16,00€**	**€ 2,10€**

| Block 12 | Unternehmensentwicklung seit Einführung der neuen Denk-, Organisations-, Steuerungs- und Fertigungsgrundsätze |

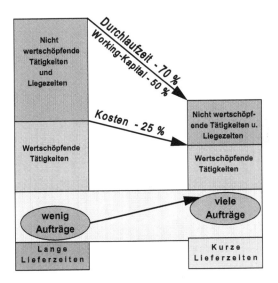

Neue Wege / Denkansätze sind die Instrumente zur Senkung der Bestände / Verbesserung der Liquidität / Verkürzung der Lieferzeiten / Erhöhung der Termintreue und Produktivität. Nutzen Sie die erprobten Anregungen / Tipps. Die Ergebnisse werden Sie begeistern.

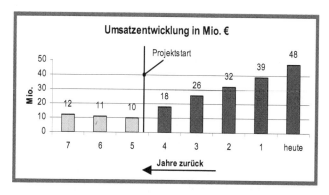

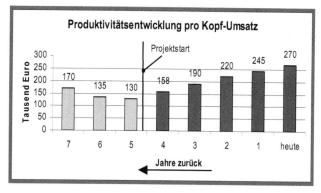

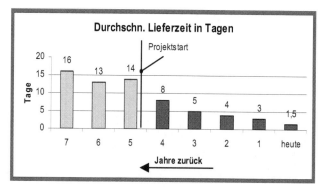

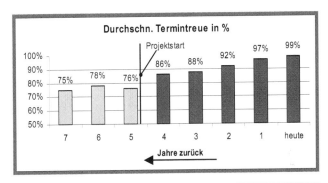

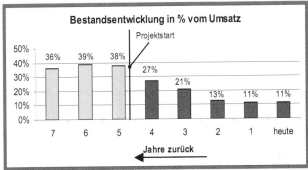

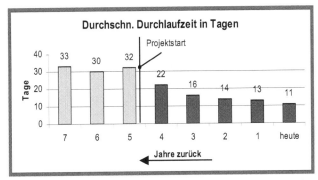

UND DENKEN SIE AN GOETHE

Er ist nicht genug zu wissen, man muss es auch anwenden

Es ist nicht genug zu wollen, man muss es auch tun

Die notwendige Investition, insbesondere in die Mitarbeiterausbildung, rechnet sich!

ZUM AUTOR
RAINER WEBER
REFA-ING., EUR-ING.

VORSPRUNG DURCH INNOVATION
Info@Unternehmensberatung-RainerWeber.de

REFERENT UND COACH BEI NAMHAFTEN WEITERBILDUNGSINSTITUTIONEN UND INDUSTRIEUNTERNEHMEN IM GESAMTEN DEUTSCHSPRACHIGEN RAUM.

ERFOLGSBUCHAUTOR

INHABER DER GLEICHNAMIGEN UNTERNEHMENSBERATUNG

- ADVANCED TRAINING
- MANAGEMENT CONSULTING
- INTERIM MANDATE
- COACHING VON PROJEKTEN

CONSULTING - TRAINING - SCHULUNGSSCHWERPUNKTE

➢ INDUSTRIAL-ENGINEERING

➢ PRODUKTIONS- / BESCHAFFUNGS- UND LOGISTIKMANAGEMENT

➢ ERP- / PPS-ANWENDUNGSOPTIMIERUNG

➢ ORGANISATIONSENTWICKLUNG / LEAN-KONZEPTE

➢ VERTRIEBSOPTIMIERUNG / MARKTSTRATEGIEN

➢ KOSTENMANAGEMENT / CONTROLLINGSYSTEME

➢ POTENTIALANALYSE / SANIERUNG

RAINER WEBER
REFA-ING., EUR-ING.
Unternehmensberatung

Im Hasenacker 12
D -75181 Pforzheim-Hohenwart
Telefon (07234) 59 92 · Fax (07234) 78 45
www.Unternehmensberatung-RainerWeber.de

Literaturverzeichnis

Weber, Rainer, Zeitgemäße Materialwirtschaft mit Lagerhaltung
Expert Verlag, 71268 Renningen, ISBN 978-3-8169-2903-1

Weber, Rainer, Lageroptimierung
Expert Verlag, 71268 Renningen, ISBN 798-3-8169-2916-1

Weber, Rainer, KANBAN - Einführung
Expert Verlag, 71268 Renningen, ISBN 978-3-8169-2860-7

Weber, Rainer, Gestern bestellt - heute geliefert
Expert Verlag, 71268 Renningen, ISBN 978-3-8169-1802-6

Weber, Rainer, Bestandssenkung
Expert Verlag, 71268 Renningen, ISBN 978-3-8169-2081-0

Grupp, Bruno, Materialwirtschaft mit EDV im Mittel- und Kleinbetrieb,
Expert Verlag, 71268 Renningen

REFA-Methodenlehre des Arbeitsstudiums, Verschiedene Bände
Planung und Gestaltung komplexer Produktionssysteme,
Carl Hanser Verlag, München, www.refa.de

Logistik ONLINE zum Erfolg, Hus-Verlag München, ISBN 3-937711-02-3

Binner, H.F., Handbuch der prozessorientierten Arbeitsorganisation,
Carl Hanser Verlag, München, Wien 2004

Marktspiegel ERP / PPS-Business-Software / Warenwirtschaftssysteme
trovarit / Fir-Aachen, www.it-matchmaker.com

Monsberger, J., Materialfluss, Transport- und Lagertechnik,
aus Schriftenreihe Verpackungspraxis, Herausgeber: Österreichisches
Wirtschaftsförderungsinstitut der gewerblichen Wirtschaft, Wien

WMS-Marktreport Warehouse Management Systeme
Fraunhofer Institut, www.huss-shop.de

Frey, S., SRT-Arbeitsunterlagen, Die Materialwirtschaft und Lagerhaltung,
REFA e.V., Darmstadt

Bock, H., Rationelle Materialwirtschaft im Maschinenbau,
Verlag: Moderne Industrie, München

Grunewald H., Erfolgreicher einkaufen und disponieren
Haufe-Verlag, Postfach 740, D-79007 Freiburg, ISBN 3-448-02805-3

Eliyahu M. Goldratt, Jeff Cox, Das Ziel
Verlag McGraw Hill Book Companies GmbH, Hamburg, ISBN 3-89028-077-3

Pichl, E., Materialwirtschaft, Beuth-Vertrieb, Berlin, Köln, Frankfurt

Lehrunterlagen Seminare für Betriebsleitung und Arbeitskunde, Seminare für IE,
REFA Darmstadt

Prof. Dr. Horst Wildemann, Leitfaden *Durchlaufzeit-Halbe*
München 1998, TCW - Verlag, ISBN 3-929918-15-3

Prof. Dr. Horst Wildemann, Leitfaden *Fertigungssegmentierung*
München 1998, TCW - Verlag, ISBN 3-931511-07-3

Prof. Dr. Horst Wildemann, *Auftragsabwicklungssegmente*
München 1999, TCW - Verlag, ISBN 3-931511-57-x

Prof. Dr. Horst Wildemann, *Geschäftsprozessorganisation*
München 1997, TCW - Verlag, ISBN 3-931511-05-7

Zahn, E., Bullinger, H.-J., Gatsch, B., Führungskonzepte im Wandel
In: Neue Organisationsformen im Unternehmen, Handbuch für das moderne
Management, Springer-Verlag, Berlin, Heidelberg 2002

Methodensammlung zur Unternehmensprozess-Optimierung
IfaA - Institut für angewandte Arbeitswissenschaft e.V., Köln ISBN 3-89172-452-7

Prof. Dr. Horst Krampe, Dr. Hans-Joachim Lucke
Grundlagen der Logistik, HUSS-Verlag, München, ISBN 3-937711-23-6

Prof. Dr. Ing. Christian Helfrich, Das Prinzip Einfachheit,
Expert Verlag, 71268 Renningen, ISBN 978-3-8169-2906-2

Kostenrechnung und Kalkulation von A - Z, Sammelwerk, Haufe-Verlag, Freiburg

Zeitschriften:
IT - Industrielle Informationstechnik, Carl Hanser Verlag, München
UDZ - Unternehmen der Zukunft, ISSN 1439-2858, www.fir-rwth-aachen.de
Industrial Engineering, REFA-Darmstadt
ZWF, Carl Hanser Verlag, München
Logistik Heute, HUSS-Verlag, 80912 München

Lehrunterlagen:
Schulungsunterlagen der Unternehmensberatung Rainer Weber, 75181 Pforzheim-Hohenwart

Fachlehrgang:	Effektive Arbeitsvorbereitung
Fachlehrgang:	Die optimierte Fertigung
Fachlehrgang:	Produktions- / Beschaffungs- / Lagerlogistik
Fachlehrgang:	Schneller Auftragsdurchlauf
Fachlehrgang:	Erfolgreich Disponieren und Beschaffen
Fachlehrgang:	Der Lagerleiter / Lageroptimierung
Fachlehrgang:	Kostenoptimierung durch Arbeits- und Prozessorganisation
Fachlehrgang:	Kundenorientierte Produktionssteuerung mit KANBAN
Fachlehrgang:	Schlank in der Verwaltung - Schnell im Liefern

Bestandstreiber - Fehlleistungen in Disposition und Steuerung dauerhaft beseitigen

Sachregister

Abbau der Dispositionsstufen 41
ABC-Analyse 52
Ablauforganisation 27
Ablaufuntersuchungen 15, 293
Abrufaufträge 54
Abweichungen erkennen und gegensteuern 304
Analyse auf KANBAN - Fähigkeit 102
Analysenwerkzeuge zur Prozessoptimierung 22
Anforderungen an PPS- / ERP-Softwarepakete 133
Anlagen-Kapazität 264
Ansatzpunkte zur Rüstzeitverringerung 273
Anzahl KANBAN - Behältnisse / -Karten 107
Arbeitsfortschrittsüberwachung 226
Arbeitspapiere 217
Arbeitspläne 175
Arbeitsplan-Organisation 203
Arbeitsplatz-Bildschirme 241
Arbeitsplätze ordnen 262
Arbeitsplätze verketten 251
Arbeitsplatzgruppenschlüssel 200
Arbeitsplatzorganisation 260
Arbeitsprozesse 293
Arbeitspuffer 83
Arbeitsschritte 296
Arbeitsvorrat der Arbeitsplätze 237
Artikelkonto 61, 72
A-Teile 54
Aufbau- / Ablauforganisation in der Fertigung 260
Aufbauorganisation 27
Aufgaben- / Verantwortungsquadrat 36
Aufgaben des Einkaufs 137
Auftragsbezogene (temporäre) Stückliste 44
Auftragsflut 88
Auftragsseil 198
Auftragszentrum 18
Auswahl von PPS- / ERP-Programmen 133
Auswerten von Ist-Zeiten 188

Automatische Arbeitsplanerstellung / -Zeitkalkulation 192
Bahnhöfe 166
Bahnhöfe mit festgelegten Fertigungsreihenfolgen 247
BDE - Rückmeldungen 227
BDE- / MDE - Meldungen 227
Bedarfsanalyse 55
Bedarfsgesteuerte Disposition 86
Bedarfsschwankungen / -lawine 70, 88
Behälteroptimierung 169
Beleglose Fertigungssteuerung 241
Benchmark-Tabelle 131
Berechnung von KANBAN - Mengen 106
Bereitstellbestand 75, 162
Bereitstellkonzeption 165
Bereitstellprüfung 218
Beschaffungsgrundsätze 141
Beschaffungslogistik 34, 139
Bestand pro Lagerfach 75
Bestandsplattform / -qualität 116, 163
Bestandsreduzierung/-treiber 171, 173
Bestandsverantwortung 159
Bestell- / Bedarfsanalyse 56
Bestellbestand / -menge 75, 79
Bestellmengenrechnung 76
Bestellpunkt / -verfahren 66
Bezugsgrößen 295
Bezugsgrößen der Cost-Driver 295
Bonuslohnsystem 285
Brutto- / Netto-Bedarfsrechnung 45
B-Teile 58
Buchungsarten 162
Buchungsvorgänge bei KANBAN 96

Cashflow-Entwicklung 78
Controlling 277
C-Teile-Management 64

Darstellung der Abläufe im Zeitraster 244
Datenqualität 158, 161
Der Disponent wird Beschaffer 35

Dezentrale Fertigungs- / Werkstatt-
　　steuerung 222, 231, 232
Die sechs Gebote für eine rationelle
　　Fertigung 262
Dispo- und Beschaffungsmodelle 155
Dispo-Kennzeichen 73
Disponieren nach Reichweiten 58, 59
Disponieren nach Wellen 42, 63
Disponieren nach Wiederbestellpunkt
　　58
Dispositions- und Beschaffungsmodelle
　　53
Dispositionsebenen / -hilfe / -regeln /
　　-stufen 41, 51, 73, 129
Dispositions-Wertigkeiten 74
Dispo-Vorgabe / Richtlinie 73, 129
Drehzahl 9
Dringlichkeit 88
Durchlaufzeiten 119, 126, 205, 214,
　　248, 256
Durchlaufzeit in Tagen 281
Durchlaufzeitberechnung 257
Durchlaufzeit-Faktor 207
Durchlaufzeitreduzierung 263
Durchsetzen des Produktionsplanes
　　238

E-Business 149
EDV-gestützte KANBAN - Systeme
　　111
Effizienzsteigerung 280
Eigenkapitalquote / -betriebe 83, 258
Einkaufsziele / -kennzahlen 140, 156
Einrichter-Tätigkeitszeiten 271
Einsteuerungsregeln 223
Einzeloptima 80, 245, 275
Elektronische Plantafeln 237
Elektronische Warenerfassungs-
　　systeme 164
Engpass / -analyse 88, 247, 254, 264
Engpässe entzerren 245, 278
Engpassplanung 230, 253
Ermittlung der theoretischen Kapazität
　　265
Ersatzteil 73
Ersatzteilmanagement 71
Excel-Reichweitenliste 62

Fehlleistungen 37
Fehlleistungskosten 37, 160
Fehlteilelisten 228
Feinplanung 24, 213, 222
Fertigungs- / Dispositionsstücklisten
　　42

Fertigungs- / Werkstattsteuerung 24
Fertigungs- und Liegezeit 248
Fertigungsauftrag / -aufträge 209, 217
Fertigungscontrolling 226
Fertigungsinseln 19
Fertigungs-KANBAN 92, 94, 95
Fertigungsphilosophie 199
Fertigungsplanung / -linie 29, 253
Fertigungsprogramme 216
Fertigungsrohre / -zelle 249, 251
Flexibilität 214
Flexible Arbeits- und Betriebszeiten
　　210
Fließprinzip 94, 249, 252
Führungsgrundsatz 284
Füllgrad Fertigung 215
Full-Load-Prozess 116, 153
Funktions- / Tätigkeitsmatrix 38

Ganzheitliche Leistungsbetrachtung
　　283, 284
Ganzheitliche Leistungsmessung 275
Geld- und Wertefluss 16, 128
Gemeinkosten 279
Gesamtbestand 75
Gesamtkonzeption 243
Gesamtoptima 80, 245, 275
Geschäftsprozess / -vorgänge 12, 293
Gewinnbringende, strategische
　　Einkaufsarbeit 139
Glätten der Produktion 213
Glättungskonstante 77
Gleitende wirtschaftliche Losgröße 85
Grenzkostenrechnung 84
Grobkapazitätsplanung 176, 185
Grobkapazitätsplanung Serienfertiger
　　189
Grobplanung 24, 177
Grobplanung Einzelfertiger 178
Grobterminierung 178
Große Lose 221
Gründekatalog 279
Grundsatzphilosophie 197

Haftungsausschuss 154
Hauptprozesse 295
Hausgemachte Konjunktur 83

Individuelle Leistungsmessung 275
Informations- und Wertefluss 160
Ist Lieferant KANBAN - fähig? 115

Kurze Durchlaufzeiten 249
Kurzfristige Planung 24

Kalkulation und Preisfestlegung 297
KANBAN 86, 89
KANBAN - Behälter / -Beleg 90, 96
KANBAN - Bewegung 93
KANBAN - Einstellungen 108
KANBAN - Karte 90
KANBAN - Karte für ein Einzelteil 103
KANBAN - Karte für eine Komponente / Baugruppe 104
KANBAN - Kreislauf 90, 94, 112
KANBAN - Menge 105
KANBAN - Organisation / Pate 99, 100
KANBAN - Philosophie 89
KANBAN - Rahmenvereinbarung 114
KANBAN - Regelkreise 96, 97
KANBAN - Steuertafel 109
KANBAN - Steuerung 89, 93
KANBAN - Systeme 88
KANBAN mit Barcode 113
Kapazitätsabgleich 211
Kapazitätsbedarfsermittlung 264
Kapazitätsbedarfsrechnung 254
Kapazitäts-Belegungsplan 208
Kapazitätsengpässe 212, 252
Kapazitätsgrenzen 210
Kapazitätsgruppe prozessorientiert 201, 253
Kapazitätsgruppen 200
Kapazitätsgruppen tayloristisch 200
Kapazitätsterminierung 195
Kapazitätsverzehr je Belegungsart und Losgröße 264
Kapazitätsvorhalt 245
Kapazitätswirtschaft 196
Kennzahlen 280, 300
Kennzahlen im Auftrags- / Logistikzentrum 300
Kennzahlen im Lager 302
Kennzahlen im Produktionsbereich 303
Kennzahlen in Disposition / Einkauf 301
Kleine Lose 81
Konsignationslager 153
Körperlicher Bestand 75
Kosten einer AV - Näherungsformel 8
Kostentransparenz 293
Kunden - KANBAN 92
Kurzfristige Steuerung 222
Kurzfristige Umsteuerung 234
KVP im Bonus- / Wertelohn 290

Lager 158
Lagerbestandsprofil 42

Lange Lieferzeiten 221
Langfristige Planung 24
Langfristplanung 177
Lean - Organisation 260
Lean-Ansatz 250
Leistung 274
Leistungsausgangs- / -endwerte 287
Leistungsmessung 275
Leistungsobergrenze 286
Leitstände 237
Leitstand-Einplanung 243
Leitstandorganisation 242
Lieferanten - KANBAN 91, 92
Lieferanten-Anforderungsprofil 150
Lieferantenauswahl / -bewertung 144, 145
Lieferbereitschaft 70
Lieferbereitschaftsgrad 74, 172
Liegezeit 206
Linienfertigung 97, 249, 252
Linienfertigung und Teamarbeit einführen 262
Liquiditätsgewinn 80
Logistikabläufe 166
Logistikzentrum 18
Lohnartenschlüssel 279
Losgrößenfestlegung / -formeln 79, 85
Losgrößenverringerung 264

Managemententscheidungen 299
Marktorientiert produzieren 83
Marktspiegel PPS- / ERP-Systeme 134
Maschinenbelegungs- / Terminabstimmungslisten 240
Materialfluss 160
Materialumschlagshäufigkeit 9
Materialwirtschaft 31
Mehrarbeit 279
Mehrfachqualifikation 255
Mehrkosten 277
Mehrstufigkeit abbauen 41
Min.- / Max.-Bestand /-Prinzip 75, 116
Mindestbestand 66
Mitarbeiter-Qualifikationsmatrix 110
Mittelfristige Planung 24, 31, 196
Montagelinie 20, 97
Multimedia-Tafel 234

Nacharbeit 279
Nachschubautomatik 31
Nicht wertschöpfende Tätigkeiten 170, 293
Nicht wertschöpfende Tätigkeiten 293
Nummernschlüssel / -system 49

Operationen standardisieren 262
Operative Einkaufstätigkeit 142
Operativer Einkauf 139
Optimale Losgröße 80
Optimierung von Geschäftsprozessen 12
Order-Control-Center 243
Organisationsmängel 39
Output 275

Papiergeld 84
Patendenken Im Lager 161
Pick by Voice 168
Planungsebenen / -mengen 57, 175
Planungsebenen in ERP- / PPS-Systemen 25
Positionsspiegel 179
Priorisierung 120
Prioritätennummer / -regelungen 212, 232
Produktion visualisieren 262
Produktionscontrolling 280
Produktionslogistik 33, 158
Produktionsplan 209, 219
Produktionsprozesse 197
Produktive Zeit 275
Produktivität 282
Produktivitätsentwicklung 284
Produktivitätssteigerung 250
Produktivlohn 279
Produktnorm 50
Produktstrukturanalyse 48
Profit-Center 298
Prognosequalität 54
Projektabwicklung 183
Projektabwicklung Aufbauorganisation 182
Projektplan / -schritte 178, 180
Prozesskettenvergleich: KANBAN zu PPS 98
Prozesskosten / -Analyse 16, 292
Prozesskostenrechnung 293, 295
Prozessorganisation 12
Pufferstrecken /-zeiten 119, 251
Pull-Prinzip / -System 53, 89, 94
Punktgenaue Abrufe / -Steuerung 56, 243
Push-System 53, 94

Qualifikationsmatrix 110
Qualität sichern 262

Radio Frequenz Identifikationssysteme 164

Rahmenvereinbarungen 54
Rahmenvertrage 149
Reaktionszeit 41
Reduzierung der Anzahl Lieferanten 148
Reduzierung der Dispositionsebenen 41
Reduzierung der Durchlaufzeit 207, 248
Regalserviceverfahren 64
Regressionsrechnung 194
Relchwelte 59
Reichweitenanalyse 59, 171
Reichweitenkorridor 60
Reichweitenvorgabe 63
Reihenfolgeoptimierung 216
Reihenfolgeplanung 237
Reines Sonderteil 73
Reklamationsquote in Euro 281
Ressourceneinsatz 280
Restmengenmeldung 68
Retrogrades Buchen 162
Richt- und Planzeitwerte 191
Riesenaufträge 100
Röhrenorganisation 255
Rollierende Planung 54
Rückmeldung 226
Rückstandsfrei, flexibler produzieren 230
Rückstandslisten 226, 228
Rückwärtsterminierung 209, 212
Rüstfamilie 49, 219
Rüstkosten 84
Rüstmehraufwand 264
Rüstzeit 271
Rüstzeiten reduzieren 270
Rüstzeitminimierungsmaßnahmen 272

Saugprinzip 94
Schätzzeitkataloge 185
Schiebeprinzip 94
Schlüssel für Zeit- und Kostenerfassung 185
Schnittstelle von Push- zu Pull-System 242
Schnittstellen 12
Schwankungsbreite 74
Selbst auffüllendes Lagersystem 116
Selbst auffüllendes Liefer- und Lagersystem 153
Servicegrad 9, 69, 280
Servicegradfaktor 69
Sicherheiten im PPS- / ERP-System 127

Sicherheitsbestand 63, 66, 68, 75
Sonderteil mit Wiederholcharakter 73
Sperrlagerbestand 75
Sprengzeichnung 48
Stammdaten 118, 119
Stammdateneinstellung 119
Start- und Endtermin 209
Start-Terminierung 126
Strategische Einkaufstätigkeit 142
Strategischer Einkauf 139
Strichcode 163
Stückliste 175
Stücklistenauflösung 45
Supermarktprinzip 64
Supply-Chain-Management in der Materialwirtschaft 152
Supply-Chain-System 116

Taktgeber 247
Taktzeitabweichungen 251
Taktzeiten 276
Tätigkeits- und Zeitanalyse 17
Tätigkeitsanalysen 15
Tätigkeitsschlüssel 186
Tatsächliche Leistung 280
Teilefamilie 49
Termingespräche 180
Terminierung 209
Terminplanung 205
Termintreue 9, 280
Toyota-System 94
Transponder 164
Trendentwicklung / -programme 76

Überbestände 171
Übergangszeiten 126, 205
Übergangszeiten auf Null setzen 257
Umgekehrte Pyramide 284
Umpackplatz 169
Umschlagshäufigkeit 173
Unterdeckung 72

Varianten-Generator 44
Varianten-Stücklisten 44
Variantenvielfalt 80
Verbesserungsprozess 22
Verbrauchsgesteuerte Disposition 86
Verbuchen von Entnahmen 162
Vereinfachen der Arbeitspläne 257
Verfügbare Kapazität 200, 202
Verfügbarer Bestand 72, 75
Verkettungsnummer 219
Verrichtungsprinzip 94, 249

Verschwendung 81, 83, 170
Verschwendung ausmerzen 262
Versteckte Verschwendung 170, 276
Verstopfte Fertigung 214
Visuelle Unterstützung der Werkstattbelege 233
Vorteile von KANBAN 89
Vorwärtsterminierung 212, 237

Wareneingangsbestand 75
Warenerfassungssysteme 163
Warteschlangenprobleme 4, 250
Was ist Leistung? 275
Wegeoptimierung 167
Werkstatt- und Arbeitsplatzorganisation 260
Werkstattbestand 75
Werkstattorganisation 260
Werkstattsteuerung 231, 260
Werkstattsteuerungssystem 235
Wertelohnsystem 285
Wertezuwachsprofil 21
Wertigkeit der Lagerung 46
Wertstromdessin 13
Wiederbeschaffungszeit 66
Wiederbestellpunkt 66
Wiederholteil 73
Wochenbericht 184
Working-Capital 16, 78, 119, 128

X-/Y-/Z-Methode 73

Zeitanalyse / -erfassung 17, 187
Zeitreserven 127
Zeit-Schätzkatalog 185
Zentrale Fertigungssteuerung 222
Zentrale Werkstattsteuerung 231, 237
Ziele der Beschaffung 143
Ziele des Einkaufs 137
Zielsetzung für einen Produktionsbetrieb 7
Zielvorgaben 300
Zugriffszeit 167
Zukunftsweisende Arbeits- und Organisationsstrukturen 23
Zusatz-Dispo-Kennzeichen 73
Zwei-Kisten-System 64

Erlesene Weiterbildung®

Rainer Weber, REFA-Ing., EUR-Ing.

Zeitgemäße Materialwirtschaft mit Lagerhaltung

Flexibilität, Lieferbereitschaft, Bestandsreduzierung, Kostensenkung – Das deutsche Kanban

9., neu bearb. Aufl. 2009, 328 S., € 49,80, CHF 82,50
Kontakt & Studium 266
ISBN 978-3-8169-2903-1

Inhalt:
Zielkonflikte in der Materialwirtschaft – Instrumente einer geordneten Materialwirtschaft – Darstellung unterschiedlicher Organisationsformen. Push- bzw. Pull-Prinzip in der Nachschubautomatik – SCM-/KANBAN-System-Voraussetzungen für eine korrekte Bestandsführung und sachgerechte Disposition mit niedrigen Beständen – Stammdatenpflege – Beschaffen – Bestandsmanagement – Einfluss einer gut funktionierenden Arbeitsvorbereitung auf die Materialwirtschaft – Reduzierung von Rüstzeiten – Instrumente und Maßnahmen zur weiteren Bestandssenkung / Durchlaufzeitverkürzung – Organisation des Lagers – Optisch-elektronische Warenerfassungssysteme – Verpackungsabsprache /-gestaltung – Lageroptimierung – Was kostet ein Lager? – Prozesskostenrechnung in der Logistik / Logistik-Kennzahlen – Methoden zur Reduzierung des Arbeitsaufwandes / der Belastung im Lager – Bestandsverantwortung und Führung nach Zielvorgaben – Bonuslohnsysteme im Lager-/Logistikbereich zur Steigerung der Produktivität

»Das Buch glänzt durch seine Praxisausrichtung mit vielen Checklisten und Formularen.«
Logistik inside

»Durch seine Orientierung an der Praxis und durch viele einfach nachzuvollziehende Beispiele eignet sich das Buch insbesondere für Praktiker und als Nachschlagewerk. Es eignet sich aber auch für Studenten, Wissenschaftler und Autodidakten.«
Industrie-Management

»Weber ist es gelungen, ohne den Leser mit zu vielen theoretischen Details zu belasten, ein an der Praxis ausgerichtetes und verständliches Buch zu verfassen. Viele einleuchtende Beispiele und Abbildungen erleichtern das Selbststudium. Das Buch ist aber auch als Studienbegleiter geeignet.«
Arbeitsvorbereitung

»Der Stoff ist so aufbereitet, dass man ihn als Autodidakt einerseits verarbeiten, andererseits das Werk als Nachschlagewerk für spezifische Probleme nutzen kann. Besonders ist die Anschaulichkeit der angegebenen Beispiele hervorzuheben.«
Fabrik

»Ein wirkungsvolles Arbeitsinstrument zur Rationalisierung der Materialwirtschaft und zur Einführung eines kundenorientiert ausgerichteten Logistik-Netzwerks.«
RFiD-Forum

expert verlag GmbH · Postfach 2020 · D-71268 Renningen

Erlesene Weiterbildung®

Rainer Weber, REFA-Ing., EUR-Ing.

Kanban-Einführung

Das effiziente, kundenorientierte Logistik- und Steuerungskonzept für Produktionsbetriebe

6., neu bearb. Aufl. 2008, 201 S., € 39,00, CHF 64,50
Kontakt & Studium 628
ISBN 978-3-8169-2860-7

Zum Buch:
Mit diesem System produzieren Sie effizienter und beliefern Ihre Kunden termintreuer und schneller. Sein Organisationsaufbau überwindet die Trägheit von PPS-/ERP-Systemen und unterstützt den Einsatz modernster E-Businesslösungen. Allerdings erfordert die Umstellung des Teilenachschubs auf KANBAN eine Anpassung der innerbetrieblichen Organisation, der Materialwirtschaft und Fertigung.
Dieses Buch gibt die notwendigen Informationen für die Entscheidung, ob sich eine Materialsteuerung nach dem Pull-Prinzip (KANBAN) wirtschaftlich und sinnvoll in den Gesamtprozess einordnen lässt und welche Vorteile sich dadurch ergeben, was bei der Planung beachtet werden muss, wie die grundsätzliche Vorgehensweise aussieht, welche Werkzeuge und Hilfsmittel zur Einführung für einen reibungslosen und fehlerfreien Aufbau und Betrieb benötigt werden und welche Probleme beherrscht werden müssen – unabhängig davon, ob KANBAN manuell oder EDV-gestützt eingeführt werden soll.

Inhalt:
Was ist Kanban? Was kann über Kanban gesteuert werden, was nicht? Fertigungs- / Lieferanten-Kanban / Grundsätzliche Organisationsprinzipien für einen reibungslosen Kanban-Ablauf und Betrieb / Auswirkungen von Kanban auf Disposition / Fertigung / Transport, Handling, Behälterkonzept, Lager-/Bereitstellorganisation, Auswirkungen von Kanban auf die Kosten / Ermittlung von Kanban-Mengen und -Karten, der notwendigen Buszyklen / Gestaltung der Kanban-Karten – Organisationshilfsmittel für Kanban-Betrieb – Steuerungs- und Auslastungsübersichten, Beschreibung der Kanban-Abläufe, Überprüfung, Systemeinstellung – Ist der Lieferant Kanban-geeignet? Regeln der Zusammenarbeit bei Lieferanten-Kanban – Auswirkungen auf die Stücklisten- und Arbeitsplanorganisation, Teile-Stammdaten, Buchungsgrundsätze bei Kanban, Behandlung von Riesenaufträgen, EDV-Systemeinstellung / EDV-gestütztes Kanban – Leistungskennzahlen für Kanban-Teams

»Dieses Buch erfüllt seinen Anspruch, als Nachschlage-, Informations- und Ergänzungsliteratur im Rahmen der Aus- und Weiterbildung zu dienen.«
MaschinenMarkt

»Anschauliche Anwendungsbeispiele sorgen für zusätzliche Verständlichkeit.«
Logistik Journal

Fordern Sie unser Verlagsverzeichnis auf CD-ROM an!
Telefon: (0 71 59) 92 65-0, Telefax: (0 71 59) 92 65-20
E-Mail: expert@expertverlag.de
Internet: www.expertverlag.de

expert verlag GmbH · Postfach 2020 · D-71268 Renningen

Erlesene Weiterbildung®

Rainer Weber, REFA-Ing., EUR-Ing.

Lageroptimierung

Bestände – Abläufe – Organisation – Datenqualität – Stellplätze

2009, 208 S., € 39,80, CHF 66,00
Kontakt & Studium 693
ISBN 978-3-8169-2916-1

Zum Buch:
Lager stehen immer mehr im Fokus einer bestandsarmen Logistik mit schlanken Distributionsprozessen. Ein-/Auslagerprozesse und Transportvorgänge sollen immer schneller, flexibler und kostengünstiger gehandhabt werden – bei steigender Artikel-/Kommissionierzahl und Datenqualität.
Auch ist im Rahmen der Prozessorganisation davon auszugehen, dass die Arbeitsinhalte ausgeweitet werden, die Bedeutung des Lagers wächst. Arbeitsinhalte aus dem Bereich der Disposition werden immer mehr in das Lager, näher an den Lagerort, verlegt.
Die Just-in-time-Philosophie, E-Business/KANBAN-Systeme in Verbindung mit Supply-Chain-Methoden, also weg von der bedarfsorientierten Disposition, hin zu verbrauchsorientierter Nachschubautomatik, beschleunigt dies.
Neue, erweiterte Arbeitsinhalte und steigende Verantwortung in einem schlanken Lager machen fundierte Kenntnisse über technisch-organisatorische und betriebswirtschaftliche Zusammenhänge erforderlich. Prozesskostenrechnung im Lager, moderne Controllingsysteme, Logistikkennzahlen tun ein Übriges.
In diesem stark praxisorientierten Buch wird somit bewusst in die Tiefe des gesamten Lagerwesens, der Beschaffungs- und Produktionslogistik gegangen, mit dem Ziel:
– betriebswirtschaftliche und organisatorische Zusammenhänge im Lager quantitativ und qualitativ zu bewerten
– Vorschläge zur Weiterentwicklung des Lagers in technischer und organisatorischer Hinsicht vorzubereiten (Realisierung des Just-in-time-Gedankengutes), E-Business, Rationalisierung des Lagers
– Führungsaufgaben im Lagerbereich im Team zu lösen
– Vorschläge zu machen, wie sich Bestände senken lassen und die Lieferbereitschaft erhöht werden kann
– bestandsminimierend zu disponieren
– durch eine konsequente Neuausrichtung in Denken und Handeln jede Art von Verschwendung (auch versteckte Verschwendung) zu erkennen und abzustellen.
Durch seine verständliche Darstellung eignet sich das Buch hervorragend zum Selbststudium und als Nachschlagewerk zum Herausfinden, welche Aktivitäten dem Unternehmen, bezüglich einer Lageroptimierung, am meisten nutzen.

Fordern Sie unser Verlagsverzeichnis auf CD-ROM an!
Telefon: (0 71 59) 92 65-0, Telefax: (0 71 59) 92 65-20
E-Mail: expert@expertverlag.de
Internet: www.expertverlag.de

expert verlag GmbH · Postfach 2020 · D-71268 Renningen